창의성을
디자인하는

과학탐구
활동

창의성을 디자인하는
과학탐구 활동

초판 1쇄 인쇄 2021년 12월 16일
초판 1쇄 발행 2021년 12월 23일

지은이 채희진
펴낸이 하인숙

기획총괄 김현종
책임편집 백민영
디자인 표지 강수진 · 본문 오수경

펴낸곳 ㈜ 더블북코리아
출판등록 2009년 4월 13일 제2009-000020호
주소 서울시 양천구 목동서로 77 현대월드타워 1713호
전화 02- 2061- 0765 **팩스** 02- 2061- 0766
블로그 https://blog.naver.com/doublebook
인스타그램 @doublebook_pub
포스트 post.naver.com/doublebook
페이스북 www.facebook.com/doublebook1
이메일 doublebook@naver.com

ISBN 979-11-91194-52-4 (03370)

20년간 전국 과학경진대회를 휩쓴
과학교사의 노하우와 수상작 대공개

창의성을
디자인하는

과학탐구
활동

채희진 지음

다블북

contents

프롤로그 ·· 010

Chapter I

창의성이 미래다

01 왜 창의성이 중요한가? ··· 029

02 창의성은 후천적으로 길러지는가? ····························· 031

03 창의성 교육으로 미래사회 적응하기 ·························· 034

04 창의성 교육에서 호기심과 질문의 중요성 ················· 037

05 창의성과 연구 주제 선정 ··· 039

06 시대적 트랜드 R&E, R&D 기업가정신, 기술창업 ·········· 043

Chapter Ⅱ

창의성을 신장하는 과학수업 자료

01 과학 시범실험 장치 제작에서의 창의성 발휘 ·················· 051

02 학생이 기다리는 과학 수업 ······························· 056

03 학생 참여형 수업의 중요성 ······························· 062

04 스토리텔링을 통한 창의성 신장 수업일지·················· 064

　　[수업 일지 01] 다양한 관성 실험 ······················· 068

　　[수업 일지 02] 운동량 보존 법칙 실험 ··················· 070

　　[수업 일지 03] 힘의 평형과 무게중심 실험 ··············· 072

　　[수업 일지 04] 전자기유도 현상을 이용한 전자기타 ········ 075

　　[수업 일지 05] 빛의 전반사 현상과 광통신 실험 ··········· 077

　　[수업 일지 06] 소리 이해, 악기 제작 및 연주 ············· 079

　　[수업 일지 07] 적외선 관찰과 페리모컨으로 광통신하기 ····· 082

　　[수업 일지 08] 빛 혼합 장치를 통한 색채 인식 ············ 084

　　[수업 일지 09] 마그누스 힘 등 베르누이 원리 실험 ········· 086

　　[수업 일지 10] 스피커 원리 및 패트병 활용 스피커 만들기 ···· 089

05 창의융합 디자인 씽킹 프로젝트 수업지도안 ················ 092

　　1) 내 공부방 미세먼지 제거 공기청정기 만들기 ············ 092

　　2) 디자인 씽킹과 메이커 교육, 적정기술 ················· 112

Chapter III

학생발명품경진대회 아이디어 창안
및 문제해결 과정

01 어쿠스틱 기타와 전자 기타를 상황에 따라 내 맘대로 ············· *123*

02 간이 사진기를 응용한 다용도 광학실험장치 제작 ·················· *126*

03 여러 방향의 지진파에 작동되는 가스 차단 장치 ···················· *130*

04 지하철에서 가방 속의 지갑 도난 방지 알람 가방 ·················· *135*

05 창의적인 방법으로 성공률을 높인 새로운
    Monkey hunter 실험장치 ···································· *140*

06 전반사 현상으로 휘어지는 물줄기를 따라가는
    틴들 광학실험 장치 개발 ····································· *148*

07 엄마의 따뜻한 목소리가 들리는 아기 젖병 ························· *154*

08 스피커야! 잠시만 멈추어다오! ·· *157*

Chapter IV

전국과학전람회 아이디어 창안 및
문제해결 과정

01 광통신 원리를 보여주는 학습용 실험 장치 개발에 관한 연구 ···· *169*

02 틴들 효과를 이용한 콜로이드 용액의 산란 특성 탐구 ············· *176*

03 자석과 슬링키 진동 등을 이용한 파동 전달 모델
    탐구 및 시각화 장치 개발 ……………………………………………… *182*

04 대나무 뿌리 구조를 이용한 산사태 방지 방안 및 내진
    황토벽 제작 연구 ……………………………………………………… *192*

05 전통 친환경 고기잡이 죽방렴에 담긴 조상의 지혜 및 유지
    ·보존에 관한 연구 …………………………………………………… *201*

06 강풍에 의한 나주 배 낙과 방지 대책에 관한 연구 ……………… *212*

Chapter **V**

R&E, 졸업논문, 현장연구 등 아이디어
창안 및 문제해결 과정

01 빗속에서 뛰는 것이 걷는 것보다 비를 덜 맞을까?
    관한 탐구(R&E) ……………………………………………………… *233*

02 오픈 소스를 이용한 원격 통신제어 드론 연구(R&E) …………… *254*

03 마방진 배열을 이용한 LED 빛 합성(졸업논문) ………………… *275*

04 CERN 연수를 통한 입자물리 실험 해석 소프트웨어 적용
    탐구(주제탐구) ……………………………………………………… *292*

05 전자기력 선박의 원리와 효과적인 제작을 위한 탐구
    (현장탐구) …………………………………………………………… *312*

Chapter VI

생활과학교실 체험학습 7개 프로그램

01 고무줄 탄성으로 달리는 동물 장난감 ·················· 323

02 바퀴 없이 달리는 구두솔 자동차–강아지풀 놀이의 원리 ········ 327

03 바닥에 낙하시켜 연주하는 실로폰 ·················· 331

04 백척간두에서 떨어지고 싶지 않아요 ·················· 336

05 창의성이 빙빙! homopolar 전동기 ·················· 341

06 씨앗은 왜 회전하며 떨어질까? ·················· 346

07 비눗방울과 소금쟁이는 한 핏줄! ·················· 354

Chapter VII

아는 만큼 세상이 보인다

01 4차 산업혁명 의미, 기술 ·················· 365

02 논문 작성 실제 ·················· 368

03 지식재산과 발명 ·················· 372

04 학교 관련 저작권법 ·················· 375

05 과학연구대회 목적을 생각한다 ·················· 381

06 과학노벨상을 바라보는 단상 ·················· 384

07 올해의 과학교사상과 일본 학술시찰 ·················· 387

08 국제청소년과학캠프(ISEC) 참가 경험 ·················· 390

09 과학 꿈나무들과 함께 한 생활과학교실 ···························· 393
10 고려대 교육대학원 교육신문사와 인터뷰 ························· 396

4차 산업혁명 시대의 과학탐구 활동의 중요성

지금까지 과학 교사로 35년 가까이 근무하였다. 교사로서는 학생들에 대한 입시교육, 과학교사로서는 다양한 과학연구 활동의 지도로 대부분 학교생활을 해왔다. 지금 정년을 3년 앞둔 상황에서 교육의 패러다임의 변화 추이와 관련하여 최근에 더욱 확실하게 느끼게 된 것은 과학연구 활동과 지도 과정에서 학생들이 배운 경험과 역량이 교육부가 제시하는 2015 개정 교육과정의 핵심역량과 미래학자들이 이야기하는 4차 산업혁명 시대에 필요한 핵심역량과 상당히 일치한다. 자기관리역량, 지식정보처리 역량, 창의적 사고 역량, 심미적 감성 역량, 의사소통 역량, 공동체 역량 등.

과학연구는 과학적 탐구과정으로 진행되는데 문제 인식, 가설 설정, 아이디어 창안, 연구 설계, 연구 수행, 연구 결과 등으로 진행한다. 정답 신봉과 같은 결과적 지식만 신봉하는 공부 방식에서는 근접도 하기 힘든 요소들이다.

연구 활동은 답이 정해져 있는 문제 풀이처럼 쉽지 않다. 즉흥적으로 마을 뒷산을 오르듯 쉽고 가벼운 수준이 아니라, 한 번도 가보지 않은 큰 산을 등반하는 것처럼 준비하고 산행 단계마다 해결하고 헤쳐나가야 할 것이 많다. 봉착된 문제 상황에서 통로를 개척하고 절벽과 늪 같은 상황에서 해결 실마리를 찾기 위해 며칠간 끙끙거리며 작은 실마리의 희망을 만들어내며 그리고 다시 일어서 전진한다. 가끔 뜻밖의 상상력과 창의력이 발휘되면 벽을 뛰어 달릴 수 있음에 환호한다. 이런 과정을 거치는 학생들은 이미 작은 뉴턴이나 작은 아인슈타인, 작은 빌게이츠의 모습을 보여준다.

연구 활동에서 협력의 중요성은 여러 번 강조해도 지나치지 않는다. 미하이 칙센트미하이 교수는 '교육의 본질'을 설명하면서 실제 생활에서 벌어지는 모든 문제는 집단에 의해서 만들어지고, 요즘에는 혼자 풀어낼 수 있는 문제가 거의 없다고 하였다. 협동은 개인에게 주도적인 자세를 키워주며 개인들이 어울려 서로에게 귀 기울이고 어떻게 진행할까 조율해 나가는 그 시간을 경험하도록 하는 것이 중요하며 이것이 교육의 본질이라 하였다.

발명 연구나 논문은 1인이 연구를 수행한 경우도 있지만, 과학전람회나 R&E(창의주제 연구 활동)나 논문연구는 대부분 2~4명의 모둠으로 연구 수행이 이루어진다. 연구 활동에서 학생들은 상대방을 존중하고 배려하고 의견을 경청하고 각자가 가진 지식과 생각을 나누어 생각을 키우는 경험을 자주 한다. 연구 활동은 학생들의 핵심역량이 성장하는 마당이었다.

만약 내가 교사로서 지식 전달의 강의식 과학 수업만 고집해왔다면 학생들에게 미래에 필요한 성장의 배움을 주지 못했을 것이고 본인 또한 교사로서 가르침의 즐거움도 성장도 없었을 것이다. 그러나 많은 연구 활동 지도를 통하여 학생들과 함께 많은 시간을 고생하고, 아무도 가보지 않는 탐구의 길로 함께 들어서면서 뜻밖의 성과에 전율을 많이 느끼며, 교학상장教學相長의 진정한 의미를 깨닫는 교육 경험을 쌓을 수 있었다.

최근 학교 교육은 가르치는 중심의 관점에서 배움 중심의 관점으로 변하고 있다.

이 책의 내용 대부분은 교사가 가르친 과학연구 활동 내용이 아니라 고등학생이 자신의 중심이 되어 배운 연구 활동의 결과물이며 자료다.

이 책의 연구 활동의 주인공은 학생이었고 교사는 연구하는 학생의 성장을 도와주는 보조자였다. 이 책에는 학생이 연구 활동 중에 만난 문제 상황을 해결해가는 생생한 현장 모습뿐만 아니라 어떻게 성장하는지의 모습이 담겨 있다. 연구 활동의 본질도 학생의 성장이기 때문이다.

세상에 정답은 없다.

몇 년 전 일이다. 학교 교장 선생님이 어느 날 저에게 "채 선생님! 이 세상에 없는 세 가지가 무엇인가 아는가?"라는 질문을 하셨다. 질문을 받고 잠시 생각하여 한 가지는 맞힐 것 같았지만 세 가지는 모두 맞히지 못할 것 같아, "교장 선생님! 세상의 3가지 불가능한 것은 말할 수 있다."라고 하면서 "영구기관, 불로장생약, 연금술입니다."라고 대답하였다. 교장 선생님은 웃으면서 "오! 그 세 가지 불가능한 것은 너무 과학적이고 전문적이네!"라고 하셨다. 얼마 동안 답을 떠올렸지만, 결국 대답하지 못했다. 그러자, 교장 선생님은 말씀하셨다. "많은 사람이 나의 물음을 잘 맞히지 못하네. 답은 공짜, 비밀, 그리고 정답이라네!"

교장 선생님 개인이 만든 문제라고 생각되지는 않았다. 정답에는 이 질문을 만든 사람의 주관적인 요소가 있지만, 각각 나름의 의미가 있음이 느껴졌다.

정답 세 가지 중에서 필자가 의외의 답이라 생각한 것은 '정답이 없다'였다. 우리는 그동안 초등학교 입학부터 대학까지의 공부이든 사회생활이든 세상의 모든 문제는 반드시 정답이 있고 그 정답을 빨리 찾는 것이 머리가 좋은 것이고 능력이 있는 것으로 생각했다. 그런데 세상에 '정답이 없다.'라니 관점의 반전이고 역설이었다.

모든 공부는 『수학정석』 같은 책처럼 앞쪽에는 문제가 있고 뒤쪽에는 정답이 있는 것이 보편적이지만, 학교 밖 큰 세상에서는 '정답이 없다.' 라고 한다. 고승들의 선문답 같다.

세상은 한 가지 답만 있는 것이 아니어서 정답이 없다고 했을까? 좀더 들어가 생각하면, 세상의 문제 상황은 누구에게나 똑같을 수가 없고 주체와 객체, 상황도 달라 똑같은 해결 방식으로는 모든 상황에 다 들어맞지 않으므로 사람은 각자의 상황에서 자기의 방식으로 최선을 다해 해결하라는 뜻이라고 나름 해석하였다.

인간 사회는 시간과 더불어 발전하면서 더 복잡해져가고 있다. 카이스트의 정재승의 교수는 이 세상을 복잡계의 세상이라고 말하였다. 이 세상이 단순했다면 어떻게 알파고와 같은 인공지능, AR, VR, 블록체인, 자율자동차 같은 것이 탄생할 수 있었겠는가? 이제 세상은 이제 하나의 원리와 관점으로 설명이 될 수 없고 여러 융합의 관점과 지식으로 접근해야 풀 수 있고 설명된다.

여기서 '공부 방식'과 '연구 방식'이라는 용어가 대비된다. 차이는 한 가지 절대적 답만을 추구하느냐, 아니면 상대적 답을 추구냐다. 공부 방식은 절대적 답만을 찾는 과정이다. 답이 자신과 무관하게 분리되어 있고 객관적으로 존재한다. 연구 방식은 상대적 답을 찾는 과정이다. 답이 자신과 긴밀히 연결되어 있다. 앞에서 '세상에 정답은 없다!'라고 했던 말은, 사람마다 처한 상황이 모두 다르기에 남의 답이 내 답이 될 수 없다는 것이고 내가 하는 방식이, 내가 가는 길이, 나의 정답이 될 수 있다는 것이다.

'공부 방식'이란 이미 주어진 답을 이해하거나 정답에 빨리 도달하는 방법을 배우는 것이고 과정보다 결과를 중시하며 암기가 힘을 발휘하여 이미 존재하는 문제의 답과 똑같은 결과를 이끌어내는 것이 목표이다.

'연구 방식'이란 아직 정답이 주어져 있지 않은 문제에 도전하는 것이다. 심지어 무엇이 문제인지를 스스로 찾아내야 한다. 그리고 아직 답을 모르는 탓에 그 답을 얻는 과정에는 수많은 헛수고와 시행착오와 실패의 가능성이 잠재되어 있다.

4차 산업혁명 시대가 거대한 파도처럼 지금 세계를 덮치고 있다. 지금은 조금 느끼겠지만 앞으로는 우리가, 세상이 이 4차 산업혁명의 대기 속에서 인류가 숨 쉴 수밖에 없다.

우리가, 우리 학생들이 지금의 공부 방식으로 적응할 수 있겠는가? 미래 사회는 카오스처럼 다양한 요소가 결합한 복잡계 사회이다. 탐구 대상도 이전의 탐구 대상이었던 일상생활의 현상처럼 눈으로 관찰되지 않는다. 아주 작은 세상을 탐구하는 펨토과학, 아주 큰 규모를 탐구하는 거대과학이 탐구 대상이 되는 시대이다. 국가나 기업의 연구 프로젝트에 많은 영역의 전문 두뇌집단이 대규모로 참여한다. 하나의 정답만 생각하는 공부 방식으로는 근접할 수 없는 시대이며 매일 새로운 영역이 다양하게 펼쳐진다. 그러니 연구하는 방식과 마인드로 접근해야 한다. 학생들을 20세기 책상에 앉혀놓고 정답만을 외우게 하는 공부 방식으로 우리에게 미래가 있겠는가?

이 책의 내용은 35년 교직 생활에서 많은 제자들에게 창의성, 발명, 과학전람회, R&E, 졸업논문, 주제탐구 활동 등을 지도하고 개인적으로 창의융합수업연구, 물리교과연구회, 생활과학교실 활동 등 다양한 탐구 및 연구·연찬 활동을 하면서 연구 방식으로 나온 성과물들이고 기록이다. 제자들의 수많은 연구 활동에서의 문제해결을 위한 고민과 다양한 시도를 인내력을 가지고 지켜보지만, 그들의 고민이 지도교사인 나의 고민이 되었고 함께 빠져 들 수밖에 없었다. 아무도 가보지 않는 길! 이전에 경험하지 못했던 길! 그런 길을 제자들과 함께 가면서 선생과 제자가 머리를 맞대고 창의적 문제해결의 기록들이라 말할 수 있다.

그동안 추억의 사진처럼 긴 시간 연구 및 연구지도 기록을 차근차근 모아두었다. 출판은 꿈도 꾸지 않았고 퇴직 후, 한가할 때 교직 생활을 회상하면서 학생들과 나누었던 연구의 희로애락을 생각하면서 미소를 지을 생각이었다. 그런데 전라남도교육청 지원의 교사 저자 만들기 프로그램을 공문을 통해 알게 되었다. 교사 학교 현장의 기록들을 여러 사람이 볼 수 있는 책으로 만드는 데, 디딤돌을 놓아준단다. 천재일우의 기회라 생각하여 생각보다 일찍 연구 활동 및 지도 기록물을 정리하게 되었다. 지금 연구 기록물에 교육적 차원의 해설을 달아보려고 하지만 글 솜씨가 없어 생각만 앞선다. 이전의 작품설명서, 논문과 기록 사진

등을 보면서 연구실험실에서 학생들과 나누었던 교학상장의 조각들을 퍼즐처럼 맞추고자 하지만, 옛사랑의 그림자처럼 희미하다. 그렇지만 늙은 단테가 신곡을 쓰듯, 최대한 기억을 상기하여 현장의 생동감이 들어있는 자료를 전하고 싶다.

  이 책은 초등학생, 중학생, 고등학생, 대학생까지 과학탐구(연구) 활동의 주인공들과 지도 방법의 노하우를 배우려는 교사들, 그리고 자녀가 하는 연구 활동을 궁금해 하는 학부모까지 이해가 되도록 하였다. 그런 분들에게 조금이나마 도움이 되었으면 하는 바람이다.

2021. 12.
무등산 입석대를 바라보며
채희진

이 책의 추천글

평생을 창의적 과학교육을 위해 힘써 오신 선생님의 과학에 대한 열정과 학생 교육에 대한 애정이 듬뿍 느껴진다. 이 한 권 안에 들어 있는 다양한 실험과 사고는 과학을 사랑하는 모든 이에게 영감을 주기에 충분하며, 미래의 대한민국을 짊어질 과학자들에게 흥미를 불러일으킬 다양한 물음과 답이 가득 들어 있다.

– 선정윤, 서울대 재료공학과 교수, 고교 제자

채 교사는 수업마다 실험 도구를 직접 만들어 시연함으로써 과학에 흥미를 유발하고 무한한 상상력을 자극하면서도 쉽고 재미있게 접근한다. 이같은 창의성을 깨우는 수업의 노력으로 교사가 받을 수 있는 큰 상들을 휩쓸었다. 이 책은 한 과학교사가 이룩할 수 있는 최고의 스토리텔링이며 과학교육의 금자탑이다.

선생님의 신기하고 다양한 창의적 발명, 수업자료, 학생연구지도 등 35년 동안의 귀한 자료는 후배 선생님에게 감흥을 주고 학생들의 창의 인성 교육에 마중물이 될 것을 확신합니다.

－임웅묵, 전국과학교사협회 2대 회장, 이학 및 공학박사

교직에 들어서면서 선생님의 절반만이라도 따라서 하자는 목표를 가지고 과학교사 생활을 시작하게 되었다. 이 책을 보면서 난 그동안 열심히 달려왔지만 아직 절반의 절반도 못했구나! 반성하며 더욱 노력해야겠다는 다짐을 한다. 이 책은 학생 탐구 지도의 방향성에 어려움을 겪는 많은 선생님에게 해결책을 제시해줄 것 같다.

－윤영식, 올해의 과학교사상수상자, (전)전남물리교육연구회장

학생들에게는 훌륭한 탐구학습 길잡이로, 교사에게는 과학교육론의 전반적인 기초 지식과 다양한 사례 제공의 매우 유익한 책이다. 특히 과학 시범실험 장치의 제작과 활용에 있어서 선생님의 제작 창의성이 드러나 있는 것들을 교실 현장에서 쉽게 참고하여 따라할 수 있다. 같은 학교에서 번뜩이는 아이디어와 기발한 작품 제작으로 긍정적 자극을 주셨던 선배 선생님의 경험들을 다시 책으로 만나게 되어 더욱 반가운 마음이다. 과학을 좋아하는 학생들, 예비교사, 현장의 과학교사에게 강력하게 추천한다.

－광주과학고(영재학교) 물리교사 정현주

물리를 더 재미있게 전달해주려고 노력하신 선생님이 생각납니다.

선생님과 함께한 활동들을 통해 얻은 스스로에 대한 믿음은 지금까지도 저의 등불이자 저력이 되고 있습니다. 이 책을 보는 동안, 선생님의 열정적인 지도 모습이 눈에 보이는 듯하여 마음이 울컥했습니다. 이 시대의 참된 교육자이신 선생님, 감사합니다!

— 조한별, 카이스트 인공지능 박사과정, 제자

선생님은 제 학창 시절 항상 새로운 시각으로 문제를 볼 수 있게 지도해주시던 분이셨다. 이 책은 단순한 지식뿐 아니라 창의력마저 키워주시던 선생님의 가르침을 담고 있으며 학생들의 상상력을 자극해줄 훌륭한 길잡이가 될 것입니다.

—박예진, 포항공대, 삼성전자 회사원, 제자

선생님과 밤늦게까지 발명 아이디어를 가지고 이야기 나눴던 시간은, 저에게 지식재산 분야의 전문가의 꿈을 가지게 해주었습니다. 선생님의 오랜 교직 생활의 노하우가 담겨 있는 이 책은, 아이디어 창출, 발명 활동, STEAM 교육 등 과학 탐구 분야에 관심이 있는 모든 이들에게 소중한 가이드가 될 것입니다.

— 박근형, 특허법인(하나) 변리사, 제자

지금까지 인재 양성을 위해 헌신한 선생님께서는 과학교육의 페스탈로치이다. 이 책을 통해 제자를 위한 선생님의 열정과 사랑을 느낄 수 있었고 수준 높은 과학탐구의 결실을 볼 수 있다.

—오완수, 올해의 과학교사상수상자, 전남창의융합교육원 연구사

선생님은 전국의 과학축전, 과학교사 연수회 등 과학교사가 있을 곳

에서 자주 현장연구 사례를 발표하였다. 선생님은 학생 지도에서 마치 도자기 장인이 도자기를 정성껏 굽듯이 매 연구지도마다 세심한 노력과 열정을 바쳤다는 것을 느낄 수 있다. 교직 생활 내내 보이신 과학교육의 애정과 정열에 찬사를 보낸다. 이 책은 향후 과학교사 후배들과 과학 활동을 좋아하는 학생들에게 지침서가 될 것이다.

– 김충호, 경기도중등과학교과연구회 충무 (전)율전중 교장

헌신하면서 쌓아온 모든 자료와 노하우를 잘 정리하여 아낌없이 한 권의 자료로 만들어 주신 노고에 경의를 표한다. 이 책이 교육 현장의 실험실에서 더 빛나는 길잡이로 쓰이기를 진심으로 기원한다. 또 한 명의 맥가이버 과학교사가 태어나기를 기대하면서!

– 박금재, (전)전국과학교사협회 회장, (전)석수중학교 교장

배움의 두 길

배움이 있는 학교에
공부 방식과 연구 방식의
두 갈래 길이 있었습니다.
갈림길에 한참을 서서
두 길을 바라다보았습니다.
여러 뭇사람이 밟아 가
암기만 하면 되는 쉬운 길과
아무도 가보지 않아
내가 개척해야 하는 가시밭길을.

나는 후자의 길을 택했습니다.
연구의 길이란 이어져 있어,
계속 가야만 한다는 걸 알기에

길에 한 번 들어서면 시공적 원점으로
다시 돌아올 수 없을 것을 각오하면서요.

오랜 세월이 지난 후, 어른이 되어
나는 학창 시절을 회상하며 이야기할 것입니다.
배움이 있는 학교에 두 길이 있었고
나는 정답이 있는 쉬운 길을 버리고
길도 답도 알 수 없는 연구의 길을 택했고
4차 산업혁명 시대에서
그것이 내 인생을 성공으로 바꾸어 놓았다고.

이 책의 구성과
각 Chapter의 줄거리

창의성과 창의성 신장을 논하는 책들 대부분은 다른 사람들이 이야기한 창의성과 이룩했던 업적을 이야기와 문장으로 전달한다.

필자가 학생들을 20년간 연구 활동을 지도하면서 경험한 창의성 관련 이야기를 문장으로 쓰기에는 과장해서 말하면 분량이 팔만대장경보다 많아질지 모른다.

그래서 이 책은 연구 활동의 핵심을 보여준다. 작품의 원형을 크게 깨뜨리지 않고 문제 상황에서 어떻게 해결하고 진행했는가를 보여주며, 독자에게 연구의 자료 원형을 제대로 볼 수 있는 기회를 제공한다. 이제는 이전 책들과는 다른, 창의성이 듬뿍 담긴 원석 같은 책이 나올 시점이지 않는가?

이 책은 창의성에 대해서 나름의 견해를 갖고 싶은 사람, 발명 활동과 출품을 하려는 학생, 과학전람회 출품의 준비와 과정을 경험하고자 하는 학생, 졸업논문 관문을 통과해야 졸업이 가능한 고교생 및 대학생, 그리고 진로와 연관된 현장탐구와 주제탐구로 생기부 디자인을 하고자 하는 학생들에게 도움을 주고자 쓰게 되었다.

Chapter I 창의성의 중요성 및 연구방식 교육이 2015 교육과정의 핵심역량 직결되어 있고 학교에서 학생들의 호기심과 질문이 창의성 신장의 원천임을 이야기한다.

Chapter II 교사가 창의적 아이디어로 만든 시범실험 장치를 가지고 수업하고 작성한 수업지도안이며 창의융합수업지도안 공모전에서 높게 인정받은 수업자료이다.

Chapter III 학생들의 발명지도를 하면서 문제해결의 아이디어를 위해 어떻게 창의성을 발현시켰는가를 보여준다. 대부분 전국대회 입상작이다.

Chapter IV 과학전람회 지도를 하면서 연구목적에 도달하기 위해 어떤 가설을 설정하고 어떻게 문제해결을 위한 창의적 아이디어를 발현시켰는가를 보여준다. 대부분 전국대회 특상작이다.

Chapter V 과학고, 영재학교 외에도 일반고까지 관심을 가지고 있는 R&E, R&D, 졸업논문, 주제탐구, 현장탐구 등의 논문 및 보고서이다. 연구에서 가장 중요한 연구 주제를 어떻게 창안하고 연구 활동을 하는지 보여준다.

Chapter VI 필자가 7년을 초등학생 대상으로 토요생활과학교실을 강사로 활동하면서 만든 프로그램에서 선별한 7개 체험학습 프로그램이다. 모두 한국과학창의재단의 인증 공모전 수상작이다.

ChapterⅦ 요즘 학교에서 사회적 트렌드와 관련하여 필수적으로 알아야 할 내용을 수록하였다. (예: 4차 산업혁명 시대, 학교 관련 저작권법 등)

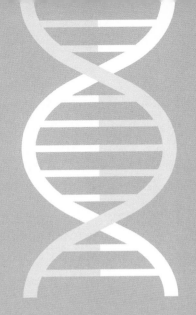

Chapter I

창의성이 미래다

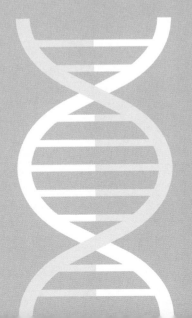

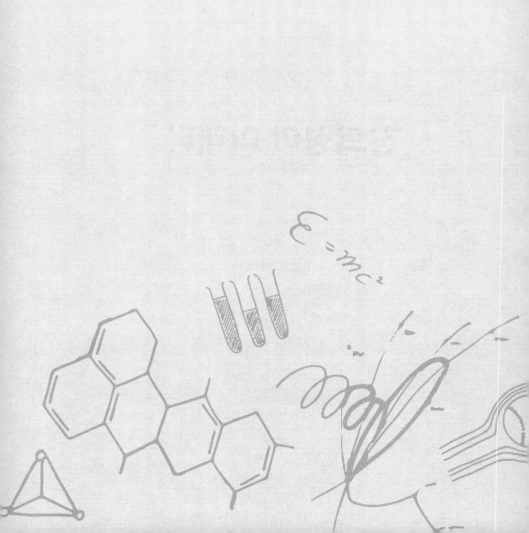

1

왜 창의성이
중요한가?

아인슈타인은 "창의력(상상력)은 지식보다 더 중요하다."라는 명언을 남겼다. 창의력은 지식과 경험을 종합해주는 능력으로, 사람에게 가장 중요하고 가장 가치 있는 능력이라 할 수 있다. 또한 개인의 잠재능력 발휘, 기업의 성공, 사회발전의 원동력이라고 할 수 있다.

점점 복잡해지는 사회구조와 급격히 진행되는 미래 변화에 대응하는 최상의 선택은 개인의 창의력을 키우는 것이다. 또한 2015 개정 교육과정에 반영된 국가 · 사회적 요구는 '창의 융합형 인재 양성'이다. 창의 융합형 인재란 '인문학적 상상력과 과학기술 창조력을 갖추고 바른 인성을 겸비하여 새로운 지식을 창조하고 다양한 지식을 융합하여 새로운 가치를 창출할 수 있는 사람'을 말한다. 아인슈타인은 상상력을 이렇게 표현하였다. 논리는 너를 A에서 B로 이끌 것이다. 그러나 상상력은 너를 어떤 곳이든 데리고 갈 것이다.

또한 파이어스돈 창업자 하비 파이어스돈은 "사업에서 중요한 것은 자본도 경험도 아니다. 이런 것들은 얼마든지 얻을 수 있다. 정말 중요한 것은 아이디어이다. 만일 당신에게 아이디어가 있다면 전부를 가진 것이며 사업과 인생에서 할 수 있는 일에 한계는 없다. 아이디어는 가장 큰 자산이다."라고 했다.

우리나라 사람으로 미국 대학에서 수업 잘하기로 유명했던 조벽 교수는 4차 산업혁명 시대 글로벌 인재가 되고자 하는 학생들이 갖추어야 자질로 창의성이 가장 핵심적이라고 하였다. 창의성은 문제해결을 하는 과정을 헤쳐 나가는 능력이며 여기에는 배경지식, 사물에 대한 호기심, 긍정적인 사고, 모험심이 있어야 한다. 모험심에는 실패를 두려워하지 않는 자세인데 우리나라 사람은 실패를 두려워하는 마음이 유독 강해서 타고난 좋은 재능을 살리지 못한다고 한다. 모험심은 타성을 버리려고 노력할 때 길러질 수 있다. 우리는 종종 타성을 버리라는 말을 자주 듣는다. 타성은 사물에서 새로운 의미를 찾기 위한 새로운 생각, 노력, 행동이 필요할 때 이것들을 방해하는 가장 큰 적이다. 타성에 젖어 있으면 될 수 없다는 것을 설명하려고 합리화하고 여러 핑계의 마음을 갖게 한다.

2

창의성은
후천적으로
길러지는가?

"창의적 사고는 연습과 훈련을 통해서 계발된다." 창의력 연구의 선구자이자 미국심리학회 회장이었던 길포드(Guilford)가 처음으로 발표한 사실이다. 그는 창의적 사고를 배우고 연습할 수 있는 두 가지 사고력 과정으로 수렴적 사고와 발산적 사고 두 가지를 말하였다. 수렴적 사고는 하나의 주어진 정보를 통하여 가장 안전하고 확실한 대안을 산출하는 것이고, 확산적 사고는 기존에 알려지지 않은 새로운 대안을 창출하는 능력을 의미한다. 대부분의 문제 해결력은 수렴적 사고와 확산적 사고가 함께 사용된다.

김경희 교수는 《미래의 교육》에서 학생들이 가진 창의력을 싹 틔우고 잘 자라게 하기 위해서는 밝은 햇살(Sun), 거센 비바람(Storm), 다양한 토양(Soil), 자유로운 공간(Space)의 '4S 풍토'라고 이야기했다. 그러면서 서양보다 동양이 4S 풍토가 적고 우리의 교육은 4S 태도를 가장 적게 기르는 것으로 나타나고 있는데 특히, 한국 교육에 만연한 시험을 위주로 하는 능력주의로는 우리 학생들의 창의력은 절대로 싹 틔울 수 없다고 경고한다.

미하이 칙센트미하이 교수는 창조적인 사람의 3가지 요건으로 전문 지식과 창의적 사고, 몰입을 제시하였다. 아르키메데스의 창조적 발견 저변에는 그의 물리 지식이 있었다는 사실에 주목하여 창조 또한 지식이 기반이 되었을 때 가능하다고 말하며, 떨어지는 사과로 중력 개념을 끌어낸 뉴턴처럼 같은 사물을 다르게 보는 창조적 사고를 강조한다. 그리고 나아가 이 모든 것을 아우르는 일에 대한 몰입이 창조를 완성한다고 역설한다. 창조성이 선천적인 요인보다는 자신의 의지에 많은 부분이 좌우된다는 믿음을 근거로 자신이 창조적이라고 믿으면 창조성이 발휘되고, 그렇지 않다고 믿으면 창조성은 위축된다고 하였다.

전남대학교 박종원 교수는 창의성에 대하여 아래와 같이 훈련과 연습을 통해 길러질 수 있다고 하였다.

▶창의성은 특별한 사람만이 할 수 있는 특별한 사고가 아니다.

▶창의성은 교육과 훈련을 통해 길러질 수 있다.

▶창의성은 지적 능력보다는 지적 능력을 활용하는 사고방식이다.

▶창의적인 사고에서는 많고 다양한 사고를 하는 발산적 사고가 필요하다.

▶창의성은 다른 영역의 경험과 지식을 활용하는 연관적 사고가 필요하다.

▶창의성은 기존의 아이디어들의 결합으로 만들어질 수 있다.

▶창의성은 관습적 사고를 벗어날 때 발휘가 될 수 있다.

▶창의성은 거꾸로 생각하고, 조건 바꾸기 등으로 발휘될 수 있다.

위 내용들을 보면 교육, 훈련, 활용, 경험, 타성 벗어나기, 연결, 조건 바꾸기 등 모두 후천적으로 길러지는 요소들이다.

3

창의성 교육으로
미래사회 적응하기

인류 최초의 창의성은 돌칼, 돌도끼가 아닐까. 지금으로부터 10여 년 전, 어느 교수의 강연을 들은 적이 있다. 자신을 먹잇감으로 노리는 거친 자연환경 속에 내 던져진 호모 사피엔스가 생존을 위해서 창안한 최초 물건, 그것들을 만들지 못했다면 지금까지 살아남을 수 있었을까? 돌칼, 돌도끼는 창의성의 출발. 가슴에 와 닿는 말이었다.

4차 산업혁명 시대에 살고 있는 우리들은 최초의 우리 조상과 같은 조건에 놓이게 된다. 창의성을 발휘하여 자신을 지켜야 하고 먹고살기 위해서 자신만의 돌칼과 돌도끼를 만들어낼 수 있어야 한다. 기업은 이런 능력을 지닌 젊은이만을 채용할 것이다. 그러므로 창의성은 이제는 선택이 아니다. 생존의 필수이다. 지금부터 창의성을 키우는 노력을 해야 한다.

그렇다면 어떤 사고 요인별 기능으로 창의력을 키워야 하는가? 학자들은 대체로 아래 여섯 가지로 이야기한다.

첫째, 민감성이다. 주변 환경에 관해 민감한 관심을 보이고 이를 통해 새로운 탐색 영역을 넓히는 능력이다. 따라서 민감성을 신장하기 위해서는 자명한 듯한 현상이나 대상에 대해서도 문제점을 찾아내고 관심을 가질 수 있어야 한다.

둘째, 유창성이다. 주어진 자극에 대해 가능한 많은 양의 아이디어를 산출하는 능력이다.

사고의 초기 과정에서 가능한 많은 아이디어를 산출하는 그것이 더 질 좋은 아이디어를 얻게 될 가능성이 크다.

셋째, 융통성이다. 주어진 문제에 대해 한 가지 방법에 집착하지 않고 다양한 접근 방법을 취하는 능력이다. 정답이 정해져 있지 않은 실생활의 복합적 문제 상황에서 특히 요구되며 유연하고 독창적인 사고의 관건이다.

넷째, 독창성이다. 문제에 대해 통상적인 것에서 탈피하여 독특하고 참신한 아이디어를 산출해내는 사고 능력이다. 다른 사람의 문제해결 방식에서 벗어나서 자기만의 독특한 아이디어를 산출하고 해결방안을 고안하려는 의식적인 노력으로 가능하다.

다섯째, 정교성이다. 다듬어지지 않은 기존 아이디어를 더욱 치밀한 것으로 발전시키는 능력이다. 은연중에 떠오르는 조잡한 수준의 생각을 구체화하고 실제적 가치를 고려하여 발전시키는 것이다.

여섯째, 상상력이다. 상상력은 경험 세계의 범위를 벗어나 자기만의 생각을 생각해내는 능력이다. 시각적·청각적 이미지를 발전시키고 꿈속 이야기도 현실에서 펼쳐보는 것이다.

창의성이란 새로움을 추구하는 정신이며, 발명과 창의성이 없는 개인과 사회는 발전하지 못하여 무한 경쟁 시대에 뒤떨어지게 된다. 그러므로 학교 수업에서 학생들의 잠재된 창의력을 신장시킬 수 있는 체계적인 발명 교육은 몇 번을 강조해도 부족하다.

우리 주변에 있는 모든 제품은 거의 창의적인 발명품이다. 발전기, 전구, LED, 성능 좋은 자동차 등은 개인과 집단의 창의적인 사고로 인류의 생활을 편하게 만들었고 그로 인하여 현대의 눈부신 문명을 꽃피게 됐다. 재미있는 창의적인 시나리오로 제작된 영화나 물건이 아닌 운영 플랫폼에 관한 반짝이는 아이디어는 기계나 자동차 수십만 대의 수출 효과보다 더 많은 조 단위 돈을 버는 사람들을 배출한다. 스필버그 감독, 아마존의 제프 베이조스, 페이스북의 마크 저커버그 등이 여기에 해당된다. 엄청난 이야기는 아니지만 우리나라의 어떤 학생은 간단하지만 기발한 어플 하나를 개발하여 얻은 수익으로 아빠의 낡은 자동차를 좋은 차로 바꿔줬다는 일화도 있었다. 창의적인 발명 아이디어 하나만 잘 생각해내도 개인적으로 엄청난 부와 명예를 법적으로 보장받게 된다.

4

창의성 교육에서 호기심과 질문의 중요성

학교 현장에서 창의성 교육을 위해서는 가장 중요한 것이 무엇이냐고 묻는다면 바로 답은 학생들이 호기심을 가지도록 하는 것이다. 혼자 상대성이론을 완성한 인류 최고의 지성이라 불리는 아인슈타인은 자신은 특별한 재능이 있는 것이 아니고 단지 호기심이 굉장히 많았다.

4차 산업혁명 시대에 교실에서 학생들의 창의성을 신장시키는 데 가장 필요로 하는 것은 학생들이 질문하고 학생들이 답변도 하는 것이다. 여기에서 연결고리 역할을 하는 게 교사의 역할이고, 그게 최고의 바람직한 수업이다. 세계 최고 교수들의 공통점은 학생들로부터 질문을 유도하는 기술이 뛰어남에 있다고 한다.

학교에서 학생들에게 질문을 많이 하도록 하는 것이 창의성을 길러주는 가장 좋은 교육 방안이다. 아인슈타인은 "가장 중요한 것은 질문을 멈추지 않는 것이다. 호기심은 그 자체만으로도 존재 이유가 있다. 영원성, 생명, 현실의 놀라운 구조를 숙고하는 사람은 경외감을 느끼게 된다. 매일 이러한 비밀의 실타래를 한 가닥씩 푸는 것으로 족하다. 신성한 호기심을 절대 잃지 말라."고 하였다. 학생들의 신선한 호기심을 계속 유지 충족시켜주는 것은 결국 학습 현장에서 질문을 통해서이다. 질문이 있는 교실이 창의성 교육의 현장이다.

얼마 전 인터넷에서 창의성에서 질문의 중요성을 느끼게 해준 글을 봤다. 바로 유영만 교수의 블로그였다. 아래와 같은 내용이 실려 있었다.

"상상력은 물음표(?) 속에서 살고, 창조는 느낌표(!)와 함께 다가온다. 물음표(?)를 뒤집으면 낚시 바늘이 됩니다. 고기를 낚으려면 낚시 바늘을 바다나 호수에 던져야 합니다. 답을 얻으려면 세상을 향해서 질문을 던져야 합니다. 낚시 바늘이 달라지면 낚을 수 있는 고기가 달라집니다. 다른 물고기를 잡으려면 낚시 바늘을 바꾸어야 하는 것처럼 이전과 다른 답을 얻으려면 질문을 바꾸어야 합니다. 수없이 많은 질문과 수없이 많은 실패가 모이고 또 모여, 물음표의 빈 곳을 채우다 보면 어느덧 물음표(?)는 느낌표(!)로 변해 있을 것입니다".

정말 가슴에 깊이 새기고 줄줄 외우고 싶을 정도다.

마지막으로 학교와 사회는 학생들이 실수할 기회를 많이 만들어주어야 한다고 하였다. 실수를 통해서 배우고 실수를 하더라도 다시 일어나는 능력도 길러진다. 교사는 학생들에게 요구만 하지 말고 허락해야 한다. 요구만 했을 때 학생들은 긴장하게 되고 또한 실수 안 하려고 하기에 창의성이 살아나지 못하는 것이다. 토머스 에디슨은 "내 실험에는 실패가 없다. 나는 2만 5천 번 실패한 것이 아니라 장치가 작동하지 않는 방법을 2만 5천 가지 알아낸 것이다. 그러므로 이것을 실패라 할 수 없다."라고 강조하였다. 즉 학생들의 많은 실패와 시행착오는 엄청난 성공을 낳기 위한 진통이라는 것을 명심하자.

5

창의성과
연구 주제 선정

학생들이 수행하는 연구 활동도 과학자가 수행하는 과학적 연구와 비슷한 방법과 절차에 따라 수행되어야 하며, 연구 주제를 정하는 일이 그 첫 단계가 된다. 그런데 과학적 탐구나 연구에서 가장 어려운 일 가운데 하나가 주제를 정하는 일이다. 처음에는 탐구하고자 하는 문제를 정하지 못한 상황에서 무엇을 해야 할 것인지를 찾아 헤매게 된다. 도서관을 찾고 다른 교사나 전문가와 이야기를 나눠봐도, 확실한 주제가 잡히지 않는 경우가 비일비재하다.

어떤 주제가 좋은 주제인지에 대해서는 딱히 규정할 수는 없다. 그러나 제 경험과 전문가의 의견에 의하면 다섯 가지로 생각해볼 수 있다.

첫째, 자신에 과거에 겪은 특별한 경험이다. 어릴 때 시냇가에서 친구들과 물수제비를 할 때 물 위에서 돌이 여러 번 튕길 수 있는 돌멩이를 골라 던졌을 것이다. 돌멩이의 모양, 속도, 던진 각도 등이 물 위에서 잘 튕기는 요소가 관련이 있음을 짐작할 수 있다. 또 다른 예로 시골 할머니 댁에 갔는데 할머니가 가지 화경(꼭지) 삶은 물로 양치질 하는 것을 신기하게 생각되어 여쭈니 가지 화경에서 나온 추출물이 구취 제거 효과 좋단다. 이것은 일종의 민간요법인데, 이것에 대한 연구가 좋은 주제로 연결될 수 있다.

둘째, 일상생활에서 흔히 보는 문제를 해결할 수 있는 주제이다. 예를 들어 비가 오는 날이면 항상 궁금증이 생기는 것이 있다. 적당한 거리의 목적지가 있을 때 걸어갈 때와 뛰어갈 때 어느 때 비를 덜 맞을까? 아니면 거의 비슷할까? 많은 사람이 궁금해한다. 많은 사람이 관심을 두는 주제다.

셋째, 독창적인 주제여야 한다. 독창적이라는 것은 창의적이고, 새롭고, 다른 사람에 의해서 지금까지 연구되지 않았다는 뜻이다. 지금의 우리나라 기업들은 이전까지 The Best가 되기 위해 기업 사활을 걸었지만, 이제는 더 많은 이윤을 얻기 위해 The One의 방향을 지향한다고 한다. 아무도 따라오지 못하는 제품, 유일무이한 제품, 그래야 독점하고 로얄티를 받아 엄청 이윤을 남길 수 있기 때문이다.

넷째, 융합적인 주제여야 한다. 옛날과 다르게 지금의 세상은 모든 것이 융합적이고 복합적이다. 하나의 관점으로 해결되는 것이 별로 없는 세상이 되었다. 사회, 과학 문제들이 융합적인 생각을 통해 해결이 가능하다. 과학, 기술, 공학, 예술, 수학이 융합된 STEAM 주제이면 더 공감할 것이다. 내 분야의 지식이 다른 분야에 도움을 주고, 다른 분야의 지식의 내 분야에서 도움을 받을 수 있다.

다섯째, 하나의 연구가 가지 뻗어 후속 연구가 이어지는 주제이다. 하나의 연구가 끝난 뒤에도 다시 이어져서 새 연구 주제가 설정될 수 있다면 얼마나 좋겠는가? 아인슈타인도 우리가 빛의 속도로 빛을 따라가면 빛이 어떻게 보일까? 하는 연구가 그것으로 끝났다면 특수, 일반상대성이 나올 수 없었다. 꼬리에 꼬리를 무는 연구, 중·고등학교 때 호기심을 가졌던 연구 주제가 후속 연구로 이어져 석박사 논문까지 갈 수 있지 않겠는가.

다음으로 연구 주제의 찾는 곳으로는 교과서, 신간 과학 도서, 논문의 초록이나 학술지 등이 있다. 이런 책들은 주제와 관련 있는 정보를 찾기에 좋은 출처이다. 그리고 요즘에는 유튜브와 같은 다양한 언론 매체에서 과학 관련 소재들을 주제로 삼아 글이나 영상물들을 많이 소개하고 있으며, 인터넷의 발달로 인해 자기가 관심이 있는 주제를 어렵지 않게 찾아내고 분석하여 자신의 연구 주제로 만들 수 있을 것이다.

연구 주제의 선정은 연구의 질을 좌우할 정도로 매우 중요하다. 그 중요성이 연구 활동의 70퍼센트 이상을 차지한다고 개인적으로 생각한다. 주제를 잘 선택하면 연구 과정 내내 신바람이 난다. 과제가 술술 풀리니 힘들어도 피곤한 것도 잊는다. 그러나 주제를 잘못 선택하면 상당한 시간 동안 연구 활동을 해도 흥미도 없고 좋은 연구 결과 전망도 보이지 않아 의기소침해진다. 검색을 잘하지 않으면 한창 연구가 진행된 후 이미 선행 연구가 되어 있다고 뒤늦게 알게 될 때가 있고 매우 불행한 경우는 연구를 다 마쳤는데 자신이나 다른 사람에 의해 똑같은 선행 연구 존재를 알게 되는 것이다. 선행연구가 없어도 불가항력으로 연구할 수 없는 상황이어서 중단해야 할 경우가 생기기도 한다.

필자도 그런 그러한 상황에 빠진 경험을 겪은 적 있다. 2015년쯤, 다음 쪽 그림처럼 물구나무 모습으로 경단을 굴리며 가는 쇠똥구리는 자기 몸보다 큰 쇠똥으로 인해 자기가 가는 길을 볼 수가 없는데도 신기하게도 자기 집을 놀랍게도 잘 찾아간다. 다른 연구 결과에 의하면 쇠똥구

경단 굴리는 쇠똥구리

리가 햇빛을 자신의 눈 편광 기능으로 연결하여 자기 집 방향을 인식한다고 한다.

이 쇠똥구리의 내비게이션 기능을 학생들과 함께 빛이 관련된 연구로 좋은 주제라 생각되어 쇠똥구리 연구에 돌입하였다. 여러 가지 자료와 실험 기구들도 준비도 하고 본격적으로 시작했는데 이후에 쇠동꾸리 전문가를 통해, 우리나라에서 거꾸로 기어가는 쇠똥구리는 이미 멸종했다는 사실을 알게 됐다. 우리나라처럼 사료로 소를 키우면 소똥 속에 구충제, 항생제 성분이 있어 그 속에 사는 쇠똥구리가 멸종하였단다. 연구하려면 사료를 먹이지 않고 방목하여 들판의 풀을 먹는 소를 키우는 뉴질랜드 같은 나라에 가야 쇠똥구리 볼 수 있다는 것이다. 연구 주제 선정은 이렇게 어려운 것이다. 엄밀하고 세밀한 검증을 하지 않으면 예기지 않게 시간과 노력과 에너지가 쓸모없게 되는 것이다.

창의성 명언 1
창조적 인물들의 천재적 업적은 그들이 다른 사람들보다 더 많이 성공했기 때문에 가능한 게 아니었다. 그들은 더 많이 시도했을 뿐이다. _톰 켈리

6

시대적 트랜드
R&E, R&D,
기업가정신, 기술창업

1) R&E

Research&Education의 약자로 '연구교육'이라 한다.

예를 들어 고등학교 학생들이 대학과 연계해 진행하는 연구 프로젝트로, 관심 있는 주제에 대해 조사 및 연구 활동을 한 이후에 보고서나 논문을 쓰는 활동을 이른다. 주제를 스스로 정하고 연구하는 것은 물론 자신이 해답을 찾아가는 자기주도 학습법으로 과학고와 영재학교에서는 이미 일반화된 과정이다. 이는 진로와 전공에 대한 심도 있는 지식을 쌓을 수 있는 것은 물론 논리력 함양에도 효과가 있는 학습법이다. 한편 창의적 융합인재를 선호하는 대학들은 입학사정관 전형에서 R&E를 중요한 기준으로 삼고 있으며, 이에 따라 R&E는 과학고와 영재학교뿐만 아니라 일부 일반고를 중심으로 확산되고 있다.

2) R&D

R&D는 Research and Developmen의 약자로 '연구개발'을 뜻한다. 기초연구 및 그 기초연구의 결과를 토대로 해서 응용한 다음, 상품을 개발하는 과학과 산업이 만나 새로운 사실이나 법칙을 발견하고 이를 바탕으로 새로운 기술을 만드는 것을 말한다. 과학고와 영재학교는 R&E와 더불어 이미 R&D에 많은 관심이 있다. 한국에도 빌 게이츠, 스티브 잡스와 같은 인재들이 배출되도록 하는 것이 R&D의 지향 목표이며 R&D 교육을 통해 창업을 할 수 있는 것이다.

3) 기업가정신(entrepreneurship)

기업가정신은 혁신과 창의성을 바탕으로 한 생산 활동을 통해 기업을 성장시키려는 도전정신이다. 4차 산업혁명 시대를 맞이할 때 우리가 갖춰야 할 역량들과 관련 기술들은 여러 전문가에 의해 규정되고 있다. 역량에는 자기관리 역량, 지식정보처리 역량, 창의적 사고 역량, 심미적 감성 역량, 의사소통 역량, 공동체 역량 등이 있고 관련 기술에는 인공지능, 사물인터넷, 가상현실, 빅데이터 등이 언급되고 있다. 이러한 역량들과 관련 기술들은 새로운 시대에 학생들이 배우고 갖춰야 할 요소들이지만 가장 핵심적이고 명시적인 것은 기업가정신이라고 말하고 싶다. 용의 그림을 그릴 때, 앞에 언급한 역량과 기술이 용의 몸통에 해당한다면, 기업가정신은 그림의 마지막에 그리는 용의 눈에 해당한다고 감히 말하고 싶다. 눈을 그린 그림이어야 완벽한 모습의 용으로 4차 산업혁명 시대를 주름잡고 날 수 있기 때문이다. 우리가 알고 있는 세계적 기업의 CEO인 스티브 잡스, 마크 저커버그, 테슬라 일론 머스크, 아마존 설립자 제프 베이조스 등도 기업가정신으로 성공한 사례다.

시대가 바뀌면 시대정신, 즉 패러다임이 바뀌어야 한다. 피터 드러커는 '기업가정신(entrepreneurship)'은 새로운 일을 시작하거나, 새로운 방식을 시도하여 새로운 가치를 창출하는 것이라고 하였다. 무비판적으로 잘못된 관행을 답습하는 무사 안일주의, 보신주의, 관료주의에 대한 완전한 반대 개념이며 사회의 발전과 창조적인 인생을 위한 필수 요소라고 하였다.

기업가정신의 본질은 인간의 본성인 현실 안주를 극복하고 이 사회가 필요로 하지만 남들이 안 하거나 못하는 것, 성공이 보장된 것은 아니지만 충분한 승산이 있는 것, 실패도 성공의 어머니로 승화시킬 수 있는 것에 도전하는 것이다.

조벽 교수가 이야기했듯이 우리나라 사람은 실패를 두려워하는 마음이 유독 강해서 타고난 좋은 재능을 살리지 못한다는 이야기를 듣곤 한다. 역으로 생각하면 우리 학생들에게 기업가정신이 무엇보다도 가장 필요하다는 의미이고, 지금 우리나라가 여러 면에서 세계적으로 두각을 나타내 주목을 받는 나라이면서 선진국 문턱에서 우리의 발목을 잡은 장애 요소를 극복하는 해법은 우리가 부족하다고 느끼는 실패를 두려워하지 않은 모험정신으로 무장된 기업가정신을 청소년들이 실천한다면 더욱 우리나라의 미래는 장밋빛이 될 것이다. 기업가정신의 교육적 요소에는 인성 교육, 창의성 교육, 도전정신 교육 세 가지가 필수 요소다. 바른 인성을 갖추고 남보다 먼저 변화를 읽고 새로운 것을 고안해 내는 창의적 인재 교육. 새로운 것에 도전하고 새로운 가치를 창출하고 자부심을 느낄 수 있는 창조적인 삶을 위한 도전정신 교육. 이러한 요소를 우리 학생들이 배우고 갖출 수 있도록 교육적 환경을 마련해 주는 것이 교사로서 교육적 사명이다.

필자는 2013년 한국과학창의재단 지원의 '창업 및 기업가정신 시범학교'를 몇몇 선생님과 운영하여 기업가정신의 중요성을 학생들에게 알리고자 교육 프로그램을 마련하였다. 전국적으로 유명한 기업 대표이사, 변리사, 대학교수 등을 초청하여 학생들이 다양한 분야에서 접근하는 기업가정신을 배우고 기본 자질로 갖추도록 하였다. 그렇게 학교가 추진하고 있었던 R&D에 학생들이 창업이라는 모험과 도전정신을 장착시키려고 노력했다. 그런 결과로 프로그램에 참여했던 학생 두 명이 2014년 제2회 청소년 기술창업올림피아드에서 대상을 차지한 결과도 얻었다.

4) 청소년 기술창업올림피아드 대상 수상

2014년 제2회 청소년기술창업 올림피아드에서 필자가 학교에서 지도했던 박○우, 이○ 학생이 대상에 해당하는 금상을 수상하였다. 사업 아이템은 Stor-e Wapping Service였는데 이것은 소상공인의 이야기를 웹과 포장 패키지로 소비자와 공유하여 마케팅하고, 소비자에게 새로운 제품과 서비스뿐만 아니라 '이야기'라는 다양한 콘텐츠를 제공한 온라인, 오프라인 서비스가 결합한 '소상공인을 위한 소셜 캐스트'였다.

이들 학생이 생각하는 창업 동기는 동네 대형상점이 생기자 작은 점포들이 문을 달고 있으며 그동안 규제되었던 프랜차이즈 점포 거리 규제가 사라지고, 소상공인들이 대형상점과 프랜차이즈에 밀려 설 자리를 잃어가는 현 상황이었다. 학생들은 이 상황을 진단하고 문제의식을 가지고 살펴봤다. 이유(Why)로는 첫째, 그동안 소상공인의 홍보와 마케팅이 취약했고, 둘째, 상호 간 네트워크가 구축되지 않았으며, 셋째 브랜드 이미지, 가게 이미지가 없으며, 넷째 제품 품질에 대한 신뢰가

상대적으로 낮음을 이유로 진단하였다.

해결 노하우로는 소상공인의 '이야기(Stor-e Wapping Service)'를 활용하고 소상인과 소비자 간의 소통(Stor-e. QR 코드 이용)하도록 그리고 소비자의 호기심을 유도하는 방안을 제시하였다. 생각해보면 이 아이템이 학생들한테서 나온 것은 지금으로부터 7~8년 전이다. 그런데 지금의 모든 가게는 음식점이든, 옷가게이든 지금 홍보를 이 학생들의 아이템과 같은 방식으로 하고 있다. 이 학생들은 앞서간 생각을 한 학생들이었다.

또한 청소년 기술창업올림피아드에서 대부분의 대회 출전자들이 물건(제품)을 들고나와 설명하였는데 필자 제자들은 아이템을 들고 나간 것이었다. 소상공인과 소비자 간의 연결과 소통하는 플랫폼 아이템이어서 그때 박근혜정부의 창조경제 정책과 맞아떨어져 주목을 받기 매우 충분하였다. 이 학생들은 모두 명문대에 진학하였고 지금은 졸업 후 창업 및 관련 회사에 다니고 있음을 전화 통화로 알려왔다.

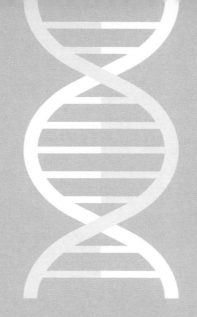

Chapter Ⅱ

창의성을 신장하는
과학 수업자료

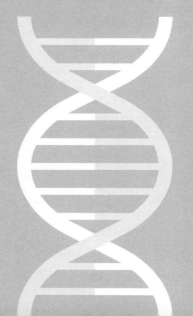

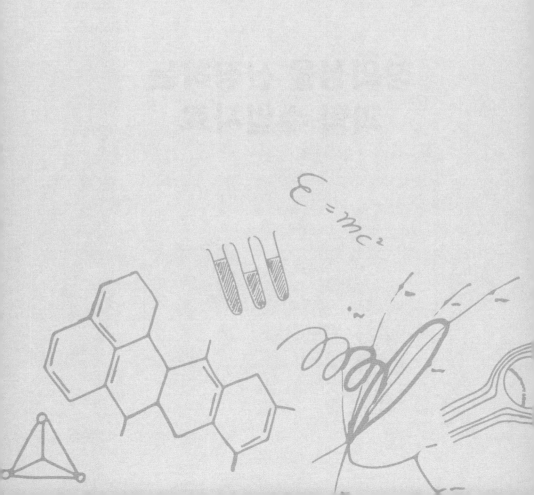

1

과학 시범실험
장치 제작에서의
창의성 발휘

창의성 신장은 이 시대의 화두이다. 창의성은 새로움을 추구하는 정신이다. 현재나 다가올 미래는 국가 간에 무기로 싸우는 시대가 아니라 참신한 아이디어로 경쟁하는 시대다. 우리나라 학생들은 과학 수업에 큰 흥미와 재미를 가지고 있지 못하다는 것이 여러 조사자료에 나오며, 특히 싫어하는 수학과 같은 물리 과목에 대해서는 더욱 어려워하고 꺼리고 있다. 그래서 필자 고등학교에서 과학(물리) 수업을 학생들이 재미있고 의미가 있는 수업으로 만들기 위해 교과연구회 활동을 통한 연찬 활동을 기본으로,《교사 제작 시범실험 장치의 스토리텔링을 통한 창의성 자극 물리 수업》으로 교실 수업 개선을 실천하였다.

필자는 20여 년의 물리 교과연구회 수업자료 개발 연구 활동과 자신 및 여러 학생의 과학작품연구 지도 활동을 하면서 많은 과학 시범실험 장치를 제작하여 수업에 활용하면서 끊임없이 업그레이드시키는 과정에서의 창의적인 생각과 문제해결 구체화 과정을 스토리텔링으로 기록하였다. 이러한 과학 시범실험 장치를 활용한 스토리텔링 과학 수업은 과학(물리) 수업에서 과학개념 파악 및 동기유발에 큰 자료로 활용하고 있으며 제작 목적과 과정, 발전을 스토리텔링 방식으로 학생들과 공유해왔다. 다음의 내용은 필자의 '물리 시범실험 장치를 통한 창의성 자극 스토리텔링 물리 수업'의 과학 시범실험 장치 및 수업 예시 자료다. '물리'를 먹어도 먹어도 물리지 않는 밥과 과일의 맛처럼 가르치고 싶었다. 호기심이 사라진 수업이 아닌 Why? Why not? 이라는 질문이 교실 여기저기에서 툭툭 쏟아지는 과학 수업을 꿈꾸어 왔으며 많은 시간 연찬하며 방법을 모색하고 실천해왔다. 학교에 있는 실험 장치 이외에도 그동안 100여 개가 훨씬 넘는 실험 장치를 직접 만들어 학습 주제에 맞게 수업 현장에서 활용하였다. 스토리텔링 기법으로 호기심을 자극하는 깨어 있는 수업을 시도하였다. 아래 사진들은 필자가 제작한 과학 시범실험 장치 일부다.

전자기타 제작1

전자기타 제작2

빛 혼합 장치

거리 측정 간이사진기

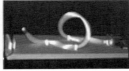
플라스틱 광섬유

물줄기 속 빛 전반사

아크릴 속 빛 전반사

롤러코스터 실험 장치

휴대용 광통신 장치

휴태용 광통신 장치2

광통신 송광 장치

페리모콘 활용 광통신

20초 회로 멈춤 장치

전자기유도 (발전기)

monkey hunter 장치

재귀 반사(고양이눈)

세 종류 빛 송광 장치

구둣솔 진동카

ND로 소리의 전달모형

빨대로 만든 파동 장치

기체순환장치

진동으로 소리 듣기

압전소자 알콜 로켓트

슬링키로 종파 표현

리드스위치 전자석

종이컵-커브공 원리

스트로폼 자르는 장치

편광 여러 현상

폐품 활용 편광 장치

물 속에서의 전반사

광섬유에서의 전반사

알콜 권총

운동량보존 실험 장치

휴대용 광통신 세트

폐품 이용 간이 사진기

전자기유도 장난감

교류 직류 구별 장치

수압 관련 실험 장치

CdS로 작동하는 전등

자석과 황화카드뮴

간이 과일전지 장치

커브공 원리 실험 장치

태양 추적 비치파라솔

파동 진동 장치

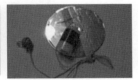

CD와 필름통 라디오

시범실험장치 보관상자

2

학생이 기다리는
과학 수업

교육이란 결국 미래 사회를 준비하는 것이다. 수업도 결국 미래 사회에 대비하는 교육이 아니면 학생들을 위한 수업이 아니다. 21세기는 창의성과 인성을 겸비한 능력을 갖춘 인재를 요구하고 있다. 바른 인성의 바탕 위에 창의성을 갖춘 학생이야말로 미래 사회를 이끌 주역이다. 특히 부존자원이 부족한 우리나라의 경우, 경쟁력 있는 창의적 인재의 양성은 그 무엇보다도 중요하다. 새로 생성되는 새로운 지식 정보들은 단시간에 전 세계로 전파되고 순식간에 더 창의적이고 가치 있는 지식으로 전환된다. 세계는 하드웨어 전기(電氣) 시대에서 상상과 아이디어로 혁신을 끌어내는 소프트웨어 전기(電氣) 시대로 전환되고 있으며 빅데이터, 인공지능, 로봇공학, 사물인터넷 등 디지털 기술로 촉발되는 초연결 기반으로 새로운 제품과 서비스를 개발하고 이를 지식 재산화하여 시장을 선점할 수 있느냐가 성패를 좌우한다.

필자가 가르치는 물리는 많은 학생이 어렵게 생각하고 접근하기 두려워한다. 그렇다고 학생들이 이해하기 어려우면 반복해서 공부하라고만 할 수 없었다. 어떻게 해서든지 함께 품고 가야 할 미래의 주인공들이기 때문이다. 비유적인 이야기일지 모르지만 어려운 상대성이론도 학생의 수준과 언어에 맞는 눈높이 교육을 하면 5살 아이에게도 의미를 가르칠 수 있다고 한다. 교사가 부단한 연찬 노력을 하여 학생들의 호기심과 재미있는 물리 수업만 제공한다면 학생들은 지금보다 많은 학생이 물리를 좋아하게 되어, 그것이 대한민국 기초과학의 발전을 낳아 과학 강국의 기반이 될 것으로 생각하고 교실 수업 개선의 노력을 기울여 왔다.

교사의 설명이 아이들의 귓전만 때리는 수업이 아닌 학생들이 수업의 주인공으로서 이야기하고 소리치고 웃고 발상을 이야기하는 재미있는 수업. 그래서 필자가 20여 년 가까이 과학교육 연찬 활동과 스스로 만든 수십 가지 시범실험 장치를 수업에 투입하여 어려운 과학(물리) 개념을 눈앞에서 실험으로 보여주고 개념을 스토리텔링으로 설명하면서 창의성을 점진적으로 자극하는 과학(물리) 수업을 해왔다.

과학교육은 학생의 과학적 잠재능력을 계발, 신장시켜서 학생의 꿈이 실현되도록 도와주고 이끌어주는 일련의 교수-학습 과정이므로 교사들은 학생들의 지적 호기심과 창의적 능력을 발전시켜 주어야 할 의무가 있다. 우리가 가르치는 학생들은 매우 경쟁이 치열한 글로벌 시대에 살게 된다. 이러한 무한경쟁에서의 최대의 무기는 바로 남이 범접할 수 없는 창의적 능력이다. 교사가 이러한 창의성을 길러주기 위해서는 바로 거울 기능과 같은 교사의 창의적 교수 활동이다. 교과수업을 통해 교수학습과정의 적시 적소에서의 학생의 창의적 DNA를 자극하는 교사의 창의적 교수 활동이다. 교사는 다차원적 사고, 입체적 사고, 열린 사고, 발산적 사고, 연관적 사고 등 끊임없이 새로운 것을 추구하는 창의적 태도 및 사고가 있어야 한다. 왜냐하면, 교사의 사고가 유연하지 못하면 학생들도 사고의 유연성을 발휘할 수 없고, 교사가 창의적이지 못하면 아이들도 창의력을 발휘할 수 없기 때문이다.

연구조사에서 고등학교 과학 교과에 대한 흥미도가 매우 낮다고 한다. 그 원인은 무엇이며 왜 이렇게 과학 교과는 어렵고 딱딱한 과목으로 학생들에게 인식되는 것일까? 혹 과학을 가르치고 있는 우리가 학생들에게 발견의 기쁨이나 자연현상의 제대로 의미를 알려주지 못하고 이미 존재해 있는 원리나 개념만을 전달하면서 학습의 과정을 중요시하는 과학교육이 아니라 내용을 중요시하는 과학 수업이기 때문에 학생들이 싫증을 내는 것은 아닐까?

어쨌든, 물리 교과를 가르치고 있는 우리 스스로 곰곰이 반성해 봐야 할 중요한 문제다. 물리 선생님들은 '제물포 선생님'이라는 별명을 듣기 싫어한다. 제물포 선생님은 '저 선생님이 물리를 어렵게 가르쳐 물리를 포기하게 만들었다.'라는 뜻에서 학생들 사이에 통용되고 있는 아주 원망적 물리 교사의 별명이고 '○가이버 선생님'은 일상의 문제를 창의적이고 과학적 지식으로 잘 처리해 내는 외국 드라마 속의 주인공 '맥가이버'를 비유해서 '우리 물리 선생님 최고'라는 칭찬의 별명이다. 본인은 이러한 제물포 교사가 안 되기 위해 큰 노력을 하다 보니 어느덧 '채가이버' 별명을 듣게 되었다.

2002년부터 전남물리교육연구회 연구회원으로 활동하면서 매주 순천대학교와 전남대학교 교수연구실에서 교수 및 동료 물리 교사들과 교과 연구 활동을 하였다. 동료 교사들과 물리 개념을 토의하면서 학생들에게 쉽게 전달하는 방법을 논하고 학교에서는 실험할 수 없었던 실험 장치들을 제작하면서 장치 시연을 통한 학생들의 학습 동기유발 및 올바르고 인상적인 물리 개념을 심어주기 위해 노력하였다. 일본 동경 청소년과학축전을 두 번이나 참관하여 자료를 수집하였고 전국의 과학축전 및 과학교육학회 참석 및 발표, 그리고 근무한 학교마다 전국학생발명품경진대회 및 전국과학전람회 등의 학생 지도 통하여 높은 성과를 달성하였고 대회가 끝나면 작품들은 고스란히 교실 수업에서 새로운 값진 수업자료가 되었다.

이러한 여러 과학교육 및 연구 활동을 통해서 시범실험 장치들의 제작 방법을 습득하였고 계속된 정교화 연구 활동을 통해서 물리 수업자료가 축적되었다. 이러한 여러 활동으로 개인적으로 제작한 물리 시범 장치들이 100여 가지 넘게 되었다. 이러한 시범실험 장치들은 이전의 과거에는 2009 교육과정 과학 수업, 그리고 현재는 2015 교육과정 과학 수업에 활용하고 있다. 학생들은 과학(물리) 수업이 무척 재미있으며 수업이 기다려진다는 물리 마니아 학생들이 생기면서 쉬는 시간에 미

순천대 과학 교과연구회실

리 와서 물리 교과 교실에 와서 선생님의 시범실험 장치들을 작동해보고 재밌어 한다.

과학(물리) 교사로서 느끼는 가장 중요하게 생각하는 것은 학생들이 수업을 통해서 자신의 잠재적 창의성이 발현되고 개발되는가? 하는 수업 성찰이다. 과학(물리)이 어렵다는 선입견을 가지는 학생들에게 초등학교에서 가져 본 적이 있는 세상에 대한 호기심을 재발화되도록 한다면 학생은 겨울잠에서 일어나는 북극곰처럼 다시 과학 수업에 적극적으로 참여할 수 있다는 것을 본인은 교사의 준비된 수업을 통해서 절실히 느꼈다.

교실 수업 개선을 위한 노력으로 과학(물리) 수업에서 가장 중요한 것이 수업 시작할 때의 학습 목표를 향하는 동기유발이 중요하다고 생각하였다. 어떻게 하면 수업 시작과 함께 학생들이 수업에 집중하도록 할 것인가? 그런 다음 어떻게 잠재된 호기심과 창의성을 자극할 수 있는 동기유발을 할 것인지 고심하였다. 그래서 생각한 것이 그동안 필자가 만들어온 과학 시범 실험 장치를 매시간 한 가지씩 시연을 보이자는 것이었다. 시연을 하면서 이 실험 장치의 작동과 관련된 과학적 원리가 무엇인지 질문하고 학생들이 답변하도록 하였다. 답변을 잘하는 학생과 좋은 질문을 하는 적극적인 수업 참여 학생에게 수행평가에 반영하기도 하였다.

이 과정에서 학생들이 눈빛이 빛났던 부분은 필자가 시범실험 장치를 업그레이드하는 과정을 스토리텔링으로 이야기할 때였다. 처음 만들 때는 너무 크거나 너무 작거나 효과가 잘 나타나지 않았던 장치들을 휴대하기 좋고 실험 효과가 잘 나타나게 개선하고자 할 때 노력과 문제를 해결하는 과정을 소개하였다. 이때 학생들은 고개를 끄덕이기도 하고 업그레이드시킬 수 있는 아이디어를 손을 들어 발표하기도 하여 발명 교육의 효과도 볼 수 있는 기회가 되기도 하였다. 필자가 수업에 활용하고 있는 여러 시범실험 장치 중에는 학생들의 아이디어를 반영하여 개선하는 것들도 있다.

3

학생 참여형
수업의 중요성

결과적 지식보다 과정적 지식이 중요하다.

한 학생이 '옴의 법칙을 배워 알고 있다.'라는 말을 했을 때, 그동안 우리는 학생이, 공식을 말할 수 있고 물리 문제에 이 공식을 적용하면 풀면 제대로 알고 있을 것이라고 생각해 왔다. 그러나 이 학생이 옴의 법칙을 제대로 알았다고 말할 수 있을까? 아니다. 이 학생에게 옴의 법칙을 실험으로 이끌 수 있느냐? 라고 되물었을 때 대답을 하지 못한다면 이 학생은 옴의 법칙을 제대로 알고 있지 않으며 옴의 법칙의 결과적 지식만 암기하여 알고 있는 것이다. 제대로 하는 학생은 "예! 저에게 전지, 가변저항기, 전압계, 전류계, 약간의 전선 등을 주시면 제가 한 시간 이내에 실험적으로 정확히 옴의 법칙을 이끌 수 있습니다."라고 말할 수 있다. 즉, 이 학생은 옴의 법칙의 진정한 의미, 과정적 지식까지 제대로 알고 있는 것이다. 그래서 학생 중심 체험활동의 중요성이 강조되는 것이다. 학생 중심의 체험 활동에서는 학생은 지식을 제대로 배우게 된다.

수업 장면 사진

창의성 명언 2
창조성은 자신의 인생 항로가 곤란에 처했을 때 다른 일로 인도하거나 새로운 길을 찾게 해준다. _레오 버스카글리아

4

스토리텔링을 통한
창의성 신장
수업일지

1) 왜 스펙보다 스토리텔링이 중요한가?

필자는 교직 생활을 하면서 여러 번 권위가 있는 연구대회와 공모전에 출전하고 응모했다. 어떨 때는 한 번의 시도로 선정되기도 하고, 어떨 때는 몇 차례 시도했음에도 1차부터 떨어지기도 하였다. 예선 때부터 떨어질 때는 "뭐가 모자라 떨어진 거야?" 장관상이 열 개가 넘는데 하며 떨어짐에 의아해하고, 상대적으로 본인보다 훨씬 스펙이 적은 젊은 교사가 선정되는 것에 이해가 안 된다고 생각한 적이 있었다.

그러나 지금에 와서 느끼고 알게 된 것은 제출 공적 조서에 나타난 모든 스펙은 맥락적으로 일관성이 있고 스토리텔링이 되어야 한다는 것이다. 세 번 떨어진 올해의 과학교사상도 떨어질 때는 "나 이렇게 공적이 많네요!"라고 공적 나열만 했었다. 그러나 네 번째 도전에는 공적 조서 작성 방향을 근본적으로 달리하여 학생 지도가 무엇을 지향했고 그 목적을 향해 어떤 활동과 지도와 그리고 성과를 나타냈는지 스토리텔링 기법으로 작성하였다. 그러고 나서야 3전 4기로 마침내 수상하게 되었다.

지금 고등학교는 '학생생활기록부(학생부) 디자인'으로 학교 교육력의 초점을 맞추는 열풍이 불고 있다. 학생 개인의 학생 활동으로 동아리 활동, 방과후학교 활동, 수업 활동, 주제 탐구 활동 등 학생들의 학교, 생활도 맥락 없이 마구잡이식으로 해서는 비효율 학교생활이며 대학입시에서 실패의 요인이 될 수 있다고 진로·진학 전문가뿐만 아니라 모든 교사는 이구동성으로 이야기를 한다. 왜냐하면, 특정 대학과 특정 학과는 각자 원하는 인재상이 있기 때문이다.

그러므로 학생들은 남보다 일찍 진로 방향을 정하고 학교 교육 활동을 원하는 목표를 향하여 맥락적인 줄기를 가지고 교육 활동을 해야 하며 그래야만 학생 자신만의 스토리텔링이 완성되어 대학입시의 주인공이 되는 것이다.

취업도 마찬가지라 생각한다. 대학 때부터 회사, 직종을 정하고 맥락으로 공부와 대학 생활하고 여러 스펙을 쌓아간다면 설득력 있는 대학 생활의 이야기가 그 회사 취업사정관의 고개를 끄덕이게 하지 않겠는가?

최근에 필자의 아들이 어렵게 반도체 회사 취업에 성공하였다. 취업이 잘되지 않을 때, 의기소침한 아들에게 이야기한 적이 있다. 회사에 필요한 자격증도 따고 입사 지원서에도 회사가 주목하도록 스토리텔링 방식으로 작성해보라고.

이제는 확실하게 느낀다. 세상은 개인들의 이야기를 마구잡이식으로 듣고 싶어 하지 않고 맥락이 있는 이야기를 듣고 싶어 하며 스토리텔링으로 자신의 약력을 이야기할 때, 처절한 발버둥과 같은 노력의 흔적을 표현할 때 상대는 인간적으로 공감하는 것이다.

대학입시 고등학생이든, 회사 취업 대학생이든, 더 좋은 성공을 꿈꾸는 일반인이든 모두 스토리텔링으로 자신을 이야기할 줄 알아야 한다.

2) 스토리텔링 과학(물리) 수업일지

교사가 제작한 시범실험 장치를 통한 스토리텔링 과학수업의 진행은 아래처럼 진행하였다.

▶수업 시작에는 단원과 관련된 교사의 시범실험 장치를 보여주면서 동기유발을 시킨다.

▶예를 들어 베르누이 원리를 수업하게 될 때 "투수의 커브 볼은 어떤 원리로 설명할 수 있을까요?"라고 질문을 한다. 단답형 같은 결과적 지식에도 반응하며 칭찬을 해주고 더욱 남을 이해시킬 정도의 과정적 지식으로 설명할 수 있도록 유도한다. 그러면 학생들은 여러 가지로 깊은 사고를 하게 되고 학습목표에 대한 강한 동기를 가지게 된다.

▶이후 시연을 통한 과학원리의 이해와 습득과 교사 자신의 장치 제작 과정에서의 맥락을 이야기하고 그 문제해결을 위한 아이디어 창안 등을 스토리텔링으로 이야기한다.

▶학생들에게도 교사처럼 학습 단원과 관계된 원리와 깃든 시범실험 장치를 만들 수 있는 방안이 무엇인지 질문하고 즉각적인 대답이든 긴 시간이 지난 후의 대답이든 창의적이고 의견발표에 대해선 보상을 해주고 격려하며, 이후 학생이 직접 생각한 것을 구체화하고 싶을 때에는 학교의 무한상상실 환경에서 할 수 있도록 도왔다.

▶학년 말에 1년 동안의 '교사가 제작한 다수의 시범실험 장치 시연과

제작 스토리텔링을 통한 창의성 자극 과학수업'에 학생들에 대한 교육 효과 및 창의성 능력의 향상도를 설문지와 질문지를 통하여 조사한다.

　이러한 방식으로 100개를 연간 계획으로 필자에게 1년을 배운 학생들은 100가지 시범실험 장치를 모두 경험하고 연관된 과학원리를 배우도록 하면서 창의성 신장을 위한 목적을 향해 실천하였다. 이러한 수업은 학생들이 창의성 향상에 크게 도움을 받았다는 연말의 설문 결과로 확인되었다.

[수업일지 *01*] 다양한 관성 실험

수업 단원 뉴턴의 운동법칙 – 관성의 법칙

수업 주제 관성으로 분필 페트병 속에 넣기, 정지 관성, 운동 관성, 회전 관성

수업 내용 물체는 현재의 운동 상태를 유지하려는 관성이 있다. (관성 크기 ∝ 질량)

학생 활동 [교과서 탐구해보기] 관성 및 관성의 법칙

그림1 추의 관성 실험   **그림2** 회전 관성 비행기   **그림3** 페트병에 분필 넣기

질문*1*

그림1에서 추 아래의 실을 손으로 천천히 잡아당길 때와 빠르게 잡아당기면 어느 실이 끊어지는가의 실험이다. 이유를 관성 현상으로 잘 설명할 수 있는가?

☞ 추 위쪽 실과 아래쪽 실은 같은 실이다. 실을 천천히 당기면 관성 현상과 무관하게 오직 작용하는 힘의 크기 차이로 실이 끊어지게 된다. 천천히 당기면 위쪽

실은 추의 무게와 아래에서 당기는 힘을 견뎌야 하므로 아래 실보다 더 큰 힘을 받아 끊어진다.

빠르게 잡아당길 때는 추의 정지 관성이 다른 상황을 낳는다. 금속추의 정지 관성이 밑에서 전해지는 당기는 힘을 막는 역할을 하여 아래 실이 순간적으로 큰 힘을 받아 끊어진다.

질문2

그림2의 고리 비행기는 교실에서 넓은 공간 쪽으로 손으로 회전 없이 던질 때와 회전시켜 던질 때 어떤 차이가 생기는가?

☞ 회전 없이 던지면 가벼운 종이비행기여서 아무 방향으로 날아 멀리 못 간다. 그러나 던지는 방향에 대해 수직으로 회전시켜 던지면 종이비행기는 방향성을 유지하며 직선에 가깝게 날아간다. 이것이 회전관성의 원리이다. 총알도 회전하면 날아가 직진성이 강해진다.

질문3

그림3에서 분필 밑에 있는 원형 고리를 순간적으로 옆으로 당기면 분필은 수직 아래로 낙하하여 페트병으로 그대로 들어간다. 정지 관성으로 설명할 수 있는가?

☞ 그림3처럼 손가락으로 재빨리 둥근 테 모양의 패트병 조각을 수평 방향으로 뚝 치면 위에 있던 분필 조각이나 지우개 조각은 정지관성으로 인해 페트병과 마찰을 이겨내 따라가지 않고 아래로 낙하하여 페트병으로 들어간다.

[수업일지 02] 운동량 보존 법칙 실험

수업 단원 운동량과 충격량 – 운동량 보존 법칙

수업 주제 운동량 보존 법칙 실험

수업 내용 교사가 제작한 구슬 탄성 충돌 장치로 실험을 하면서 실험 전에
충돌 후 구슬의 반응을 질문을 통한 호기심 유발한다.

학생 활동 [교과서 탐구해보기] 관성 및 관성의 법칙

그림1 탄성 충돌 장치 제작　　　**그림2** 간단한 충돌구 실험　　　**그림3** 당구공 충돌 실험

질문1

그림1의 장치에서 오른쪽 구슬 1개를 들었다가 놓으면 정지한 6개 구슬은 어떻게 반응하는가? 또 오른쪽 구슬 2개를 들었다가 놓으면 정지한 6개 구슬은 어떻게 운동하는가?

☞ 이 질문에 대해 운동량 보존 법칙을 아직 배우지 않는 학생들은 많이 틀린다. 하나를 들어 올려놓으면 나머지 6개의 구슬이 무거워 작게 함께 움직인다고 대답을 많이 한다. 그러나 실제에서는 마지막 1개의 구슬이 처음 충돌해온 구슬의 속도 크기로 멀어져 간다. 학생들은 이를 신기하다고 생각한다. 운동량 보존 법칙을 언급할 시점이 다가온다.

질문2

간단한 그림2의 장치는 그림1과 같은 실험을 모두 할 수 있다. 왼쪽에서 구슬 1개를 오른쪽에서 구슬 2개를 동시에 충돌시키면 구슬들은 어떻게 운동하는가?

☞ 그림2의 장치는 쉽게 준비할 수 있는 실험 장치이다. 그러나 효과는 간편하고 매우 좋다. 물음에 대한 답은 왼쪽에서 구슬 2개가, 오른쪽에서 구슬 1개가 튀어나간다.

질문3

그림3의 당구공이 충돌할 때 두 공이 일직선상의 충돌이 아닌 일반적인 2차원 충돌할 때는 두 공은 어떤 각도로 멀어지는가? (심화학습)

☞ 이 질문은 매우 심화한 내용이다. 학생 중에서 높은 수준의 당구 실력을 갖춘

학생은 경험적으로 알 수 있겠지만 이론적으로 잘 알지 못한다. 쉽게 설명하면 정지한 당구공에 다른 당구공이 와서 스치듯이 약간만 충돌한다면 진행해온 당구공은 진행 방향이 거의 틀어짐이 없다. 그러면 충돌 당한 정지 공은 진행해온 당구공의 수직 방향으로 조금 충돌 힘을 받는다. 그래서 두 공의 진행 방향은 수직이다. 90도이다. 물리학 II 에서 이론적으로 답을 구할 수 있다.

> **수업 소감**
>
> 그림1의 장치 구슬들을 들어 나머지 구슬에 충돌시켜, 충돌 후 구슬들의 반응과 운동에 질문하였을 때 예상할 수 있는 다양한 답을 내놓았으나 자신들의 생각과 다른 결과가 나오자 놀라움을 보이고 궁금해하였다. 운동량 보존법칙이 자연계 현상을 설명하는 큰 법칙의 하나임을 깨닫게 하였다.

[수업일지 03] 힘의 평형과 무게중심 실험

수업 단원 뉴턴의 운동법칙 – 질량과 무게

수업 주제 힘의 평형과 무게중심 실험

수업 내용 힘의 평형과 무게중심에 관한 실험 장치 3가지 시연을 통해서 물체의 무게중심이 어떤 위치에 있을 때 물체가 가장 안정적으로 힘의 평형이 되는가를 안다.

학생 활동 [교과서 탐구해보기] 관성 및 관성의 법칙

그림1 무게중심 장치

그림2 잠자리의 균형

그림3 포크와 수저의 안정

질문1

그림 1의 장치를 보면 정말 불안하게 보이는데, 옆으로 힘을 주어 밀어 보아도 매우 안정적이다. 왜 옆으로 넘어지지 않는가?

☞ 옆으로 쉽게 넘어지는 물건들은 무게중심이 높다. 두 추를 포함한 전체의 무게중심은 받침점보다 가운데 낮은 곳에 있다. 오뚝이가 항상 안정적으로 서 있는 것은 전체 무게중심이 다리 쪽에 있기 때문과 같은 원리이다. 학생들이 손가락으로 옆으로 밀어도 매우 안정적이다.

질문2

그림 2의 잠자리가 평지가 아닌 나무 끝에 앉을 때도 안정적으로 오래 앉아 있을 수 있는가?

☞ 평지와 다르게 날개의 모양을 머리 쪽으로 변형시키면 잠자리의 무게중심은

나무줄기 방향 쪽에 놓이게 된다. 잠자리는 본능적으로 무게중심을 나무 중심 쪽으로 가도록 날개의 변화를 주어 몸에 힘을 안 들이고 경사면에 계속 앉아 있는 것이다. 애들아! 잠자리도 무게중심을 안단다.

질문3

그림 3의 실험을 보이자 학생들은 가장 크게 신기해하였다. 컵 테두리 밖에 있는 포크와 수저가 왜 떨어지지 않고 안정하게 자리를 잡고 있을 수 있을까?

☞ 보통 식탁에 수저와 포크가 놓인다. 음식이 나오기 전에 식탁에 앉은 다른 사람에게 이런 과학 마술을 보이면 정말 대단하다고 생각지 않을까? 여기서도 수저와 포크의 전체 무게중심은 컵 밖에 있지 않고 컵 테두리에 놓여 있게 가운데에 있는 이쑤시개의 길이를 조정하면 보기에는 매우 불안정하게 보여도 물리적으로는 안정적이어서 이 모습을 만들 수 있다.

수업 소감

▶건물이나 다리의 안정적인 유지는 무게중심과 관련된 힘의 평형과 돌림힘의 평형을 알게 되었다.

▶그림 1, 2, 3의 실험 장치에서 물체의 무게중심이 지지대 위에 놓일 때 물체들은 모두 안정적으로 자리 잡을 수 있음을 깨닫게 되었다.

수업 단원 패러데이의 전자기유도 현상

수업 주제 전자기유도 현상을 이용한 전자기타

수업 내용 교사가 전자기유도 현상을 이용하여 전자기타를 직접 제작하
였고 제작 과정 및 전자기타의 원리를 쉽게 알도록 한다.

학생 활동 교사가 제작한 전자기타 실험 장치 3가지

그림1 전자기유도 원리를 이
용한 전자기타

그림2 통기타에 부착하는 전
자기타 픽업

그림3 픽업 발명품 부착 전자
기타

질문1

그림1의 발명품은 전자기유도 현상을 이용한 재활용품으로 만든 전자기타
다. 발명의 원리는 무엇인가?

☞ 먼저 네오디움 자석 주위를 코일로 감싼다. 그리고 강자성체인 기타 줄을 네
오디움 자석 위에 설치한다. 기타 줄을 팅기면 전자기유도 현상에 의해서 기타
줄에 1차 유도 전류가 발생하고 이 유도 전류는 자석 주위에 새로운 자기장을 만
드는데 기타 줄이 진동하므로 자기장도 시간상으로 변하는 자기장이다. 시간상

으로 변하는 자기장은 자석 주위를 감싸는 코일에 2차 유도 전류를 발생시키고 이 유도 전류가 앰프로 흘러가 기타 소리가 증폭된다.

질문2

그림1의 발명품이 그림2의 발명품으로 업그레이드가 된 동기는 무엇인가?

☞ 그림1의 발명품을 만든 후, 학교에 교원발명대회 공문이 왔다. 그래서 그림1의 발명품이 성능은 좋다고 하여도 허접스럽게 보여 대회를 나갈 순 없었다. 그러나 문득 통기타에 그림1의 픽업을 부착하는 아이디어가 떠올랐다. 몇 번의 시행착오를 거쳐 마침내 그림2의 장치로 통기타에 쉽게 착탈되는 깔끔한 발명품이 만들어졌고 기능도 좋았다.

질문3

그림 3의 장치로 교원발명품경진대회 출품 후 어떻게 되었는가?

☞ 2005년 특허청 산하단체인 발명진흥회 주최의 전국 교원발명품경진대회에서 『어쿠스틱 기타와 전자기타를 상황에 따라 내 맘대로』 발명 제목으로 교원발명대회에 나갔다. 대상에 해당되는 금상을 받았다. 16년이 지난 오늘날까지 이 발명 전자기타로 수업 시간에 전자기타의 원리를 가르치기도 하고 종종 학교에서 축제 때 나가 기타치고 노래를 부르기도 한다.

수업 소감

기타 줄과 자석이 가까이 있는데 기타 줄을 튕기면 기타 줄을 통과하는 자석의 자기장이 변하여 기타 줄에 유도 전류가 생기고 이 유도 전류가 새로운 변하는 자기장을 만들어 더 큰 전류를 다른 코일에 만들어 앰프에서 큰 소리로 변하게 된다.

[수업일지 05] 빛의 전반사 현상과 광통신 실험

수업 단원 전반사와 광통신

수업 주제 빛의 전반사 현상과 광통신 실험

수업 내용 휘어지는 물줄기 속을 빛이 빠져나오지 못하는 현상은 광섬유가 발견된 원리이다. 광섬유가 전반사 현상으로 빛 대부분을 목적지에 도달시킨다.

학생 활동 교사가 제작한 광통신 관련 실험 장치 3가지

그림1 물줄기 속을 빠져나가지 못하는 빛

그림2 아크릴 속을 전반사로 진행하는 빛

그림3 휘어지는 물줄기를 진행하는 빛

질문1

그림1의 장치는 영국의 과학자 J.틴들이 밝힌 '휘어지는 물줄기 속을 빛이 빠져나가지 못한다'라는 것을 보여주는 장치이다. 어떤 원리로 빛이 휘어지는 물줄기를 속을 쉽게 빠져나가지 못하는가?

☞ 물은 공기보다 광학적으로 밀한 매질이고 공기는 소한 매질이다. 빛은 밀한 매질 속을 진행하다 소한 매질로 진행할 때 입사각이 물과 공기로 정해지는 임계각보다 크면 전반사 현상이 일어나 빛이 공기 쪽으로 빠져나가지 못하고 물속으로 계속 진행한다.

질문2

그림1의 이 장치를 수업 시간에 사용할 때 불편한 점은 무엇인가?

☞ 이 실험 방법은 구멍 뚫린 페트병에 물을 넣어 물이 아래로 떨어지는 동안의 짧은 순간에만 관찰할 수밖에 없었고 교사가 현상을 보고 설명을 할 수 없었고 다시 실험하기 위해서는 복잡하고 준비 시간이 길었다.

질문3

그림2는 아크릴 막대의 용도는 무엇이고 어떻게 휘게 하였는가?

☞ 실제로 물속을 진행하는 빛과 광섬유 속을 진행하는 빛의 경로를 제대로 관찰하기가 힘들어 만든 것이다. 아크릴로는 빛의 전반사 모습을 제대로 볼 수 있다. 일자 모양의 아크릴 막대를 곡선으로 휘려는 여러 시도는 실패하다가 어느 날 아내가 국수를 삶는 모습을 언뜻 보다가 응용하는 발상이 떠올라 아크릴을 국수 삶듯 물로 끓인 뒤 꺼내어 힘을 주었더니 원하는 대로 구부려졌다.

질문4

그림 3은 어떻게 그림1 장치의 단점을 극복하였는가?

☞ 원통형 수조 밑에 작은 수중 모터가 전기의 힘으로 물을 원통형 수조 속으로 밀어 올린다. 그래서 휘어지는 물줄기를 계속 만들어낸다. 또한 레이저포인터 거치대가 원통 수조 옆에 만들어져 있어 교사는 손을 거의 대지 않고 틴들의 실험을 학생들에게 보일 수 있다.

> **수업 소감**
>
> 학생들은 자신들의 눈앞에서 물줄기 속을 빛이 중간에 빠져나가지 못하고 전반사로 계속 진행하는 것을 직접 실험 장치로 보고 큰 과학적 경험을 하였다고 느낌을 이야기하였다.

[수업일지 06] 소리 이해, 악기 제작 및 연주

수업 단원 소리와 빛 – 소리와 악기

수업 주제 소리 이해, 악기 제작 및 연주

수업 내용 악기는 현과 관의 길이에 따른 소리의 높이가 변한다. 소리에 대한 이해를 높이기 위해 간이 악기를 만들고 연주 활동을 통하여 소리의 특성을 경험한다. 관악기(개관, 폐관)에서의 발생하는 내부에서 발생하는 정상파를 이해한다.

학생 활동 교사가 제작한 음악 관련 실험 장치 3가지

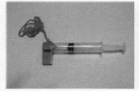  

그림1 호각 · 주사기 결합 악기 **그림2** 자유낙하 금속관 악기 **그림3** 빨대 펜플롯

질문1

그림 1의 악기는 어떻게 만들고 소리의 높낮이는 어떻게 나오는가?

☞ 호각의 옆면을 뚫고 일회용 주사기 앞쪽을 큰 단면으로 절단하여 그림처럼 접착제로 붙인다. 입으로 호각을 불면서 오른손으로 주사기 피스톤을 이동시키면 주사기 안(폐관) 길이가 달라져 소리의 높이가 변하는데, 학생들은 호각과 주사의 전혀 예상치 못한 결합으로 새로운 악기 탄생을 경험한다. (연관적 사고)

질문2

그림 2의 금속관 악기는 어떻게 만들고 소리는 어떻게 나오게 하는가?

☞ 악기는 금속관을 제시된 상대적인 옥타브 음 길이에 맞게 자른다, 이 금속관을 딱딱한 시멘트 바닥에 이 금속관을 낙하시키면 바닥과의 충돌로 인해 금속관

마다 각자 다른 음이 나오게 하여 곡을 연주할 수 있다. 길이가 짧을수록 고음이 난다. 이 악기를 2세트 만들어 각각 한 세트씩 들고 귀에 익은 동요를 합주하면 학생들은 무척 재미있어 하였다.

질문3

그림 3의 악기는 빨대로 만든 팬 플룻 악기이다. 어떻게 만들고 소리를 어떻게 나오게 하는가?

☞ 빨대를 폐관의 제시된 상대적인 옥타브 음 길이에 맞게 자른다. 한쪽 면을 금속 집게로 집어 납작하게 만든 후 촛불로 그을려 입구를 막는다. 길이가 다른 빨대도 같은 방법으로 만든 후 그림처럼 길이 크기에 따라 글루건으로 단단히 고정한다. 빨대 한쪽 면을 아래쪽은 닫혀있고 열린 쪽(폐관이라고 함)을 팬플루트 부는 방식으로 입으로 불면 소리의 높낮이가 달라져 악기가 된다. 길이가 짧을수록 고음이 난다.

수업 소감

▶위 3가지 악기 실험 장치를 통하여 학생들은 음의 높낮이에 대해서 정확한 지식을 가질 수 있었다.

▶학생들이 각자 악기 제작을 한 후, 곡을 연주하면서 과학 체험 활동의 흥미와 즐거움을 느끼는 과학 수업이 되었다.

[수업일지 *07*] 적외선 관찰과 페리모컨으로 광통신하기

수업 단원 전자기파 종류와 특성 – 적외선 관찰 및 광통신

수업 주제 리모컨을 통한 적외선 관찰과 페리모컨으로 광통신하기

수업 내용 '전자기파를 이용한 정보의 전달' 교육은 현대를 살아가는 학생들에게 중요하다. 페리모컨의 레이저포인터를 이용한 빛 송신 실험 장치를 제작하여 수업에 활용하였다.

학생 활동 교사가 제작한 광통신 관련 실험 장치 3가지

그림1 페리모컨의 광 송신

그림2 리모컨과 광수신장치

그림3 광 수신 소형 앰프

질문*1*

그림 1의 실험 장치는 어떤 광통신 실험 장치인가?

☞ 사무실용 페리모컨의 레이저포인터를 버리기 아까워 재활용하여 장치를 만들었다. 페리모컨 내부를 열어 레이저포인터 스위치 부분에 소형 마이크로 연결하였다. 마이크로 말을 하면 음성의 진동수가 레이저의 진동수로 바뀌게 된다. 그림의 소형 태양전지판으로 레이저 빛을 보내면 태양전지판이 빛 신호를 전류 신호로 바꾼 후 이것을 다시 앰프로 보내어 사람의 음성이 들리도록 한 발명 실험

장치이다. 과정에서 소리-빛-소리로 변한다.

질문2

그림 2의 실험 장치는 어떤 광통신 실험 장치인가?

☞ 이 장치는 간단하게 만들 수 있는 광통신 교육 실험 장치다. 학생들은 리모컨
을 우리가 작동할 때 어떤 빛이 나오는가 궁금해하는데 적외선이 나오고 있음을
보여줄 수 있다. 소형 전지와 연결된 광 수신 소자에 의해서 적외선을 인식하면
함께 연결된 LED에 의해 불빛으로 적외선을 확인하는 광수신 장치이다.

또 다른 방법으로 적외선은 스마트폰 카메라 기능으로 볼 수 있다.

질문3

그림3은 광수신 소형 앰프라고 하는데 어떤 용도인가?

☞ 학교에서 광통신 실험을 할 때 태양전지판과 앰프가 무겁고 커서 쉽게 학생들
에게 광통신 실험을 보여주기 어려운 문제가 생긴다. 그래서 광통신을 공부하는
단원이 나와도 귀찮아서 실험을 생략하는 때도 생긴다. 실험준비실에 있는 장치
를 가지고 와서 세팅하는 것이 쉬운 일이 아니다. 그래서 휴대하기 좋은 그러면
서 태양전지판이 붙은 소형 앰프를 만들었다. 제작 이후로 휴대하면서 광통신을
실험이 훨씬 간편해졌다.

수업 소감

▶학생들은 눈에 보이지 않은 적외선, 자외선 등의 빛도 여러 장치를 통해

정보의 전달에 이용되고 있음을 배웠다.

▶적외선 레이저 빛이 광통신에 사용되고 위조지폐를 식별할 때는 자외선을 활용하고 있음을 알게 하였고 위 3가지 실험으로 학생들이 흥미와 재미를 가지고 참여토록 하였다.

[수업일지 08] 빛 혼합 장치를 통한 색채 인식

수업 단원 소리와 빛 – 색채 인식

수업 주제 빛 혼합 장치를 통한 색채 인식

수업 내용 컴퓨터 모니터의 256가지의 색은 R(적색) G(녹색) B(청색)의 혼합으로 만들어진다.

학생 활동 교과서에 나오는 실험 방법과 교사 제작 빛 혼합 장치로 학습한다.

그림1 컴퓨터 그림판

그림2 빔프로젝터 거울 이용

그림3 빛 혼합 장치

질문1

컴퓨터 그림판을 가지고 빛의 혼합을 보여주는 원리는 무엇인가?

☞ 교실 PC의 그림판을 프로그램을 작동한다. 그림1과 같은 세 칸의 표를 작성하여 표 안에 각각 RGB 색상으로 채운다. 컴퓨터와 빔프로젝터를 연결해 교실 스크린에 RGB 컴퓨터 화면이 비치도록 한다. 3명의 학생이 화면 앞에서 각자 3장의 평면거울을 들고 빔프로젝터에서 오는 RGB 빛을 각자의 거울로 반사해 그림2처럼 하얀 마분지나 벽면에 비춘다. RGB 빛을 2개씩, 3개를 겹치면 여러 혼합색이 만들어진다.

질문2

그림3의 빛 혼합 장치는 작아 휴대하기 쉽고 빛 혼합 장치로 효율이 뛰어난데 어떤 원리인가?

☞ 그림1의 방법이나 보통 과학교구사의 빛 혼합 장치는 컴퓨터 빔프로젝터, 스크린, 거울 등 여러 시설이 필요하고 부피도 커서 쉽게 휴대하기 힘들다. 그림3의 빛 혼합 장치는 LED 9개(R 3개, G 3개, B 3개)를 가지고 정사각형 마방진 배열(3×3)을 하였고 이 LED 불빛이 혼합되도록 사진과 같이 내부에 회색 비닐을 넣은 혼합 보조 장치를 LED 위를 덮으면 회색 비닐 통로를 통해 덮개에 원하는 색상의 빛 혼합을 만들 수 있다.

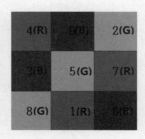

▶그림1의 빛 혼합 실험은 좋은 아이디어를 가진 실험이지만 컴퓨터의 R, G, B 색상이 정확하지 않아 혼합했을 때 혼합색이 명확히 만들어지지 않는다.

▶LED 9개(R 3개, G 3개, B 3개)를 가지고 정사각형 마방진 배열()을 하였는데 빛의 혼합시킬 때 가장 좋은 배치임을 다른 학생 논문지도를 통해 알게 되었다.

▶학생들은 그림3의 실험 장치로 완벽한 청록색, 노란색, 다홍색, 흰색 등이 완벽하게 혼합되는 것을 보고 감탄과 놀라는 표정을 보였다.

[수업일지 09] 마그누스 힘 등 베르누이 원리 실험

수업 단원 힘과 에너지의 이용 – 유체 – 베르누이 원리

수업 주제 마그누스 힘 등 베르누이 원리 실험

수업 내용 베르누이 원리는 우리 생활에서의 유체의 현상에 대하여 많은 것을 설명한다.

학생 활동 교사가 제작한 베르누이 원리 실험 장치 3가지

 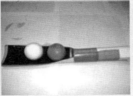 

그림1 불어도 도망가지 않는 스티로폼 공   **그림2** 사포 위의 탁구공   **그림3** 커브 공의 원리

질문1

그림1의 실험 장치는 빨대를 통해 입으로 불고 빨대를 옆으로 움직여도 스티로폼 공이 도망가지 않고 공중에 머물고 따라오는 원리는 무엇인가?

☞ 베르누이 원리로 설명된다. 아래에서 올라온 공기는 스티로폼 공 주위를 빠른 속도로 지나가므로 공 주위의 압력이 다른 곳보다 작아서 공 외부 쪽에서 공 쪽으로 힘이 작용하여 스티로폼 공이 다른 곳으로 도망가지 못하게 한다.

질문2

그림2의 실험 장치는 어떤 원리로 공들을 회전시켜 커브 경로를 만드는가?

☞ 사포 위에 탁구공을 놓고 손잡이를 잡고 공중에 옆으로 뿌리면 탁구공이 사포 면의 마찰력에 의해 회전을 하며 탁구공이 나아가 공기 속에서 커브 경로를 만든다.

질문3

그림3의 실험 장치는 2개의 종이컵을 마주 보게 붙이고 양쪽으로 빨대를 꽂아 만든다. 이 장치를 어떻게 실험하는가?

☞ 교실에서 의자 위로 올라가 양손으로 빨대를 잡고 잡은 손가락으로 양쪽 빨대를 회전시키다가 그대로 자유낙하를 하면, 이 장치는 회전으로 커브 공처럼 휘어지면서 바닥에 낙하한다. 회전 방향을 반대로 해서 학생들이 회전 방향에 따라 커브를 그리는 방향이 반대되는 것을 알게 한다.

질문4

커브 공의 원리를 베르누이 원리로 설명해보자.

☞ 공이 시계방향으로 회전하면서 진행하면 공 위쪽은 공의 회전 방향과 공기 진행 방향이 일치되어 공기 속도가 빠르고, 공 아래쪽은 공의 회전 방향과 공기 진행 방향이 반대되어 위쪽은 압력이 낮아진다. 아래쪽은 압력이 높아 양력이 아래쪽에서 위쪽으로 작용하여 공이 뜬다.

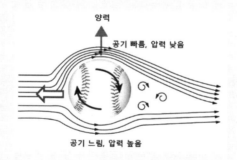

[수업일지 *10*] 스피커 원리 및 페트병 활용 스피커 만들기

수업 단원 자기장 속에서 전류가 받는 힘(전자기력)

수업 주제 스피커 원리 및 페트병 활용 스피커 만들기

수업 내용 스피커는 자기장 속에서 전류가 흐르는 도선이 받는 힘으로 작동한다.

학생 활동 교사가 제작한 스피커 3가지

그림1 종이컵 스피커

그림2 페트병 이용 스피커

그림3 라디오 부착 스피커

질문1

그림1의 종이컵 스피커의 작동 원리는 무엇인가?

☞ 스피커는 코일과 영구자석, 진동판 등으로 구성된다. 코일을 통해 전류 신호가 들어오면 코일 주위에 자기장이 발생하고 이 자기장이 코일 안에 있는 영구자석의 자기장과 상호작용하여 전자기력을 발생시킨다. 이 전자기력으로 스피커가 작동한다. 스피커 안의 코일은 매우 가늘고 가벼워 감은 횟수가 많다. 이 코일이

스피커 진동판에 붙어있고 전자기력을 받아 진동하고 주위의 공기를 진동하여 소리가 발생한다.

질문2

전자기력과 관계된 정량적인 관계와 법칙은 무엇인가?

☞ 전자기력 크기는 $F=BIL\sin\theta$로 표현된다. 자기장의 세기(B), 전류의 세기(I), 코일의 길이(L)와 비례하고 자기장 방향과 전류의 방향이 이루는 각도(θ)도 관계된다. 힘의 방향은 플레밍의 왼손법칙으로 찾는다.

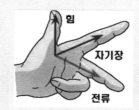

질문3

그림2와 같은 업그레이드 스피커를 만드는 방법은 무엇인가?

① 페트병 입구를 그림과 같은 정도의 길이로 잘라낸다.

② 풍선을 페트병 입구로부터 넣어서 풍선 아래쪽을 잘라서 페트병에 부착시킨다.

③ 풍선 주둥이를 잡아 늘여 페트병 입구를 바깥쪽으로 감싼다.

④ 풍선이 들어간 페트병 입구에 네오디윰 자석을 넣는다.

⑤ 에나멜선을 페트병 입구 바깥쪽의 나사식으로 되어있는 부분에 20회 정도 감

는다.

⑥ 풍선과 네오디움 자석이 페트병에 잘 부착이 되도록 스카치테이프로 잘 고정
한다.

⑦ 이어폰 잭을 에나멜선 양쪽에 전기가 통하도록 연결한다.

⑧ 라디오를 틀어 음악이 나오는 방송을 맞춘 다음 크게 틀어놓는다.

⑨ 이어폰 잭을 라디오 phone 단자에 꽂고 종이 스피커를 귀에 대고 소리를 들
어본다. 여기서 풍선을 사용하는 것은 ND자석이 풍선고무 위에서 진동을 잘 하
도록 하는 것이다.

수업 소감

학생들이 종이컵 및 페트병, 코일, 자석 등으로 스피커가 만들어지고 라디
오에 연결하여 소리가 나자 모두 신기해하였다.

창의 융합
디자인 씽킹 프로젝트
수업지도안

1) '내 공부방 미세먼지 제거 공기청정기 만들기' 프로젝트 5차시 수업

[수업 의도] 2013년 세계보건기구(WHO) 산하의 국제암연구소(IARC)에서는 미세먼지를 1군 발암물질로 지정하였다. 미세먼지는 이제 '황사'라는 말보다 더 익숙한 말이 되었고, 수많은 사람이 마스크를 쓰고 걸어 다니는 모습도 더는 어색한 광경이 아니다.

개인의 건강이 더욱 중요해진 요즘, 적을 알고 나를 알면 백 번 싸워도 위태롭지 않은 법이다. 아이들과 함께 미세먼지에 대해 자세히 알아보고 이와 관련된 모둠별 체험활동을 할 수 있는 프로젝트 수업을 계획하였다.

교수·학습 지도안

과목	고등학교 통합과학 고등학교 물리학 I 고등학교 지구과학 I	차시	총 5차시
단원	(통합과학) 4.1. 생태계와 환경 (물리학 I) 1. 역학과 에너지 (지구과학 I) 2.1. 대기와 해양 의 변화	교수·학습 모형	프로젝트 수업/ 협동학습
		융합 수업	통합과학, 물리학, 지구과학, 수학, 미술
성취 기준	[10통과08-01] 인간을 포함한 생태계의 구성 요소와 더불어 생물과 환경의 상호 관계를 이해하고, 인류의 생존을 위해 생태계를 보전할 필요성이 있음을 추론할 수 있다. [10과탐02-07] 생활 속에서 발견한 문제 상황 해결을 위한 과학 탐구 활동 계획을 수립하고 탐구 활동을 수행할 수 있다. [12물리 I 01-01] 여러 가지 물체의 운동 사례를 찾아 속력의 변화와 운동 방향의 변화에 따라 분류할 수 있다. [12지과 I 03-03] 뇌우, 국지성 호우, 폭설, 황사 등 우리나라의 주요 악기상의 생성 메커니즘을 이해하고, 피해를 최소화할 방법에 대해 토의할 수 있다.		
학습 목표	· 미세먼지의 발생원, 사회적 피해, 인체의 해로움, 미세먼지 방지책 등을 조사한다. · 미세먼지가 육면체 모양으로 작게 쪼개진다고 가정할 때 종류에 따른 질량, 부피, 표면적 변화를 계산한다. · 주어진 한정된 재료를 가지고 모둠 활동으로 공기청정기를 제작한다.		

학습 목표		· 모둠의 공기청정기 제작 아이디어, 과정, 결과를 작품 설명회를 통해 발표한다.
STEAM 요소	S	미세먼지의 해로움 알기(물리적, 화학적, 생물학적 조사)
	T	공부방 미니 공기청정기 만들기
	E	미니 공기청정기 작동 원리 적용
	A	공기청정기 디자인하고 심미적으로 표현하기
	M	지름이 반으로 줄어드는 미세먼지 질량, 부피, 표면적의 변화의 수학적 계산

<table>
<tr><td rowspan="3">STEAM
학습
준거</td><td colspan="3" align="center">상황제시</td></tr>
<tr><td>·미세먼지는 인류의 건강과 생활을 방해하는 심각한 환경문제이다.
우리는 어떻게 문제 해결해야 할까?</td><td>창의적 설계
·지피지기 백전백승(미세먼지를 알아야 내 건강을 지킨다!)
·미세먼지의 물리적, 화학적, 생명공학적인 접근과 탐구
·간이 공기정화기 디자인 및 제작</td><td>·환경문제를 인식하고 대처하고 문제 해결하기
·일상생활에서 학생 수준의 미세먼지 피해를 줄이는 구체적 방안 및 탐구 활동 실천</td></tr>
<tr><td colspan="3" align="center">감성적 체험</td></tr>
</table>

1/5~2/5 차시 교수·학습 지도안

단계	학습 내용	교수 · 학습 활동	시간	자료	지도상 유의점
도입	출석 확인	· 인사하고 출석 확인하기	10분	PPT 유튜브 동영상	자유롭게 말할 수 있도록 유도 [유튜브 영상] 의사가 짧게 정리해주는 미세먼지의 정체와 위험성」 https://www. youtube.com/ nTq KsGEE8
	학습 동기 유발	· (동기유발) 요즘 미세먼지 주의보가 발령나면 사람들이 외출을 자제하고 학교에서도 체육과 같은 야외 수업을 하 지 않도록 되어 있습니다. 그 렇다면 미세먼지는 왜 우리에 게 위험한가요? · (상황 제시) 유튜브에서 '의 사가 짧게 정리해주는 미세먼 지의 정체와 위험성' 동영상을 보며 미세먼지는 반드시 우리 나라와 개인이 심각하게 받아 들이고 해결해야 할 문제임을 인식시킨다.			
	학습 목표 제시	· 학습목표를 읽으면서 내용을 확인한다.			
전개	학습 활동 이해	· (상황 제시) 미세먼지가 호흡기에 걸러지지 않고	80분	PPT 및 학습 자료	짝 하브루타

전개	학습 활동 이해	폐 속으로 들어갈 수 있는 크기를 알기 · (창의적 설계) 방송에 나오는 미세먼지 2종류를 구분하고 머리카락 굵기와 비교한다. · (상황제시) 미세먼지가 땅에 가라앉지 않고 떠다니는 이유는 무엇일까? (중력과 부력 관련) · (창의적 설계) -유체 속에 있는 물체가 위로 들어 올려지는 힘인 부력을 수식으로 표현할 수 있다. -공기 중에서 미세먼지의 중력과 부력의 크기를 계산, 비교하여 미세먼지가 공기 중에 머무는 이유를 안다. · (상황 제시) 교실과 같은 실내에 눈에 보이지 않는 미세먼지가 얼마나 많이 떠다니고 있는지를 학생들이 쉽게 관찰할 수 있는 아이디어(장치 포함)를 발표하도록 한다.(하브루타 실시) · (창의적 설계) 모둠별로	80분	학습 활동지 수업 자료	모둠 하브루타 미세먼지가 작을수록 전체 표면적이 증가하여 사람의 폐 속에서 접촉하는 면적도 늘어남을 이해하도록 한다.

전개	학습 활동 이해	아이디어를 협의하고 정리된 아이디어를 모둠별로 발표한다. • (감성적 체험) 미세먼지가 많은 교실에 공기 청정기가 없을 때 학생들이 어떻게 하면 미세 먼지를 덜 마실 수 있을까?			
정리	학습 활동 정리	• 학습 내용을 설명하며 정리한다. • (감성적 체험) 미세먼지는 이제 평생 함께 가는 환경문제로 인식하고 생활 속에서 미세먼지가 발생하지 않게 하려면 어떻게 할지 학생의 수준에서 할 방법을 인식한다.	10분	PPT	
	차시 예고	• (상황 제시) 다음 수업 내용을 안내한다. – 모둠별 미니 공기청정기 만들기 및 발표하기			
	환경 정리 및 인사	• 교실 환경정리하고 인사하기			

3/5~4/5 차시 교수·학습 지도안

과목	고등학교 물리학 I		차시	3/5~5/5
단원	1. 역학과 에너지 (중력, 부력, 미세먼지 저감 장치 제작)		교수·학습 모형	프로젝트 수업 / 모둠 협동 학습
			융합 수업	물리, 수학, 지구과학, 미술
성취 기준	[12물리 I 01-02]뉴턴 운동 법칙을 이용하여 직선상에서 물체의 운동을 정량적으로 예측할 수 있다.			
학습 목표	·주어진 한정된 재료를 가지고 모둠 활동(4명)으로 공부방 간이 공기청정기를 제작한다. ·자기 모둠의 작품, 아이디어, 과정, 결과를 발표한다.			
평가 방법	·공기청정기 제작 활동과정에 대한 개인 평가, 결과 발표회를 통한 모둠 평가			

단계	학습 내용	교수 · 학습 활동	시간	자료	지도상 유의점
도입	인사, 출석 확인	· 인사하고 출석 확인하기	10분	PPT 유튜브 동영상	자유롭게 말할 수 있도록 유도
	학습 동기 유발	· (동기유발) 중국 북경은 100m 높이의 공기청정 탑을 설치하여 대도시 대기 환경을 개선하고			

도입	학습 동기 유발	있다. 공기청정 탑은 어떤 원리로 작동될까? · (상황 제시) 공기청정기의 원리를 배우고 여러분도 자신의 공부방에서 사용할 수 있는 간이 공기청정기를 만들 수 있겠는가?			
	학습 목표 제시	· 학습 목표를 읽으면서 내용을 확인한다.			
전개	학습 활동 이해	· (상황 제시) 주어진 한정된 재료를 가지고 모둠 활동(4명)으로 공부방 간이 공기청정기를 제작하는 프로젝트를 수행한다. · (상황 제시) 모둠 재료 제공 충전용 미니 선풍기 1대, 마더보드AO 1장, 포장지 AO 1장, 색종이 1매, 풀, 가위, 칼, 글루건, 색실, 자 등등 · (창의적 설계) 공기청정기 설계도면 작성하기	80분	모둠 재료 제공	칼, 가위 사용주 의

전개	학습 활동 이해	– 모둠 협의를 통한 설계도면 작성(20분) – 작품의 작동 및 심미안적 요소 평가 강조 · (창의적 설계) – 설계도면에 따라 모든 모둠 원이 역할 분담을 통하여 공기 청정기 제작 활동 시작 · (안전 주의) 칼, 가위를 다루 는 체험활동에서 교사는 반복 적으로 안전에 주의 지도함. · (개별·모둠 평가) 교사는 순회하면서 진행 상황 을 점검하고 개인 및 모둠 활동 을 체크리스트로 평가한다. · (감성적 체험) 책상 위가 아닌 실험실 바닥에서도 자유로운 제작 활동이 되도록 지도한다. – 아주 큰 소리가 아닌 대화는 가능하며 토론을 통해 작품이 완성되도록 한다.		설계 도면	추가적 재료 요구에는 공정성을 판단하여 제공
정리	학습 내용 정리	· 공기청정기 제작 활동을 마치고 정리한다.	10분	PPT	

정리	학습 내용 정리	자기 모둠이 만든 공기청정기 작품 설명회를 하고 여러 친구의 질문에 답변하는 시간을 가짐을 예고한다.			
	차시 예고	・(상황 제시) 　다음 수업 내용을 안내한다. － 모둠별 공기청정기 작품 　　발표하기			
	환경 정리 및 인사	・교실 환경 정리하고 인사하기			

5/5 차시 교수·학습 지도안

단계	학습 내용	교수 · 학습 활동	시간	자료	지도상 유의점
도입	인사, 출석 확인	· 인사하고 출석 확인하기	5분	모둠별 작품 설명	· 자유롭게 말할 수 있도록 유도 · 공기청정기 사진 및 동영상 촬영 동료 학생의 탐구 질문이 활성화 되도록 지도
	학습 동기 유발	· (동기유발) 구슬이 서 말이라도 꿰어야 보배이므로 모둠이 제작한 공기청정기를 잘 설명하고 아이디어를 서로 나눌 기회를 마련한다.			
전개	모둠별 발표회	· (상황 제시) 모둠 중 1인이 발표하지 않고 여러 사람이 함께 발표회에 참여하도록 한다. · 모둠별 5분 발표, 3분 질문 시간으로 학급당 5모둠의 작품 설명회를 진행한다. · 교사는 발표 내용과 학생들의 반응을 보고 각 모둠을 평가한다. · 좋은 질문을 하는 학생을 칭찬하고 평가에 반영하여 질문과 토론이 활성화되도록 한다.	40분		
정리	학습 정리	· 발표한 학생들의 작품 평가	5분		

정리	학습 정리	및 설명회에 대해 전반적으로 강평한다. • 학생들의 작품을 교사와 학생들이 관람할 수 있도록 실험실 복도에 전시한다.			
	환경 정리 및 인사	• 교실 환경을 정리하고 인사 하기			

과학적 원리

이 프로젝트 수업에서 적용되는 과학적 원리는 환풍기 원리로 미세먼지 포함된 공기를 빨아들이고 필터로 포집하여 미세먼지가 없는 깨끗한 공기를 내보내 공부방 안에 공기를 정화하는 것이다. 모둠 활동에서 학생들은 베르누이 원리를 적용하여 공기가 속도와 압력 관계를 이용하는 작품이 많았다.

연구 주제

미세먼지 문제는 일시적인 환경문제가 아니다. 중국의 산업화와 사막화의 복합적인 문제이며 그래서 중국과 지정학적 관계에 놓인 우리나라는 매년 매일 의식하고 살아가야 할 숙명이 되고 있다. 국가 차원의 대비도 필요하지만, 학생 개개인의 미세먼지 피해 방지 노력도 필요하다.

문제 해결 과정에서의 특별한 이야기

모둠 활동으로 작품을 만들게 되므로 디자인을 구성하고 선정하는

데 처음에는 의견 차이가 생기게 된다. 자신이 구상한 디자인이 모둠의 작품으로 선정되면 그 학생이 주도적으로 작품 제작에 앞장서서 팀원들을 이끌어야 한다.

결과(수상내역)

'내 공부방 미세먼지 제거 공기청정기 만들기 프로젝트 수업'은 2019년 비상교육 창의·융합 교수학습지도안 공모전에서 최우수상을 받았다.

학생 활동지 - A

차시:1/5	학년 반 번 성명
학생 활동1	유튜브 동영상 시청을 통한 미세먼지 잘 알기 (지피지기 백전백승)

[유튜브 동영상]

의사가 짧게 정리해주는 미세먼지의 정체와 위험성

https://www.youtube.com/watch?v=VNnTqKsGEE8

1. 동영상에서 미세먼지는 어느 정도 크기의 입자인가?

2. 미세먼지는 왜 사람에게 위험한가?

3. 동영상 시청으로 새롭게 알게 된 점은 무엇인가?

4. 미세먼지 피해를 받지 않기 위해 개인이 가장 잘 실천할 내용은?

5. 미세먼지 피해를 줄이기 위해 학급 구성원이 공동으로 실천할
   내용은?

학생 활동-2	미세먼지 크기(굵기)에 따른 표면적 비교하기 (미세먼지 표면적 크기가 사람 몸속의 들어가 피해를 주는 것에 비례)

질량이 m인 미세먼지 모양을 한 변의 길이가 a의 정육면체로 가상했을 때 한 변의 길이가 및 인 정육면체로 작아졌을 때 처음과 질량, 표면적, 부피의 비는 어떻게 달라지는가?

한 변의 길이	질량	표면적	부피	
a	m	$6a^2$	a^3	
$\dfrac{a}{2}$				
$\dfrac{a}{4}$				

☞ 결과 정리 :

학생 활동지 - B

차시:2/5	학년 반 번 성명
학생 활동3	실내에서 공기 중에 떠다니는 미세먼지 관찰 및 작용하는 힘 생각하기(베르누이 원리, 부력)

1. 미세먼지를 관찰할 방법은 무엇인가?

2. 미세먼지에 작용하는 힘과 힘의 방향은?

3. 바닥에 가라앉은 미세먼지가 공기 중에 떠다니는 이유는?

학생 활동4	내 공부방에 맞는 간이 공기청정기 만들기

1. 간이 공기청정기에 들어간 재료는?
충전용 미니 선풍기 1대(미세먼지 흡입장치 용도)
마더보드 0.6m×1.0m×2mm 1, 포장지 1.0m×1.0m×4mm 1장, 색종이
1매, 풀, 가위, 칼, 글루건, 색실

2. 간이 공기청정기 제작에 들어가는 과학적 원리는?

3. 제작 과정에서 모둠이 가장 창의적으로 만든 부분은 어느 곳이고
   창의적 요소는?

4. 간이 공기청정기 만들기에서 가장 어려운 점으로 예상되는 것은?

학생 활동지 - B

차시:3/5	간이 공기청정기 모둠별 설계도면 그리기

미세먼지에 대한 정보를 토대로, 내 공부방에 알맞은 공기청정기를
만들어 보기로 했다. 내 공부방에는 어떤 공기청정기가 필요할까?
방의 크기와 특성을 고려한 뒤, 공기청정기 제작에 필요한 요소를 점
검한다. 어떤 재료를 쓸 것인지, 제작 비용은 얼마나 필요한지, 어떠한
과학적 원리를 적용한 것인지, 어떤 디자인으로 구현할 것인지를 고민
하여 설계도를 작성한다.

2학년 A반이 작성한 설계도면

프리필터와 헤파필터를 설치하면 먼지를 2중으로 잡을 수 있어요.

전 디자인에 신경 써서 설계했어요. 내 공부방에 어울리는 아이언맨으로요!

폭이 점점 좁아지게 만들어 유체의 속도를 높이고 마지막에 마스크로 한 번 더 공기를 걸러내는 것이 특징이에요.

공간을 효율적으로 활용하기 위해 필터를 1개만 사용하고 크기도 작게 만들었어요.

차시:3/5~4/5	간이 공기청정기 제작 팀 활동 사진(일부 사진)

설계도 작성과 공기청정기를 만드는 과정에 모둠원 모두가 참여할 수 있도록 역할 분담을 하는 것이 중요하다. 더 자유로운 분위기 속에서 활동에 참여하도록 책상 위뿐만 아니라 실험실 바닥에서도 제작 활동이 이루어지도록 하였다. 칼과 가위를 다루는 활동인 만큼 안전에 특히 주의하도록 반복적으로 강조하며 수업을 진행하였다.

차시:5/5	간이 공기청정기 모둠 제작 결과물 사진(일부 작품) 2학년 A, B반

드디어 아이들이 직접 만든 공기청정기 작품이 탄생했다. 모둠별로 자신들의 작품을 소개하고 아이디어 수집과 제작 과정을 발표하는 시간을 가졌다. 모두가 역할을 분담하여 진행한 만큼, 자신이 맡았던 제작 과정에서 느낀 점도 자연스럽게 이야기할 수 있었다. 자신이 만든 제품을 잘 설명하기 위해서 텔레비전 홈쇼핑 상품안내자처럼 제품 원리를 잘 이해하고 청중을 사로잡아야 한다. 발표력 향상 또한 매우 중요한 수업 목표 중 하나이다. 발표를 마치고 나서는 실험실 복도에 작품을 전시하였다.

2학년 A반 A조 작품   2학년 A반 C조 작품   2학년 A반 D조 작품   2학년 B반 A조 작품

이번 프로젝트 수업은 미세먼지와 공기청정기의 원리를 이해하고 직접 만들어 보는 활동으로 아이들의 만족도가 높았다. 책으로 접하는 과학적 이론은 어렵고 복잡하게 느껴지지만, 생활 속에서는 그 원리들이 적용된 수많은 제품이 존재한다. 앞으로도 미세먼지와 같은 환경적인 문제들은 늘어날 것이고, 이를 위한 대안도 지속해서 고민될 것이다. 이번 수업을 통해 아이들이 환경에 대해 더욱 관심을 두고, 과학적 사고를 통해 대안을 실천할 수 있는 자신감을 가지도록 바란다.

작품설명회 사진

선생님의 수업 소감과 나눔

호기심이 사라진 수업이 아닌 'Why? Why not'이라는 질문이 여기저기에서 툭툭 쏟아지는 과학 수업을 꿈꾸어 왔으며 많은 시간 연찬하여 방법을 찾았고 실천 중이다. 체험활동으로 개인과 모둠의 창의력을 발휘하는 3~5차시에 초점을 맞추어 앞의 1~2차시는 조사 활동, 토론학습, 하브루타 등으로 미세먼지의 정체와 위험성 및 환경문제에 접근하였다. 이러한 5차시 프로젝트 수업은 학생이 수업의 주체가 된다. 모둠의 구성원들은 정답이 없는 상황에서 자신들만의 방법과 해결책을 얻기 위해 최선을 다하며 쉼 없는 모습과 집단 지성의 힘을 보여주었다. '내 공부방 미세먼지 제거 공기청정기 만들기'프로젝트 수업에 열심히 참여한 학생들 수고하였고 '너희들 멋진 학생들이다.'

2) 디자인 씽킹과 메이커 교육, 적정기술

요즘 학교에서 발명 교육이라는 말보다는 디자인 씽킹과 메이커 교육이라는 용어가 많이 회자하고 있다. 어쩌면 사회적 추세라고 볼 수 있다.

디자인 싱킹은 독일 소프트웨어 기업인 SAP의 하소 플레트너 회장이 만들고, 미국 스탠퍼드 디스쿨이 확산시키고 있는 교육 프로그램이다. 인간의 필요에 공감하고 대중이 모르는 잠재적 욕구를 발굴해서 시제품(프로토타입)까지 만들어 보는 과정을 말한다.

메이커 교육은 창의적인 아이디어를 내는 데서 그치는 것이 아니라 실제로 무언가를 만드는 과정을 통해 과학(science)·기술(technology)·공학(engineering)·예술(arts)·수학(mathematics)의 제반 이론을 통합적으로 학습하는 것(STEAM)을 목표로 한다. 애플과 구글 등 미국 실리콘밸리의 첨단기업들을 세운 창업자들 상당수가 차고의 '메이커'였다.

지금까지 발명 교육이 공학 분야에 치우쳐 있었다면, 디자인 싱킹은 인문·사회 분야를 포함한 모든 분야로 시선을 돌리는 것이고, 메이커 교육은 디자인 씽킹에서 아이디어를 구체화하는 단계에 무게를 두는 교육이며, 다른 말로 디자인 씽킹으로 시작해 메이커 활동으로 이어진다고 개인적으로 생각한다.

비즈니스 분야에서 활용되고 있는 디자인 씽킹은 디자이너들이 새 제품을 디자인하며 문제를 풀어가던 방법을 활용한 창의적 문제 해결법이다. 디자인 사고를 교육에 접목해 학생들이 학교 내에서 겪는 문제 또는 자신이나 친구들과의 문제에 스스로 적용하도록 하고 있다. 또 학생들이 학교 문제를 스스로 찾아 대안을 만들어가도록 학교 분위기가 달라지고 있다.

디자인 씽킹의 교육적 장점은 대안을 찾기에 앞서 먼저 공감을 하며 다양한 시각에서 문제를 바라보기 때문에 학생들의 다양성을 살리며 아이디어를 마음껏 나눌 수 있어 실패나 좌절에 대한 불안이나 두려움을 줄일 수 있다는 점이다.

필자가 근무하고 있는 학교는 무한상상실이 있다. 3년 동안의 시범학교를 거치면서 매년 많은 학생이 이 공간에서 디자인 씽킹과 메이커 활동을 하였다. 동료 미술 선생님은 이 분야에 뛰어난 지도 능력을 지니고 있어 본교 학생들뿐만 아니라 타 학교 학생들도 방문하여 지도를 받을 정도이다. 학생들의 창의성이 돋보인 멋진 작품들이 만들어져 정기적으로 학교 공간에 전시된다.

무한상상실에서 메이커 활동은 보통은 교과 프로젝트 수업에서 많이 이루어지는 편이지만 항상 그러한 것은 아니다. 발명 동아리와 같은 여러 동아리 활동에서도, 그리고 개인이 자신의 아이디어를 구체화하기 위해서 활용하는 경우도 많다. 무한상상실은 상상한 것을 구체화하는 공간이다.

사람들은 보통 생각의 틀을 벗어나기가 쉽지 않은데 디자인 싱킹 같은 새로운 방식을 통해 발상의 전환을 해보는 것은 중요한 체험이 될 수 있다. 또 여러 사람이 함께 협업하며 문제를 해결하는 과정에서 4차 산업혁명 시대의 화두라 할 수 있는 창의성을 신장시킬뿐만 아니라 시대가 필요로 한 소통과 나눔, 협력 정신도 배운다.

디자인 씽킹 및 메이커 교육

디자인 씽킹

	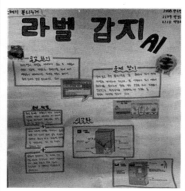
[문제 찾기] 기숙사 세탁기는 세탁 시간 파악이 어려우므로 시간을 알려주는 방법이 필요함. **[문제 해결]** 세탁이 완료되었을 때 무선통신 진동과 LED 불빛으로 세탁 완료 전달함. (커피 주문하고 기다릴 때 진동 불빛 장치와 유사)	**[문제 찾기]** 플라스틱병을 잘 분리수거 하기 위해 라벨을 제거해야 하는데 사람들이 잘 시행되지 않음. **[문제 해결]** 분리수거 장소에서 라벨을 잘 제거하는 사람에게 포인트 적립시켜주는 장치 설치.

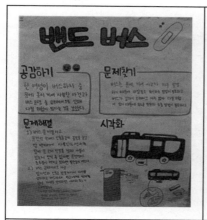

[문제 찾기] 버스 문에 승객의 옷이 끼거나 급정거로 승객이 다치는 일이 자주 발생하므로 출발 전 확인과 속도 줄이는 방법을 모색해야 함.

[문제 해결] 백미러에 사물 인식 센서 부착하여 운전석 위에 확인하고, 방지턱에 자석을 설치, 버스 아래에는 마그네틱 센서를 부착으로 방지턱 인식으로 속도를 줄이게 됨.

[문제 찾기] 물 하루 권장 섭취량을 마셔야 건강에 좋은데 생활하다 보면 그러지 못하는 경우가 자주 발생한다.

[문제 해결] 디지털 타이머의 릴레이 동작으로 일정 시간마다 알람을 통해 물 섭취를 하게 하는 방법이 필요함.

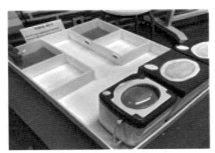

띠링 띠링 세탁기

라벨 감지 분리수거

슬기로운 화장실 생활

출처 위 디자인 씽킹과 메이킹 교육 작품은 필자가 근무하는 장성 문향고 미술 · 정보 융합수업 학생 작품입니다. (미술 교사 구자경 선생님, 정보 교사 박혜진 선생님)

적정기술

적정기술이란 '최첨단 기술이 아니더라도 사람의 삶을 풍요롭게 하는 기술'을 뜻한다. 많은 사람이 알고 있는 놀라운 적정기술들도 디자인 싱킹 과정을 통해 탄생하였다고 볼 수 있다. 디자인 싱킹은 개인적인 문제 해결 뿐만 아니라 사회적 문제해결에도 적용할 수 있다. 적정기술은 세상의 모든 곳에서 통용되지는 않는다. 어떤 지역에서는 맞지 않아 통용될 수 없지만 어떤 지역에서는 매우 필요한 기술이다. 낙후된 환경에서 삶을 바꾸는 꼭 필요하지만 과도하지 않은 기술인 적정기술로 본인에게 큰 감명을 준 세 가지를 소개한다.

▶전력 사용 없는 냉장고 '팟인팟 쿨러'

나이지리아 모하메드 바 아바는 전기를 사용하지 않고도 음식물을 오랫동안 보존할 수 있는 냉장고 개념의 저장고를 개발하였다.

큰 항아리 속에 작은 항아리를 넣은 뒤 항아리와 항아리 사이에는 물에 젖은 흙을 채운다.

팟인팟 쿨러 냉장고

그리고 항아리 위에 헝겊을 덮어주자 젖은 물이 증발하면서 작은 항아리 안에 있는 열을 빼앗았다. 상온에 2~3일이면 상하던 토마토가 저장고 안에서 최대 3주 정도까지 보관할 수 있는 것으로 드러났다. 그는 이 저장고에 '팟인팟 쿨러'라는 이름을 붙이고 나이지리아 전역에 단돈 2달러로 공급하였다. 전력을 사용하지 않고 소음이 없고 화석 연료를 사용하지 않아 친환경적인 냉장고라 말할 수 있다.

▶라이프 스트로우(Life Straw)
라이프 스트로우는 깨끗한 물을 마시기 위한 정수 기능이 담긴 빨대다. 빨대처럼 입으로 빨아들이면, 물이 라이프 스트로우로 들어오게 되고, 물은 4단계의 필터를 통과하게 된다. 이때 대부분의 박테리아가 제거되고 3단계에서는 요오드 처리 이온 교환성 수지를 통과하며, 다시 한번 박테리아와 바이러스가 제거되며 마지막으로 활성탄에서 악취를 제거함으로써, 비로소 마실 수 있는 물로 탈바꿈한다.

라이프 스트로우

▶페트병 전구(Solar Bottle Bulb)
페트병 전구(Solar Bottle Bulb)가 처음으로 등장한 건 2011년 필리핀에서였다. 당시 전력공급이 원활하지 않았던 필리핀에선 전기가 없어 낮에도 집 안에서 책을 읽을 수 없었다. 이러한 상황에서 태양의 빛을 활용하여 실내를 비추는 페트병 전구가 등장한다.

"페트병에 프리즘 원리를 적용해 만든 제품이죠. 페트병에 들어온 태양광이 병 안에서 굴절된 후 페트병 안에 담긴 물과 만나 산란하며 실내에 빛을 퍼뜨리는 방식입니다. 재료비가 거의 들지 않는 데다 전기료를 낼 필요도 없어 누구나 부담 없이 설치할 수 있습니다."

[출처: 한국전력 블로그 굿모닝]

페트병 전구

창의성 명언 3

온갖 삶에 대한 호기심이 위대한 창의적인 사람들의 비밀이라고 생각한다. _에오 버넷, 광고인

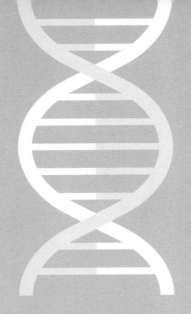

Chapter Ⅲ

학생발명품 경진대회
아이디어 창안 및 문제해결 과정

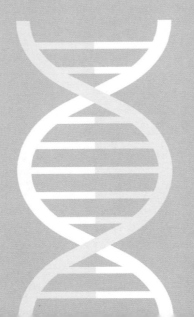

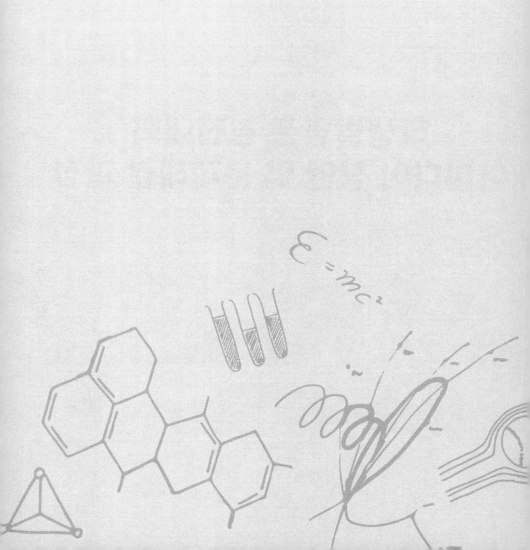

1

어쿠스틱 기타와 전자기타를 상황에 따라 내 맘대로

수상 기록

제7회 교원발명품경진대회(2005 특허청 발명진흥회) 금상 (1등상)

발명 출품

○○여고 교사 채희진

발명 동기

학교에서 전자기유도 수업 때 전자기타 원리도 전자기유도 현상이라고 나온다. 그러나 학교에는 보여줄 수 있는 실험 장치가 없고 진짜 전자기타는 내부를 볼 수가 없어 원리를 보여줄 수가 없다.

발명 내용

이 발명품은 기타 픽업(기타 줄 진동을 전류 신호로 바꿈) 역할을 한다. 부품은 네오디뮴 자석과 코일 그리고 코일을 감는 통과 아크릴, 앰프 플러그로만 구성되어 있고 아크릴의 탄성력과 자석의 자기력으로 금속 선(현)과의 인력으로 자동으로 악기에 부착되게 되어 있다.

이 발명품은 기타 줄 위에 탈부착하는 데 몇 초밖에 걸리지 않는다. 기타 밖으로 발명품이 노출되어 있어 언제든 전자기타가 작동하는 원리를 볼 수 있어 전자기유도 현상 교육에 이용할 수 있다.

발명 용도

이 발명품은 2천~3천원 정도의 비용밖에 들지 않으며 통기타를 가지고 있으면 이 발명품만 부착하면 전자기타가 되므로 비싸게 전자기타를 살 필요가 없다. 특히 학교 수업의 전자기유도 현상을 배울 때 복잡하게 보이는 전자기타 원리를 쉽게 설명할 수 있고 연주를 할 수 있는 재미있는 과학 기자재로 교사와 학생들이 좋아하는 학습 용품이 될 것이다.

발명 연구 활동 및 후기

발명품을 완성하고 교원발명품경진대회 참가하여 서울 특허청 건물에서 심사를 받았다. 처음 출전하는 발명대회라서 다른 교사들의 출품 수준을 알 수 없었다. 심사대기실에서 다른 출품작들의 크기와 완성도를 보며 비용 등을 물어보면서 기가 죽었다. 필자의 작품은 매우 작고 재활용품으로 만들어서 높은 입상을 기대하지 않았다.

심사장에서 통기타와 소형 앰프를 직접 가지고 가서 기타에 발명품을 부착하여 연주했다. 한참 지난 후 학교로 걸려온 특허청의 전화. "대상인 금상입니다!" 오직 한 사람에게만 주어진 교사 최고상. 이후, 이것으로 일본 해외연수 부상도 받고, 특허 출원하여 당당히 특허를 받았다.

발명품 사진

발명 아이디어 도면

발명품 완성

발명품을 기타에 부착

언론에 공개된 발명품

2

간이 사진기를 응용한 다용도 광학실험장치 제작

수상 기록

제29회 전국학생과학발명품경진대회 동상

발명 출품

○○여고 2학년 임○정, 지도교사 채희진

발명 동기

　수업 시간에 거울 및 렌즈의 공식을 배웠다. 그리고 선생님은 시범 실험 장치의 하나로 직접 만들어오신 볼록렌즈 사진기로 볼록렌즈에 의해서 물체의 상이 맺히는 원리를 보여줬는데 트레이싱 페이퍼를 움직이니 불투명한 기름종이에 천연색의 상이 거꾸로 맺히는 것을 볼 수 있어 무척 신기하였다.

그런데 이 장치로 교실 내에 가까이 있는 화분을 볼 때와 창문 넘어 멀리 있는 산을 볼 때 상이 맺히는 트레이싱 페이퍼의 위치가 달라, **'이 장치를 이용하여 쉽게 측정할 수 없었던 먼 산이나 건물까지 거리를 쉽게 구하는 방법이 없을까?' 하는 생각**이 들어 선생님에게 질문을 했고, 선생님은 아주 좋은 탐구적인 질문이라고 칭찬해줬다. 선생님과 함께 시도해 보자고 하여 연구를 시작하였다.

발명 내용

조사해보니, 보통 학교에서 많이 통용되는 핀홀 카메라, 볼록렌즈 간이 사진기, 광학대 실험 장치 등은 개별적으로 기능이 단순하며 휴대하기 불편하여 실험실을 벗어나서 사용하기 힘들었다. 그리고 광학 문제 및 렌즈공식을 확인, 실험할 수 있는 통합적 광학실험 장치가 있지 않아 학교에서는 주로 선생님들이 이론적으로 언급하고 학습이 끝나 버리는 경우가 보통 학교에서의 일반적인 상황이라고 선생님이 말씀하셨다. 그래서 물리 선생님의 지도로, 간이 사진기를 응용한 다용도 광학실험 장치를 개발하게 되었다.

발명품 용도

1) 학교 과학실에 있는 대부분의 볼록렌즈는 초점 표시가 없어 렌즈를 사용하기 불편하였다. 그러나 이 작품은 렌즈의 초점거리를 쉽게 구할 수 있다.

2) 본 작품은 볼록렌즈 간이 사진기에 부가적인 장치(상의 위치 측정자, 레이저포인터, 줄자 등)를 추가하여 렌즈 공식을 이용, 멀리 있는 물체까지의 거리를 조견표를 이용하여 이른 시간에 거리를 잴 수 있다.

3) 지금까지 학교에서는 렌즈 공식을 배우고 실험으로 쉽게 확인할 수 없었다. 본 작품은 실험자가 들고 다니면서 다양한 물체에 대한 실물의 상을 관찰할 수 있으며 쉽게 렌즈 공식 $\frac{1}{a}+\frac{1}{b}=\frac{1}{f}$ 을 확인할 수 있다.

4) 본 작품은 볼록렌즈 사진기의 옆면 상의 위치를 확인할 수 있는 창을 만들어 렌즈에서 상의 위치까지 알 수 있다. 상의 위치는 자와 디지털 버니어 캘리퍼스를 개조한 장치를 장착하여 정확한 상의 위치를 잴 수 있도록 하였다.

5) 볼록렌즈에 의해서 실물의 위치에 따라 상이 달라지는 원리를 이용하여 눈과 카메라의 원리를 효과적으로 배울 수 있는 장치이다.

발명품 사진

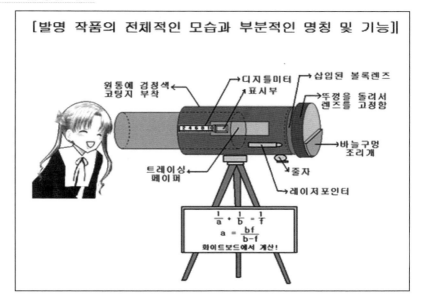

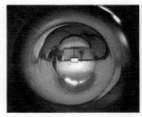
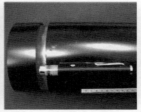

| 장치로 본 광경 | 레이저 빛으로 상의 위치 결정 | 물체의 거리를 측정하는 모습 |

발명 연구 활동 지도 및 후기

　물리학의 빛과 파동 단원에서 거울과 렌즈를 학습한다. 거울과 렌즈는 많은 광학 장치에서 핵심 부품이다. 거울은 빛의 반사 현상이고 렌즈는 빛의 굴절 현상으로 빛으로 상을 만든다. 상이 실물의 크기보다 확대되기도 하고 축소되기도 하며 정립상과 도립상 등 다양한 상의 종류가 만들어진다. 수업 시간에 볼록렌즈 1개로 만드는 간이 사진기는 사진에서 상이 맺히는 원리를 보여주었다. 많은 학생이 간이 사진기가 상이 거꾸로 만들어지고 거리에 따라 상이 맺히는 위치가 달라짐을 보고 신기해하였다.

　그런데 학생 중에서 이 장치를 응용해서 거리를 잴 수 있냐는 질문을 학생이 있어 순간, 교과 선생님으로 좋은 질문이라고 칭찬하고서 질문에 답변하면서 탐구 심화학습으로서 발명 지도까지 하게 되었다. 도 대회 금상, 전국대회 동상을 수상하였고 지도교사로 과학기술부장관 표창을 받았다. 사진과 같은 발명품으로 거리를 렌즈 공식을 이용하여 잴 수 있었고, 복합렌즈의 초점 구하기 등의 장치를 만들게 되어 이후 많은 물리 수업에 활용되는 좋은 학습 자료가 되었다.

3

여러 방향의
지진파에 작동되는
가스 차단 장치

수상 기록

제13회 LG 생활과학 아이디어 공모전 우수상

발명 출품

전남○○고 2학년 박○형, 지도교사 채희진

발명 동기

세계적으로 강진이 많이 발생해서 많은 사상자가 발생하고 있는데 지진 발생 때 가스를 차단하는 것이 필수적인데 지진 발생 때 생기는 진동을 역으로 이용하여 가스를 차단하는 방법을 고안하게 되었고, 가스관에 장치를 연결하여 지진으로 인한 진동이 감지되면 불안정한 위치에 놓여 있는 진동으로 구슬이 관으로 내려와서 가스관을 막게 하는 아이디어다.

발명 아이디어

·지진이 발생하면 발명장치 구슬 고정 턱에 걸려있던 쇠 구슬이 진동으로 인해 아래 관으로 떨어져 내려온다.

·가스의 압력에 의해 일반 가스관 안지름보다 지름이 큰 구슬은 앞쪽에서 가스관을 차단한다.

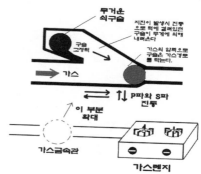

발명품 제작 과정

1차 발명품

▶쇠 구슬이 떨어진 후 외부 자석의 자기력을 이용하여 다시 올려서 재사용이 가능하다.

가) 지진 P파 (수직 진동) 쇠 구슬 작동

수직 방향 지진 작동 전

수직 방향 지진 작동 후

나) 지진 S파 (수평 진동) 쇠 구슬 작동

수평 방향 지진 작동 전   수평 방향 지진 작동 후

최종 발명품

앞에 작품에서는 수직 및 수평 진동 방향의 지진에 대해서 개별적으로 반응하여 가스관을 구슬로 막는 발명품을 만들었으나 두 장치를 통합하면 어떠한 진동 방향의 지진에 대하여 완벽한 가스 차단 장치가 될 것 같아 통합형 발명품을 만들었다. 이전에는 2개로 분리된 발명품이 하나로 두 기능을 다 할 수 있다.

연구 도중에 내려온 쇠 구슬을 어떻게 리셋(Reset)을 하는가에 대해 고민하였는데 자석의 자기력을 이용해 쇠 구슬을 원위치시키는 아이디어를 생각하여 유레카를 외쳤다.

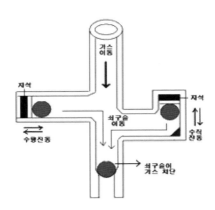

발명품 용도

▶지진으로 인한 건물 붕괴로 인한 피해도 크지만, 가스 화재로 인한 2차 피해도 심각하다. 이 장치를 사용하면 가스 누출로 인한 화재를 막아서 피해를 줄일 수 있다.

▶작품을 제작하는데 복잡한 기계 장치나 부품이 들어가는 것이 아니어서 저렴하게 대량 제작하여 가스관이 있는 곳이라면 어디든지 간편하게 설치하여 지진으로 인한 피해를 최소화할 수 있다.

▶지진이 발생한 후에 장치가 쉽게 원상태로 되돌릴 수 있으므로 경제성이 좋으며 단순한 작동 원리에 의한 실용성 및 상품성에서 뛰어나 이 발명품이 가스를 사용하는 모든 가정과 산업현장에서 이용될 것이다.

발명 연구활동 지도 및 후기

2010년 아이티 지진 발생 현황 2010년 1월 12일 16시 53분 규모 7.0의 강진이 아이티를 덮쳤다. 이 지진으로 인해 대략 50만 명의 사상자와 180만 명의 이재민이 발생한 것으로 추정되었다. 재산 피해를 보면, 전체 가옥 중 10만여 채가 완파되고 20만여 채가 파손되었다.

지진이 발생하면 가정에서 가족의 행동 요령은 모두 아시다시피 본능적으로 각자 맡은 역할을 하는데 현관문 여는 재빨리 열고, 가스 밸브 잠그고, 대피로 확보 등 신속한 행동이다. 그러나 이러한 행동들이 지진의 공포 속에서 쉬운 일이 아니다.

이 학생은 1년 전에 발생한 아이티 지진이 남의 일 같지 않았고 지진 피해를 줄일 수 있는 발명 장치를 만들고 싶다고 발명 상담을 요청하였다. 지진에 대한 여러 가지 이야기하다가 지진이 발생할 때 가스 밸브를 사람이 잠그지 않아도 지진의 진동을 이용한 밸브 자동잠금 장치가 있다면 좋지 않을까? 하는 아이디어를 생각하였고 그 후 아이디어를 구체화했다.

이 학생은 2011년 제13회 LG 생활과학 아이디어 공모전에 출품하여 우수상을 받았다. 부상으로 LG 마하젯 고급 프린터를 부상으로 선물을 받았는데 전국대회에서 큰 상과 프린터를 받고 좋아하며 "선생님 지도 덕분으로 좋은 성과를 냈습니다. 선생님! 고맙습니다."라고 한 학생의 모습이 지금도 눈에 선하다. 이 학생은 서울의 명문대에 진학하였고 지금은 자신의 학창시절의 꿈인 변리사가 되어 서울에서 활동하고 있다. 발명 및 지적재산에 대한 궁금증이 이 제자에게 물어보려고 한다.

4

지하철에서
가방 속의 지갑
도난 방지 알람 가방

수상 기록

2011 전남학생발명품경진대회 우수상

발명 출품

전남○○고 2학년 이○솔, 지도교사 채희진

발명 동기

서울에 사는 이모가 집에 오셨는데 서울서 소매치기당한 이야기를 하셨다. 외출하고 집에 와서 가방을 보니까 가방이 예리한 면도날 같은 걸로 X자로 달라지고 지갑이 사라져 몹시 당황하셨고 화가 치밀어 올랐다고 하였다. 지하철 속에서 어떤 사람이 뒤에서 약간 밀었다는 기억을 하시긴 했지만, 그때는 그런 줄 몰랐고 이런 일은 많은 사람이 매일

당하는 일 중의 하나였다. 이번 기회에 핸드백이나 가방 속의 물건을 도난당하지 않는 방법을 생각하게 되었다.

발명 아이디어

옆으로 손으로 끼는 가방이나 등 뒤로 매는 가방을 메는 사람들이 지하철 속에서 사람이 많을 때 주인의 시선이 가방 쪽에 있지 않으면 가방 속의 지갑을 털리는 경우가 많다. 보통 날카로운 면도날로 가방이 잘려서 가방이 열리게 되고 주인은 의식도 모르게 지갑을 도난을 당한다.

이 발명품은 외부에서 가방을 면도날 자르게 될 때 위 사진처럼 가방속에 실처럼 가는 전선이 가방 가죽이나 천속에 들어가 있어 칼로 잘리면 회로가 차단(보통은 도선이 잘리면 소리가 멈추는데 여기서는 소리가 발생하는 원리)되면서 알람이 울리게 되어 있어 가방을 잘랐던 소매치기는 놀라서 행위를 멈추고 도망갈 것이며 그래서 가방 속의 지갑처럼 소중한 물건을 보호하는 발명품이다.

발명품 제작 과정

소매치기를 당하기 쉬운 옆에 끼는 손가방이나 등 뒤로 메는 배낭을 만들 때 전기회로가 닫혀있을 때 작동하지 않다가 회로 중의 일부분이 열리면 알람 장치가 울리게 되어 있어 보통의 경보장치 원리와 같다.

경보장치의 원리는 쉽게 구할 수 있으므로 다만 무게와 크기 및 이 발명품의 목적에 맞게만 제작하여 가방 속에 설치한다면 큰 경제적 비용을 들이지 않고 소매치기 방지 가방을 만들 수 있다. 여기에 들어가는 건전지도 단추형 셀로 부피도 작고 사용 시간이 전자시계의 전지처럼 오래 사용할 수 있으므로 경제성이나 상품성도 뛰어나다고 볼 수 있다.

발명품 용도

▶옆으로 가방을 가지고 다니는 여성분이나 가방을 뒤로 메고 다니는 학생이나 여행객들은 이 발명품이 장착된 가방을 메면 어떠한 소매치기의 도난행위로부터 안전하게 귀중품을 보호할 수 있다.

▶이 발명품은 우리나라뿐만 아니라 전세계 남녀노소 모든 나이에 해당할 수 있는 상품으로 발전될 것 같다.

▶외국 여행을 하면 가장 걱정되는 것이 여권 분실이다. 그래서 여행 중에도 항상 긴장하고 다니다 보니 마음 편한 여행이 되지 못한다. 그러나 이 발명품은 해외여행에서 도난 근심에서 마음을 편하게 해줄 것이다.

▶가방 속의 귀중품 도난 방지 발명품이 가방에 장착되어도 기존의 가방보다 가격이 차이가 나지 않을 것 같아 큰 발명 상품으로 인기를 기대한다.

발명 연구활동 지도 및 후기

물리 수업을 하는 도중에 필자가 만든 발명품을 종종 소개할 때마다 학생은 발명품에 큰 호기심과 관심을 보여주어 발명대회의 지도교사 역할을 하게 되었다. 발명 연구 상담을 하면서 위의 제작 동기에서 밝힌 것처럼 서울 지하철을 엄청 많은 사람이 이용하는데 거기서 가방 모르게 찢기면서 지갑 같은 귀중품을 도난당하는 일이 너무 발생하는 것은 선진국으로 가는 한국에서 일어나서는 안 된다고 하며 자신이 발명품을 만들어 이러한 도난행위를 막아 보겠다는 야무진 포부를 밝혔다.

먼저 가방 속에 전기회로를 설치한다. 보통의 전기회로는 도선이 끊기면 회로가 기능이 멈추는데 이 발명품은 외부에서 회로를 구성하는 매우 긴 얇은 도선을 끊기게 하면 역으로 가방 속을 경보장치가 알람 소리를 내게 하는 원리였다.

학생은 회로 장치를 준비하고 나서 다음 준비로 3개의 다른 가방을 학교로 가져왔는데 집에 있는 사용하지 않는 가방을 모두 가져온 것 같았다.

발명 아이디어를 가져온 가방으로 구체화해 마침내 발명품이 의도하는 대로 작동되었을 때 학생과 지도교사는 성취감을 함께 느꼈다. 이후 학생은 졸업논문 작성할 때도 좋은 성과를 내고 조기 졸업으로 카이스트에 진학하였다. 이후 연락은 못 하였지만, 고등학교 때 배운 연구 활동의 경험과 발명의식은 카이스트와 같은 연구중심대학에서 연구 활동을 하는 데 큰 도움을 주었을 것이다.

지금 생각나는 것은 어느 날 학생 부모가 발명 지도에 대한 고마움으로 시골집에서 가꾼 피망이라고 봉지 속에 담아 가져오셨다. 그때는 김영란법이 없던 상황이라 마음의 선물이라 거부하지 못하고 받았다. 집에서 빨갛고 파랗고 노란 피망들을 먹으면서 학생의 이공계 꿈이 피망의 무지개 색깔처럼 실현되길 기원하였다.

창의성 명언 4

　누군가가 자신의 뇌를 긍정적이고 창조적인 생각을 표출하는 데 사용하지 않을 경우, 자연은 부정적인 생각을 떠올리도록 유도해서 그의 뇌 공간을 채워 넣는다. _나폴레온 힐

5

창의적인 방법으로
성공률을 높인
새로운 Monkey hunter
실험 장치

수상 기록

제34회 전국학생과학발명품경진대회 동상 (2012년)

발명 출품

전남○○고 2학년 조○별, 지도교사 채희진

발명 동기

물리에서의 'monkey hunter'라는 재미있는 중력장에서의 2차원 운동 실험이 있는데 실험 장치를 여태 본 적이 없었다. 어렵게 인터넷에서 다른 나라의 실험 장치를 찾아보니 작동시키는 원리가 기계적인 방법이었다. 그래서 전혀 다른 방식의 창의적인 방법으로 좋은 학습 실험 장치를 발명하고자 하였다.

배경 지식

Monkey hunter

지구 중력장 안에 있는 총알이나 사과나 원숭이나 중력의 구속을 피할 수 없다. 총구가 일직선으로 원숭이를 향하고 있다면 원숭이가 떨어지는 동시에 원숭이를 향한 총알이 발사되면, 둘은 모두 중력의 영향을 받아 총알의 속력과 관계없이 낙하 도중에 필연적으로 원숭이를 맞히게 된다.

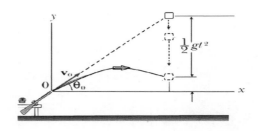

발명 아이디어

'monkey hunter' 실험 장치의 가장 중요한 부분은 총알 발사와 대상 낙하의 동시성을 정확하게 맞도록 하는 것이다. 많은 시행착오를 거듭한 끝에 리드스위치와 반응하는 네오디움 자석으로 해결하였다.

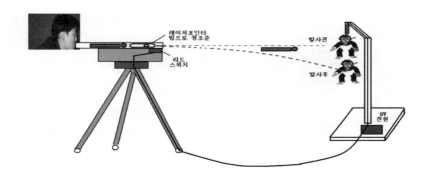

	리드스위치는 그림 (b)와 같이 자석을 접근시키면 내부의 2개의 금속으로 된 리드 조각이 자화가 되어 서로 끌어 당겨져 접점을 닫는다.
1. 총알과 과녁(원숭이)의 움직임 동시성 만들기	

	발사대 높이를 조절을 쉽게 하려면 카메라 삼각대를 이용하였고 각도기를 부착하여 발사각을 측정할 수 있어, 물리에서의 수평 방향으로 던진 물체의 운동, 비스듬히 던진 물체의 운동 등 포물선 운동 실험도 할 수 있다.
2. 발사대 높이 및 발사각 조절	

	총알이 발사 때 대상이 동시에 낙하하도록 하기 위해선 총알이 발사할 때 전류가 차단되고 그 동시에 대상이 전자석에서 분리가 되도록 전자석을 이용하였다.
3. 전자석 스위치 off로 과녁(원숭이) 낙하	

교과서에서는 '원숭이와 사냥꾼'의 과학적 내용이지만 동물을 총으로 맞히는 개념은 일반인을 상대로 할 때 거부 반응이 있을 수 있어, 뉴턴의 만유인력을 낳은 사과나, 야구공을 과녁으로 변경했다.

4. 타깃이 전자석의 자기력에 의해 고정지지대에 붙음

발명품 제작 과정

1차 작품
 ▶장난감 권총을 개조하여 발사 장치 만듦. ▶은박지를 전기회로 스위치로 계속 사용. ▶권총 탄알로 반복 발사가 쉬움.

[아이디어 창안]

은박지로 총구를 살짝 가리고서 은박지도 전도성으로 회로의 일부가 되어 전자석 회로를 구성한다. 총알이 발사되면 은박지를 튕기고 나가므로 회로가 차단되어 타깃의 전자석이 자석의 기능을 잃고 매

	달고 있는 타겟이 낙하한다.
장단점	▶발사 장치를 제작하기 용이함. ▶탄알이 작아 비행 관찰이 어려움.

2차 작품	
	▶장난감 활과 화살로 제작하여 이전의 실험 장치보다 실험의 시각화가 이루어짐. ▶활을 이용하여 화살 속도 조절 용이. ▶활에 리드스위치, 화살에 미니 자석을 부착하여 동시성이 쉽게 완성됨.
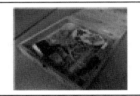	▶실험장치 전체를 휴대하기 쉽게 세팅이 되도록 보관 상자 제작함. ▶투명상자로 장치를 관리 및 보관이 편리
장단점	▶실험하기 쉬우며 실험결과 정확성 및 장치 휴대성이 좋음.

최종 작품
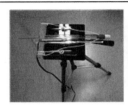  

> ▶리드스위치 및 네오디듐 자석, 전자석을 이용한 방법으로 발사와 타깃의 낙하 동시성을 확보하였다.
> ▶발명한 새로운 개념의 monkey hunter 장치는 교실에서는 거리와 높이를 쉽게 조정하여 실험할 수 있다.

발명품 용도

▶창의성으로 실험 장치의 가장 중요한 성공률을 높일 수 있었다.

▶발명품이 모듈 형태로 되어 있어 실험 세팅이 쉬우며 명중률이 높아 편리한 학습 용품이 되었다.

▶큰 규모의 과학이벤트 행사에서는 운동장에서 여러 사람이 볼 수 있도록 발사체와 타깃을 대형화하여 사이언스 쇼를 즐기게 할 수 있다.

▶고등학교, 대학교에서 매우 필요로 하는 학습효과 및 경제성과 상품성이 높은 발명품이 될 것 같다.

발명 연구활동 지도 및 후기

위 학생은 학교에서도 물리를 매우 좋아하면서 성적도 우수하여 다른 학생들이 필자의 수제자라고 불렀던 학생이었다. 과학고는 대학교 일반물리학까지 배우는데 거기서 나오는 'monkey hunter' 라는 물리학의 진수를 보여주는 상징적이고 재미있는 물리 개념이다. 가상적 상황으로 포수가 수풀 속에서 총으로 나무에 앉아 있는 원숭이를 겨눌 때 총구의 연장선이 원숭이 몸과 일치하면 총알이 발사할 때 본능적으로 원숭이도 총알을 피하려고 자유 낙하한다고 가정할 때 이 물리 개념은 총알의 속도와 관계없이 숙명적으로 원숭이는 낙하 도중에 처음 겨눈 곳에 총에 맞는다는 원리이다. 이 원리를 제대로 이해하고 설명할 수 있으면 고등학교에서 물리학의 실력이 수준이 높다고 말할 수 있는 학생이다.

어느 날, 이 학생이 "선생님은 여러 물리실험 장치를 많이 만드시는데 'monkey hunter'개념을 확인하는 발명품을 왜 안 만드셨어요?" 하고 질문하였다. 그래서 "응, 생각은 해봤는데 너무 어렵고 복잡할 것 같아서 아직 시도하지 못했다." 하고 답했다. 그런 후에 인터넷을 탐색하여 다른 사람의 'monkey hunter' 실험 장치를 찾아 함께 조사해보니 총과 과녁(원숭이)을 실로 연결하여 총알이 발사될 때 총에 연결된 실이 끊어지고 실 끝에는 선반에 걸쳐진 과녁에 실이 연결되어 과녁(원숭이)이 자유낙하하는 완전 기계적인 방식이었다. 학생도 이 실험 장치가 뭔가 미흡하고 실험 정확도가 낮다고 판단되었는지 "선생님! 제가 새로운 'monkey hunter' 실험 장치를 창의적으로 만들고 싶어요. 선생님이 도와주세요."라고 하여 학생의 발명 지도를 하게 되었다. 앞의 장치가 기계식 장치였다면 학생이 만든 작품은 전자식 장치로 완전 180도 다른 발명품이며 장치 요소 곳곳마다 번뜩이는 창의성이 발현되었다.

지역대회에서 금상을 받고 도 대표로 선발되었고 전국대회 출품하여 동상을 받았다. 그런데 재미있는 에피소드가 도 대회 때 있었다. 아마도 물리학을 전공하지 않는 심사위원이었던 것 같다. 우리의 작품에 대해 "살아있는 원숭이를 총으로 겨누고 맞히는 실험을 해서 되는가?"라고 학생에게 말씀하셨다고 한다. 전혀 예상치 못한 뜻밖의 지적이었다. 이 개념은 고전처럼 물리학의 교재에 실리는 내용인데, 그 말을 전해 듣고서 처음에는 어이가 없었지만, 물리학을 잘 모르는 사람 입장에서, 동물을 사랑하는 사람으로서는 충분히 나올 수 있는 이야기라고 나중에는 이해하게 되었다. 그래서 발명품에서 과녁(원숭이 모형)을 '사과'와 '야구공' 모형으로 별도로 만들었다. 이 사건으로 교훈을 얻었다.

'자신이 빠져있는 분야는 자신은 빠져있기에 객관적인 생각을 못할 수 있고, 다른 사람의 눈에는 매우 이상하게 보이는 것도 있다는 것을.'

학생과 2012년에 이 발명품을 만들었는데, 유튜브에서 'monkey hunter' 실험 장치를 검색하면 2014년 외국인이 만든 'Monkey and the hunter classroom demonstration' 실험 영상을 볼 수 있다. 그런데 이럴 수가, 학생과 함께 만든 작품과 원리가 너무나 똑같았다. 우리의 창의적인 아이디어가 세계 속으로 퍼져나간 것인가?

이 학생은 이런 발명 연구 활동을 통해 얻은 경험으로 자신의 조기 졸업논문에서도 몹시 어려운 개념의 물리 논문을 완성하여 우수한 평가를 받았고 카이스트에 입학하였다. 지금은 전기공학 학부를 마치고 인공지능 분야 박사과정 2년째 들어가고 있다고 소식을 전했다.

6

전반사 현상으로
휘어지는 물줄기를
따라가는 틴들
광학실험 장치 개발

수상 기록

제36회 전국학생과학발명품경진대회 동상 (2014년)

발명 출품

전남○○고 2학년 서○환, 지도교사 채희진

발명 동기

이러한 신기한 현상을 학교에서 학생들에게 보여줄 때는 실험 준비가 매우 어려웠고 실험을 하더라도 주위가 물방울이 튀어 책과 노트가 물에 젖는 등 어수선해졌다.

▶교과서에 나오는 '물줄기를 따라 진행하는 빛' 장치가 과학교구로 상품화되어 나온 것이 없음.

▶실험자 혼자 실험하기 힘들며 보조자가 필요.

▶페트병 구멍에서 나오는 물줄기를 수심이 낮아짐에 따라 약해짐.

▶물줄기가 나오는 시간이 3~5초 불과하여 자세한 관찰이 어려움.

▶위에 언급된 단점들을 개선하고 추가 장점까지 포함된 발명품을
만들고자 함.

발명 아이디어

수중 모터를 이용하여 계속적으로 휘어지는 물줄기가 나오는 수조를
개발하고 또한 그 수조에 레이저포인터를 거치시킬 수 있는 부가적인
장치를 개발한다.

발명품 제작 과정

1차 작품		
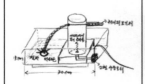		
모듈화된 작품 설계	1차 발명품 전체 사진	소형 수중 모터

[1차 발명품의 문제점]

▶수조 속에 금속 스탠드를 설치하여 녹이 슬었다.

▶페트병 구멍에서 물이 불규칙하게 나왔다.

▶레이저를 손에 들고 물줄기에 조준하기 어려웠다.

▶페트병, 스탠드

▶소형 수중 모터, 적색 레이저

2차 최종 작품	
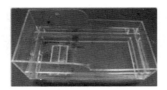 사각형 수조	 원통형 수조
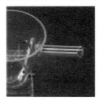 레이저 거치대	 [2차 최종 작품 실험 사진]

▶페트병을 둥근 아크릴로 견고하게 만듦.

▶원통형 수조 밑바닥에서 수중 모터로 물이 계속 공급.

▶수조 높이로 물이 밖으로 물이 튀지 않음.

▶레이저 거치대를 설치하여 빛 조준이 쉬워짐.

▶실험과정이 청결하고 뒤처리가 쉬워짐.

[실험 준비 시간 비교]

▶기존 방법 → 30분 이상

▶새 발명품 → 5분 이내

시간, 정확성, 청결, 디자인 등

융합 요소가 깃든 상품성이 높은 발명품.

발명품 용도

▶휘어지는 물줄기 속을 지나가는 빛의 전반사 현상을 필요한 시간만큼 관찰할 수 있어 교사 입장에서 전반사 수업을 편하게 할 수 있다. 전반사 현상을 필요한 시간만큼 실험관찰 할 수 있다.

▶전반사 현상을 필요한 시간만큼 실험관찰 할 수 있다.

▶학생들도 어렵게 보았던 신기한 실험을 긴 시간 관찰할 수 있어 관찰하고 사고할 수 있는 시간이 길어졌다.

▶교사나 학생들은 장치를 작동하면서 전반사 현상에 설명할 수 있다.

▶모든 학교에서 모듈화된 빛의 전반사 실험 장치 학습용품으로 보급할 수 있다.

발명 연구활동 지도 및 후기

연구 활동의 지도를 할 때도 말이 없고 자기표현을 안 하는 학생보다는 의사소통 능력이 있는 학생을 할 때가 지도하기가 수월하다. 자기 생각을 바로 표현한 학생은 지도교사가 학생의 마음 상태를 바로 알아볼 수 있어, 연구 활동 상황에 맞게 도움을 줄 수 있기 때문이다.

서○환 학생은 성격이 쾌활하고 붙임성이 좋으며 인사성이 좋아 만나기만 하면 "선생님! 안녕하세요!"라고 큰소리로 인사하는 학생으로 기억이 남은 제자이다. 이런 적극적인 성격이라 발명과 R&E 지도를 하면서도 서로 의사소통이 잘 되어 좋은 기억이 많이 남아 있다.

위에서 소개한 J. 틴들 실험을 학생들에게 보여주기 위해 수업 시간 전부터 준비하였다. 페트병에서 떨어지는 물을 받는 양동이와 송곳으로 아래쪽에 구멍을 뚫은 페트병, 그리고 레이저포인터를 준비하였다. 먼저 페트병 구멍을 왼손으로 막은 다음, 오른손으로 페트병에 어렵게 물을 가득 담는다. 이 페트병을 왼손으로 높이 들고 양동이 위쪽으로 간다. 오른손으로 레이저포인터 잡고서 레이저 빛이 페트병 구멍의 반대쪽에서 뚫린 구멍 쪽으로 비춘 다음, 페트병 구멍을 막은 왼손을 연다. 그러면 페트병 구멍에서 물이 양동이로 포물선으로 떨어지는데 신속하게 이 휘어진 물줄기 속으로 레이저 빛을 조준한다. 그러면 레이저 빛이 휘어지는 물줄기 속에서 전반사 현상으로 따라가게 된다. 실험은 몇 초 만에 금방 끝나버리고 실험 주위는 떨어진 물방울로 지저분해지고 주위 책들은 물방울이 튀어 젖어버렸다. 이 실험을 할 때마다 주위가 난감한 상황이 된다. 두 번 하고 싶지 않은 실험이다.

이런 실험을 하고 나서 학생들의 도움을 받아 수건으로 주위에 튄 물방울을 닦아내고 있을 때 이것을 어떻게 개선할 수 있을까 고민하고 있을 때 수업에 참여했던 서○환 학생이 공감했던지 "선생님! 저희에게 다른 학교에서는 볼 수 없는 실험을 보여주시려고 고생하시네요."라고 말을 걸어왔다. 그런 위안의 말을 해주는 학생의 말이 정말 고마워 "○환아! 너 이 장치 새롭게 발명해보렴!" 이것이 계기가 되어 이 학생의 발명 지도를 하게 되었다.

학생이 발명한 장치는 그동안의 학교 실험에서 발생하는 여러 문제점을 전부 해결하였다. 물의 공급은 수조 안에 원통형 아크릴 물통을 설치하고 물통 아래쪽에 구멍을 뚫어 수조 안에 있는 물을 작은 수중모터로 원통형 아크릴 물통으로 샘물처럼 밑에 솟아나게 하여 수중 모터 스위치를 끄지 않으면 계속 물이 공급되어 휘어진 물줄기를 계속 발생하게 할 수 있다. 이 장치는 실험하지 않을 때는 깨끗한 물을 넣고 작동시켜 교실의 습도 조절에도 이용되었다.

이 학생과 함께 방과 후에 그리고 주말이면 학교 과학실험실에 나와 학생의 발명 활동을 한 기억이 난다. 연구 활동을 하다 지치면 학교 주위가 온통 배꽃으로 뒤덮인 곳을 산책하면서 학생의 꿈과 현재 고민이 무엇이고 들어주고 응원한다고 한 기억이 새롭다. 몇 개월의 연구 활동의 결실로 도 대회에서 금상을 받았고 전국대회에서 동상을 받았다.

2학년을 마치고 졸기 졸업으로 카이스트에 입학하여 지금도 과학도의 길을 걷고 있다.

창의성 명언 5

창의성은 전통과 자유의 중간에 위치한다고 생각한다. 과거와 과거의 규칙을 충분히 알아야 한다. 그리고 그 규칙을 깨는 것도 중요하다. _알랭 드 보통

7

엄마의 따뜻한
목소리가 들리는
아기 젖병

수상 기록

제37회 전남학생과학발명품경진대회 은상 (2015년)

발명 출품

전남○○고 1학년 김○수, 지도교사 채희진

발명 동기

갓난아이들이 엄마와 떨어져 있으면 우는 경우가 많이 발생한다. 전
문직 여성들의 발생하는 육아 문제에 대한 해결을 조금이나마 돕기 위
해 이 제품을 고안하였다.

발명 아이디어

우는 아기가 젖병을 물었을 때 젖병 꼭지에 작은 압력이 가해지면 젖병 아래 설치된 엄마 음성 녹음 칩에서 친근한 엄마의 목소리가 나오게 한다.

발명품 제작 과정

▶준비물 : 엄마 음성 녹음 칩, 젖병

▶젖병은 사용 후 씻어야 하므로 전기적인 녹음 장치는 탈부착할 수 있게 되어 있다.

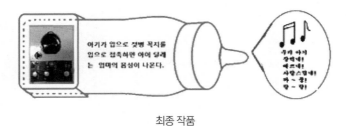

최종 작품

발명품 용도

▶엄마의 음성은 두려움을 막아주는 보금자리의 역할을 하여 아이에게 심리적 안정감을 주어 우는 아이를 방긋 웃는 아이로 만들어줄 것이다.

▶직장을 다니는 부모들이 많은 현대 사회에서 아이들이 부모와 떨어져 있을 때도 부모가 옆에 있는 것처럼 포근함을 느끼며 우유를 먹을 수 있다.

▶부모의 따뜻한 목소리는 아이의 정서 순화에 도움이 될 수 있다.

▶아이들이 우유 먹기를 좋아하게 되며 즐겁게 먹어 튼튼하게 성장할 수 있다.

발명 연구활동 지도 및 후기

여학생이 자기 늦둥이 동생이 젖먹이라고 하며 이 발명 아이디어를 제출했다. 젖병에서 엄마의 음성이 나오게 하는 것이 난제였다. 소형 녹음기라도 크고 무거워서 젖병에 붙일 수는 없었다. 인터넷을 검색하다 화투 크기의 얇은 20초 녹음과 재생이 되는 제품을 발견했다. 가격도 5천 원. 문제가 해결되어 발명을 할 수 있었다. 학생은 선생님이 발명 지도를 해주실 때 어려워도 포기하지 않고 해결 방법을 찾으신 것을 보고 배운 게 많았다며 너무 감사하다고 말하였다. 카이스트에 진학하였다.

8

스피커야! 잠시만 멈추어다오!

수상 기록

제38회 전국학생과학발명품경진대회 동상 (2016년)

발명 출품

전남○○고 1학년 김○훈, 지도교사 채희진

발명 동기

학교에서 교사들이 수업할 때나 강연에서 학교 시종 소리가 수업·강연에 방해를 주는 장면을 많이 경험한다. 버튼 하나로 스피커의 동작을 일시적으로만 멈추게 하는 발명 장치가 있으면 수업하는 교사나 행사 강연자에게 매우 필요하겠다고 생각했다.

발명 아이디어

스피커에 연결된 도선에 부착된 발명품에 버튼을 누르면 스피커에 흐르는 전류가 원하는 시간 만큼 차단되어 스피커가 일시적으로 멈추게 함.

발명품 제작 과정

1차 작품		
 기본 부품	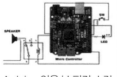 Arduino 이용 '스피커 소리 차단' 회로	 1차 발명품

아두이노를 핵심으로 한 회로 구성으로 스피커 소리 차단 시간은 아두이노 자바 프로그램에서 다양한 시간을 설정.	`// turn LED on:`
	`digitalWrite(ledPin, HIGH);`
	`digitalWrite(RelayPin, HIGH);`
	`delay(3000);`
	`digitalWrite(ledPin, LOW);`
	`digitalWrite(RelayPin, LOW);`	

2차 작품	
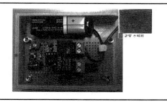	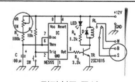 전자회로 구성
발명품을 휴대 및 소형화하기 위해서 만능기판에 전자회로를 구성하였고 학교에서 3D 프린터로 발명품 상자를 제작함.	[동작] 1MΩ 가변 저항으로 10초~2분간 지연 설정되고. B,S에 스피커 선 연결하며 설정된 10초~2분 동안 B,S 연결이 끊어짐.

3차 최종 작품		

최종 발명품 내부	전국대회 발명품 전시	교실 스피커에 장착

60mm×8mm 크기이며 3D 프린터로 회로 기판, 건전지 위치를 고정화하였으며 착탈식 형태로 교실 스피커든 강당 스피커이든 휴대용으로 사용할 수 있다.

발명품 용도

아두이노 이용 및 전자회로를 구성하여 일정 시간 차단 회로를 구성하여 스피커에서 나오는 챠임벨 소리를 통제할 수 있었다.

▶수업 시간과 학교 행사나 회의 도중 울리는 챠임벨 소리나 방송 전달 소리를 일정 시간 차단 회로를 이용하여 차단하고 계속 진행할 수 있게 되었다.

▶리모컨과 포인터에 장착시키면 무선으로 스피커 소리를 통제할 수 있다.

▶발명하면서 아두이노, 전자회로 이해, 3D 프린터 활용을 배울 수 있었던 좋은 경험이었다.

▶발명품 기능, 디자인, 발명 전시 등에서 SEAM 발상과 요소를 고려하여 발명대회 준비를 해왔다.

발명 연구 활동 지도 및 후기

학교에서 수업하거나 특별실에서 교육과정에 의한 행사를 하거나 외부 강사를 모시고 특별 행사를 진행하고 있는데, 방송실 예약 시스템에 의해 50분 단위로 시종 시간에 의해 종이 울리면 특별 행사 진행이 종소리가 끝날 때까지 갑자기 행사가 멈추거나 하게 된다. 또한 교무실에서 전체 학교 방송을 어쩔 수 없게 되는 경우도 종종 발생하여, 역시 수업이 잠시 중단되고 교사와 학생은 방송이 끝날 때까지 서로 얼굴을 쳐다보는 불편한 시간을 겪게 되는데, 근무했던 어느 학교나 자주 겪게 되는 일이다. 이 학생과 물리 수업을 하다 똑같은 상황이 발생하게 되었다. 평상시 발명 활동을 하고 싶은 학생이어서 발명 지도를 하게 되었다.

이 발명품은 발명품을 설치하고자 하는 교실이나 특별실의 스피커 라인에 버튼 스위치를 달아 위에 언급한 상황이 발생했을 때 재빨리 버튼을 누르면 시종 시간 시간만큼만 스피커 소리가 멈추게 된다. 그래서 가장 중요한 것이 버튼을 누르면 전류의 흐름이 10~20초 동안 작동이 멈추는 전자회로의 설계였다. 새롭게 전자회로를 만든다는 것은 그 당시의 학생이나 지도교사에는 전자회로 설계하는 능력이 없었다. 그래서 이미 나와 있는 전자회로를 분석하여 유사한 전자회로를 찾아 응용하자는 생각을 가졌다. 전자회로 관련 책을 확보하여 뒤져보고 다양한 시도를 한 기억이 난다.

그러다 학생의 삼촌 되는 사람이 부산에서 계시는데 전자회로 분야 전공을 하였다고 알게 되어 전자회로에 관한 연구에 많은 도움을 받게 되었다. 발명 설명서 본문에 명함 크기의 발명품이 학교의 3D 프린터에 의해 발명품의 상자까지 다양한 색깔로 여러 개가 만들어져 시판되는 상품처럼 깔끔한 만들어져 스피커 라인에 연결하여 원하는 기능의 발명품이 완성되었다. 이 발명품을 물리 수업하는 교과 교실에 설치하여 위에서 언급한 기능을 수업하는 학생들과 시행하면서 간접적인 발명 의식을 고취할 수 있었다.

발명에 대한 잘못된 인식

많은 사람이 발명은 당사자의 머릿속에 아이디어가 나와야 하고 반드시 제작도 당사자가 해야만 한다고 잘못 알고 있다. 그렇지 않다. 발명은 아이디어가 누구에게 나오든 문제가 아니라 그 발명 아이디어의 가치를 알고 실행하는 것이 중요하다. 가장 중요한 것은 아이디어의 실행이다. 피카소는 "나쁜 예술가는 모방한다. 위대한 예술가는 훔친다." 라고 말했다. 여기서 훔친다는 말은 그대로 가져오는 불법복제를 말하는 것이 아닌, 가져와서 내 상황과 분야에 맞게 새롭게 만든다는 것을 의미한다. 그렇다! 아이디어보다 중요한 그것은 발명하고자 하는 자신의 액션이다.

창의성 명언 6
창의성은 낯선 것에 대한 즐거움이다.
_에니 첼린스키, 심리학자, 《느리게 사는 즐거움》의 저자

전국학생과학발명품경진대회
작품 설명 차트

▶대회 심사장 부착용 작품 설명 챠트는 국립중앙과학관에서 제시하는 규격에 맞추어 작성하고 출품자가 직접 제작하여 부착한다.

▶소속 및 출품자 인적사항 등은 심사 기간 지역예선 주관기관이 일괄하여 블라인드 처한다.

▶작품 설명 차트의 개인 인쇄시 규격(가로 1,200mm×1300mm)은 반드시 준수한다.

▶작품 설명 챠트는 중요한 요점만을 큰 글씨로 기재하고 선명하게 표시되도록 해야 한다.

생활과학II

359

스피커야! 잠시만 멈추어 다오!
수업과 강연이 중간에 끊기지 않아요!

• 팀명 : chime bell : 김 ○ 훈
지도 교원 : 채 희 진

[작품 요약]
학교에서 매시간 통제되지 않는 시종소리나 예상 밖의 방송은 수업과 강연을 잠시 중단시켜버린다. 모든 사람들이 초등학교 때부터 줄곧 많이 목격해온 장면이다. 이럴 때 칠판이나 탁자에 버튼이 있어 시종이 막 울릴 때 스피커에서 나오는 소리를 몇 초간 멈추게 한 후 원래대로 복귀하는 장치가 있으면 수업과 강연은 아무런 방해가 되지 않을 것이다. 처음에는 아두이노와 릴레이로 전자회로를 구성하였고 최종 작품에는 만능기판에 타이머 전자회로를 구성하여 학교현장에 유용한 발명품을 만들었다.

I. 제작 동기 및 목적
▶ 학교에서 교사들이 수업할 때나 강연에서 학교 시종소리가 수업·강연에 방해를 주는 장면을 많이 보아왔다. 버튼 하나로 스피커의 동작을 일시적으로만 멈추게 하는 발명 장치가 있었으면 학교의 수업교사나 큰 행사 강연자에게 매우 필요하겠다고 생각했다.

II. 작품 제작 과정
1. 1차 발명품 제작
가. 주요 부품 및 전자회로 구성

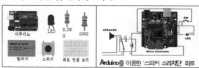

Arduino를 이용한 '스피커 소리차단' 회로

나. 1차 발명품 완성

1차 발명품 사진

아두이노를 핵심으로 한 회로 구성으로 스피커 소리 차단 시간은 아두이노 자바 프로그램에서 다양한 시간을 설정

```
// turn LED on:
digitalWrite(ledPin, HIGH);
digitalWrite(RelayPin, HIGH);
delay(3000);
digitalWrite(ledPin, LOW);
digitalWrite(RelayPin, LOW);
```

2. 2차 발명품 제작

발명품을 휴대 및 소형화하기 위해서 만능기판에 전자회로를 구성하였고 학교에서 3D 프린터로 발명품 케이스를 제작함

[동작]

전자회로 구성

1㏁가변저항으로 10초~2분간 지연 설정되고, B,S에 스피커선 연결하며 설정된 10초~2분 동안 B,S 연결이 끊어짐

3. 3차 최종 발명품 제작

휴대식 휴대용 최종 3차 발명품

60mm×8mm 크기이며 3D 프린터로 전자회로, 건전지 위치를 고정화하였으며 화탈식 형태로 교실 스피커든 강당 스피커이든 휴대용으로 사용할 수 있다.

전국발명품대회 발명품 전시

실제 교실스피커에 장착

III. 발명 작품 특징 및 제언
▶ 아두이노 회로 및 전자회로를 구성하여 스피커 소리 통제 프로그램을 배울 수 있었고 제작할 수 있었음.
▶ 칠판 옆이나 연단 위에 장착하여 스피커 소리 통제함.
▶ 초·중·고 교실, 회의실, 강당에서 사용할 수 있으며 실제 학교에서 사용하여 학생들의 교사들의 호평을 받음.

V. 결과
▶ 아두이노 이용 및 전자회로를 구성하여 일정시간 차단 회로를 구성하여 스피커(차임벨) 소리를 통제할 수 있었다.
▶ 수업시간과 시간 간격이 맞지 않는 학교의 행사나 회의 도중 울리는 차임벨 소리나 방송전달 소리를 일정시간 차단회로를 이용하여 차단시키고 계속 진행할 수 있게 됨.
▶ (제언) 리모콘 및 PPT 포인터에 장착시키면 무선으로 스피커 소리를 통제할 수 있다.
▶ 발명을 하면서 아두이노, 전자회로 이해, 3D 프린터 활용을 배울 수 있었던 좋은 경험이었다.
▶ 발명품 기능, 디자인, 발명 전시 등에서 STEAM 발상과 요소를 고려하여 발명대회 준비를 해왔다.

전국학생과학발명품경진대회 개요

▶(목적) 학생들의 창의적인 아이디어를 구체화하는 과정을 통해 과학적 문제해결 능력을 배양하고 발명 활동 장려

▶(주최/주관) 과학기술정보통신부/국립중앙과학관

▶(후원) 교육부, 산업통상자원부, 환경부, 해양수산부, 중소벤처기업부, 특허청, 한국연구재단, 한국과학창의재단, 한국과학기술기획평가원, 동아일보사, 한국야쿠르트사

▶(출품 부문) 자유주제(전국학생과학발명품경진대회 규정 제3조)

과학적 사고와 창의적 발명을 활용하여 직접 제작한 작품으로서 널리 보급할 가치가 있는 과학기술창작품

▶(출품 자격) 전국학생과학발명품경진대회규정 제4조

　○ 전국 초·중·고 재학생(초·중등교육법 제2조에 의한 학교)

▶(출품 형태) 팀으로 구성(학생 1인 + 지도 교원 1인)

▶(출품할 수 없는 작품) 전국학생과학발명품경진대회규정 제6조

　○ 국내·외 유사대회에서 이미 공개되었거나 발표된 작품

　○ 출품자가 직접 창안하여 연구한 작품이 아니라고 인정되는 작품

　○ 과학적 원리로 설명할 수 없는 작품

　○ 작품 전시 시 인체에 해로운 영향을 줄 수 있다고 인정되는 작품

※ 지역대회 원서접수일 기준으로 공개된 작품은 출품 불가함

※ 표절작, 대리작, 타 대회 중복응모 등 기타 정당하지 못한 작품을 출품한 자는 3년간 출품을 제한하고 입상을 취소함

▶대회 진행 절차

○ 지역대회

 - 출품자는 각 시·도 교육청이 주최하는 학생과학발명품경진대회지역대회를 반드시 거쳐야 하며, 지역대회와 전국대회 출품사항은 동일하여야 함

 - 주제, 내용, 응모분야, 지도교원 등

 - 지역대회는 시·도별 자체 일정에 따라 진행되며 자세한 사항은 각 시·도 지역대회 주관기관에 문의

▸ 전국학생과학발명품경진대회 역대 출품작 검색 방법

(국립중앙과학관 (science.go.kr)) 사이트 ⇨ 특별전 · 행사 ⇨ 전국학생과학발명품경진대회 행사안내 ⇨ 경진대회 통합검색에 제목, 분야 선택, 수상 선택, 검색어 순으로 검색하게 되어 있다. 현재 2021년 기준으로 13510건의 역대 전국대회 출품작이 게시되어 있다.

Chapter IV

전국과학 전람회 아이디어
창안 및 구체적 문제해결 과정

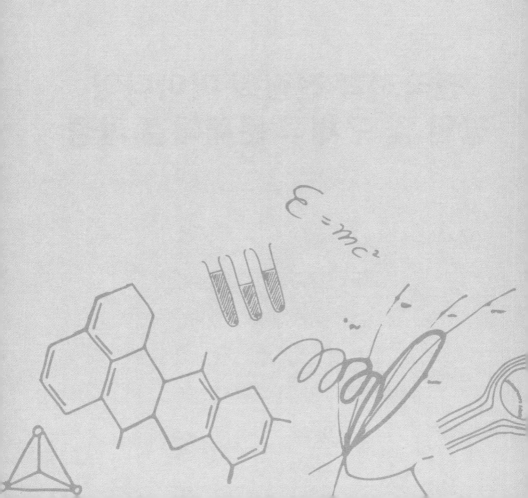

1

광통신 원리를 보여주는 학습용 실험 장치 개발에 관한 연구

수상 기록

제52회 전국과학전람회 물리 분야 교원작 우수상 (2006년)

발명 출품

○○여자고 교사 채희진, 이○균

I.연구 동기

▶빛이 어떻게 통신에 이용될 수 있는지 학생들의 궁금증 보여주기

▶광통신 원리를 보여주는 학습용 실험 장치 학교에 부재

▶광통신 3단계 장치 개발(송광·광전달·수광)장치 개발

▶제작이 쉽고 교육적 활용도가 높은 실험 장치 개발 및 일반화 모델
 제시

○ 광통신 계통도

신호 → 변조 → 증폭 → 광매체(광섬유) → 증폭 → 복조 → 신호재생

○ 페리모컨의 레이저포인트를 이용한 광통신 실험 장치 개발(최초 동기)

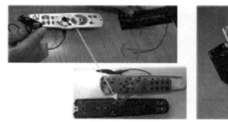

페리모컨을 이용한 송광 장치

학생들이 놀라워했던 광통신

Ⅱ.연구 내용

1. 다양한 송광 장치 개발

2. 다양한 수광 장치 개발

3. 광전달부 시각화 장치 개발

4. 광통신 전 과정을 시청각화(show)한 장치 개발

5. Filecase 속의 휴대용 광통신 실험 장치 개발

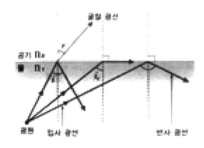

$$i_c = \sin^{-1}\frac{n_2}{n_1}$$

전반사 임계각

Ⅲ. 연구 수행

과제 1. 다양한 송광 장치(송광 장치) 개발

가시광선용 발광 다이오드, 적외선 발광 다이오드, 레이저 등을 이용하여 음성 정보를 빛으로 송출할 수 있는 쉽고 간단하게 제작할 수 있는 전자회로를 개발하였다.

음성신호용 가시광선 송광 장치

음성신호용 레이저 송광 장치

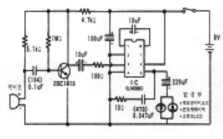
송광 장치 회로도

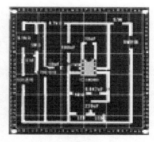
인쇄된 회로도를 기판위에 놓고서
부품을 쉽게 배치함

과제 2. 다양한 수광장치(광전장치) 개발

포토다이오드를 이용, 간단하게 제작할 수 있는 초간편 수광장치를 개발하였고, 태양전지판을 이용하여 외부 광잡음을 효과적으로 제거할 수 있는 장치를 연구하여 개발하였다.

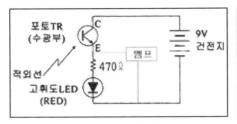

초간편 수광장치 회로도

4가지 종류 수광소자로 만든 수광장치

검정 부품이
ST -5811 포토
TR

ST-5811 포토TR로 만든 수광장치로 형
광등 빛을 오실로스코프로 측정

태양전지판에 자연광에 완전 노출된 인
화 필름으로 만든 적외선 통과 필터 장
치

과제 3. 광전달부 시각화 장치 개발

그린 레이저를 이용한 전반사 모습의 시각화

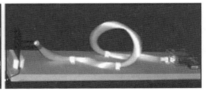

LED와 플라스틱 광섬유를 이용한 전반사
시각화

과제 4. 광전달부 시각화 장치 개발

　전광 장치, 광도파 장치, 광전 장치 등으로 조합한 장치를 연구하여
광통신의 전 과정을 한눈에 볼 수 있도록 개발·연구하였다.

레이저 광통신 전(全) 과정 시청각화 장치

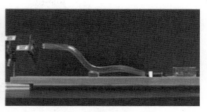
레이저와 아크릴 막대로 광통신
전(全) 과정을 시각화

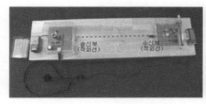
적외선 광통신 전 과정을 시각화

가시광선 광통신 전 과정을 시각화

과제 5. 휴대용 광통신 실험 장치 개발

광통신 3단계를 Filecase에 집약 설치하여 시간 절약 및 휴대하기 편리하도록 만들었다.

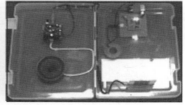
파일케이스 속의 광통신 실험 장치

연구 결론

▶광통신 3단계 과정(송광, 광전달, 수광) 원리를 단계적으로 학생들

에게 학습시킬 수 있는 실험 장치이다.

▶초·중·고 과학과 교육과정에 모두 적용, 활용할 수 있도록 하였다.

▶학교 현장에서 광통신 원리를 실험적으로 가르칠 수 있도록 다양한 형태와 방법으로 실험 장치를 개발하였다.

▶빛으로 통신할 수 있음을 직접 학생들에게 보고 들을 수 있는 재미있는 광통신 실험 장치를 만들었다.

▶눈으로 보기 어려운 광통신 과정을 시각과 소리로 확인할 수 있도록 하여 실험 장치를 만들었다.

▶교사들이 일반화 모델로 사용할 수 있도록 1개의 전자회로로 가시광선, 적외선, 레이저 등 3개의 장치를 모두 범용으로 사용하도록 하였다.

▶제작 과정의 노하우를 기록한 메뉴얼을 만들어 광통신 실험 장치를 만들고자 하는 과학 교사에게 도움을 주고 싶다.

전국과학전람회 교원작 참가 후기

2006년 교사로서 교원작으로 과학전람회를 처음 나가게 되었다. 같은 학교의 화학 교사와 물리 교사가 공동 연구여서 두 교과의 융합적인 결과를 기대하고 시작하였다. 두 사람은 각자 자기가 속한 전남 지역 교과연구회 활동을 오랫동안 많이 하고 있어서 과학연구에 대해서는 낯설지 않았다. 연구 주제인 광통신은 물리 분야에 가까워서 전체적인 연구 구상은 본인이 앞장설 수밖에 없었다.

전국과학전람회 공동 연구단계에서 문제에 봉착할 때 다른 교과 교사의 시각은 새로운 돌파구를 마련하는 계기가 많이 있었다. 공동 연구를 하다 보면 종종 의견 차이가 생긴다고 한다. 그러나 우리 두 사람은 한 번도 얼굴 붉힌 적이 없이 의견을 존중하고 배려하면서 연구를 마칠 수 있었다.

 과학전람회 출품으로 인해 만든 여러 가지 광통신 실험 장치는 본인의 학교 과학 수업에서 15년이 지난 오늘날까지 계속 유용한 실험 장치로 활용하고 있다.

전국과학전람회 공동 연구

틴들 효과를
이용한 콜로이드
용액의
산란 특성 탐구

수상 기록

제56회 전국과학전람회 학생부 물리 분야 특상

발명 출품

전남○○고 2학년 전○훈 외 1명 , 지도교사 채희진

Ⅰ. 연구 동기 및 목적

▶틴들 효과를 이용한 산란된 빛의 경향성을 파악하여 이것이 콜로이드 용액을 특성과 어떻게 관련이 있는지 알아보고 이를 이용하여 물의 오염도를 측정하는 새로운 척도를 만들어 보기로 하였다.

▶산란된 빛의 경향성을 콜로이드 용액의 특성과 비교해 보고 그 둘 사이의 관계를 알아보기로 하였다.

Ⅱ. 이론적 배경

▶산란

어떤 매질을 직선 경로로 통과하는 빛, 소리, 움직이는 입자 등과 같은 주어진 경로를 운동하는 현상이 하나 이상의 불균일성 원인에 의해 경로를 벗어나는 현상.

▶콜로이드 용액과 특성

보통의 분자나 이온보다 크고 지름이 1nm~100nm 정도의 미립자가 기체 또는 액체 중에 분산된 상태의 용액.

◦ 브라운 운동 : 콜로이드 입자가 용매 분자나 다른 분자와 충돌하여 불규칙적으로 돌아다니는 운동.

◦ 틴들 현상 : 콜로이드 용액에 강한 빛을 쬐어 측면에서 보면 빛의 경로가 밝게 나타난다. 이를 틴들 현상이라고 하며 콜로이드 용액의 특유한 성질이다.

Ⅲ. 연구 과제

가. 태양전지와 전류계를 이용한 실험

◦ 태양전지의 최소 측정 범위가 너무 좁아 제대로 된 측정에 적합하지 않음.

◦ 레이저가 녹말 용액 안에서 산란이 균일하게 일어나지 않아 실험에 불편함

◦ 녹말 용액이 수용성임에도 불구하고 균일하게 퍼지지 않아 실험에 불편함.

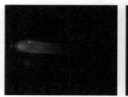

나. 콜로이드 이상의 크기를 가진 입자에서 산란 탐구

　1) 아크릴 원통과 레이저를 이용한 광도 측정

　－ 레이저, 1차 실험 장치(아크릴 원통)

　• 레이저의 산란 경로를 제대로 측정할 수 없어 변인 통제가 어려움.

　(5mW 세기의 레이저).

　2) pasco light sensor를 이용한 광도 측정

　　가) 백색광, 1차 실험 장치(아크릴 원통)

　　◦ 앞서 실험한 실험과 비교하여 변인통제가 쉬웠지만 표면이
　　둥글어서 광센서를 고정하기가 쉽지 않아서 적합하지 않음.

　　나) 백색광, 2차 실험 장치 (아크릴 사각 기둥)

　　◦ 앞서 사용했던 아크릴 원통에 비해 비교적 변인통제가
　　쉽고 광센서가 고정되기가 쉬워서 측정 장치로 적합함.

다) 빔프로젝터, 2차 실험 장치 (아크릴 사각 기둥)

∘ 광원의 밝기를 컴퓨터를 이용해 통제 가능하고 색상을 조절
해 빛의 파장에 따른 산란 정도의 변화를 관찰할 수 있음.

다. 거리에 다른 산란 조견표 설정

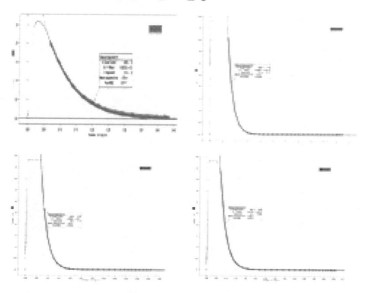

☞ 콜로이드 용액에 산란 정도는 빛의 광도가 최고점에 도달한 거리
에서 조금 뒤부터의 자연 지수 함수의 추세선을 그리고, 거리 상수(함
수에서 자연 상수 e의 지수가 1이 되게 하는 x값)를 구함으로써 나타내
기로 함.

라. 콜로이드 용액의 농도에 따른 산란도 변화 측정

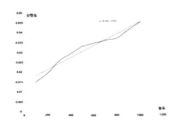

- 콜로이드의 농도-$\log\left(\dfrac{1}{거리상수}\right)$경향성
- 거리 상숫값은 콜로이드 용액의 희석비에 비례함.

연구 결론

○ 우유, 잉크, 황토물 등 다양한 콜로이드 입자와 빛의 산란의 정량적 관계를 실험을 통해 알 수 있었다.

○ 콜로이드 용액에서 거리에 따른 산란도는 기울기가 점차 감소하는 곡선을 그리며 줄어든다.

○ 용액의 농도가 옅어짐에 따라 거리에 따른 산란도 함수의 거리 상수(함수에서 자연상수 e의 지수가 1이 되게 하는 x값)가 증가하며, 그 증가율은 1차 함수에 가깝다.

○ 이를 이용하여 물의 오염도를 측정하는 기존의 방법보다 더 쉽게 측정할 수 있고 또 그 장치를 만들 수 있었다.

○ 여러 가지 측정 장치 중에서 옆면에 슬릿을 내었고, 그 외 부분을 검은색으로 처리한 아크릴 사각기둥이 실험에 가장 적합했다.

○ 빔프로젝터를 이용하여 색광과 빛의 밝기에 따른 틴들 효과 측정 실험을 할 수 있었다.

○ 제작한 실험 장치로 모든 학교에서 빛의 산란 실험을 효과적으로 할 수 있을 것이다.

전국과학전람회 참가 및 지도 후기

이 연구지도에서 가장 기억에 남는 것은 컴퓨터 그림판 프로그램의 256가지 다양한 빛 색깔을 빔프로젝터를 통하여 광원으로 활용하는 아이디어였다. 학생들이 콜로이드 용액에 비추는 빛의 파장에 따른 산란도를 측정해야 하는데 광원의 색깔 부족이 문제였다. 문득, 필자가 가지고 있었던 휴대용 빔프로젝터가 생각이 났고 문제가 해결되어 지체된 연구를 가속할 수 있었다. 그리고 이 연구지도는 처음으로 전국과학전람회 특상을 받았다. 연구 분량은 그 이후의 어느 작품보다는 단순하고 적은 편이지만 남들이 하지 않는 영역에 번뜩이는 아이디어로 다양한 콜로이드 입자와 빛의 산란의 정량적 관계를 실험으로 증명할 수 있었고 거리에 따른 산란도는 기울기가 점차 감소하는 곡선이 자연로그 그래프 형태를 띤다는 것을 보여주었다.

이 과학전람회 연구 활동은 원래 세 명이 한 팀이었다. 그러나 도대회가 끝난 후, 한 명의 학생이 예고 없이 연구에 빠지는 등 이기적인 행동을 보여 팀워크 문제가 발생해 다른 학생들의 불만이 팽배하였다. 교사로서 대회 성과보다 학생의 인성 교육이 중요하다고 생각되어 두 명의 학생으로 진행하기로 하였다. 학생들이 배우는 과정에서 배려와 나눔과 같은 인성이 무엇보다 중요하다.

두 명의 학생으로 전국대회에서 특상을 받았다. 과학전람회 특상은 지역대회인 도 대회에서 특상을 받은 300팀이 출전하는데 특상은 약 30% 상위 우수작에 부여되는 상이다. 이후, 2011년 이 작품부터 2015년까지 필자는 5년간 연속 전국과학전람회 특상 수상학생 지도를 하게 되어 필자도 믿어지지 않는 보람과 긍지를 느꼈다.

3

자석과 슬링키 진동 등을 이용한 파동 전달 모델 탐구 및 시각화 장치 개발

수상 기록

제57회 전국과학전람회 학생부 물리 분야 특상

발명 출품

전남○○고 2학년 윤○현 외 1명, 지도교사 채희진

Ⅰ. 탐구 동기

파동을 공부하면서 소리가 공기 분자의 탄성 충돌로 에너지를 전달한다는 것을 알게 되지만 공기 분자의 운동을 보여주는 파동실험장치는 없었다. 실제로 소리에서 공기 분자의 운동을 보여주는 장치를 제작해보고 분석하고자 탐구를 시작하게 되었다.

II. 탐구 목적

일자로 배열된 네오디뮴 자석들의 개별적인 자기적 척력을 이용한 소리와 같은 종파 특성 관찰과 다양한 파동 발행 장치를 개발하고 분석하고자 한다.

III. 탐구 과정

▶자석을 이용한 소리 공기 분자 운동 모델

가. ND 자석의 반발력을 이용한 소리의 전달 모델

자석이 공기 분자		기계 장치 제작 구상	
	밀 소 밀 소		진동수 조절이 가능한 진동장치
손 진동	손으로 한쪽에서 진동을 주어 소리전달의 모습을 볼 수 있으나 진동수 조절이 안 됨.	기계 진동	

[연구 결과] 손으로 진동시켜 공기 분자의 소·밀의 진동 모습을 볼 수 있었으나 진동수 조절을 할 수 없어 기계로 진동수 조절을 할 수 있었다. 손으로 진동시켜 공기 분자의 소·밀의 진동 모습을 볼 수 있었으나 진동수 조절을 할 수 없어 컨트롤러로 진동수 조절을 할 수 있었다.

나. 초고속 카메라로 분석한 자석 속력 측정

<자석 1개씩 5개>	<자석 2개씩 5개>
Δt(s)=0.3	Δt(s)=0.756
Δs(cm)=23.5	Δs(cm)=25
평균속력(cm/s)	
$v_{평} = \dfrac{23.5}{0.3} = 78.33$	$v_{평} = \dfrac{25}{0.765} = 33.07$
[연구 결과] 소리의 전달 속도는 분자량이 적을수록 속도가 빠르다. (예: 수소는 소리전달 속도가 빠름)	

다. 질량과 진동수에 따른 자석의 속력 변화

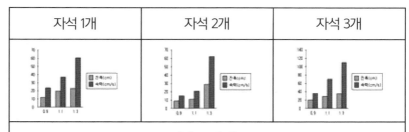

자석 1개	자석 2개	자석 3개
[연구 결과] 진동수가 커질수록 속력과 진폭이 증가하며 기체분자 운동과 탄성파의 속력공식으로 설명이 가능함.		

▶슬링키 진동을 이용한 종파 분석

가. 진동수에 따른 종파 속력 구하기

진동수	파동 진행 모습
3Hz	
6Hz	
9Hz	
12Hz	
15Hz	
18Hz	

진동수(Hz)	파장(cm)	속도(cm/s)
3	30.3	90.9
6	15.2	91.2
9	10.8	97.2
12	8.3	99.6
15	6.4	96.15
18	5.3	95.4

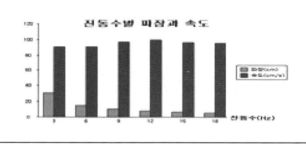

나. 높은 진동수의 슬링키 진동의 분석

진동수	초고속 카메라 사진	파장(cm)	속력(cm/s)
20Hz		4.65	93.0
25Hz		3.80	95.0
[연구 결과] 파동 속도는 매질의 상태가 일정할 때 진동수 변화에 관계없이 거의 일정하게 측정됨.			

다. 빨대를 이용한 횡파 실험장치

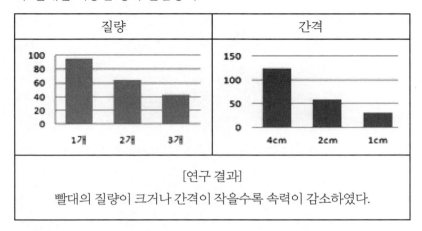

질량	간격
1개 2개 3개	4cm 2cm 1cm

[연구 결과]
빨대의 질량이 크거나 간격이 작을수록 속력이 감소하였다.

연구 결론

1. 자석의 척력을 이용하여 소리와 같은 비가시적 파동을 모델화하였으며 소리의 전달을 시각적으로 쉽게 이해할 수 있게 되었다.

2. 플라스틱 슬링키에 함수발생기를 연결하여 다양한 진동수에 따른 파동의 특성을 관찰할 수 있었고 소리와 같은 종파운동을 모델 및 시각화하였다.

3. 빨대를 이용한 수직방 향의 파동실험장치를 만들어 기존의 빨대 파동실험장치의 단점을 극복하였다.

4. 이 연구를 통한 파동전달 모델 및 시각화장치는 모든 학교에서 간편하고 경제적으로 만들어 활용할 수 있다.

전국과학전람회 참가 및 지도 후기

처음 이 두 학생의 연구 활동의 주제는 고등학생 수준을 넘는 매우 어려운 아인슈타인 일반상대성 관련 연구였다. 어려움이 예상되었지만,

처음부터 반대할 수 없었고 할 때까지 해볼 수 있도록 지켜보기로 하였다. 뭐가 어려운지 그리고 실패도 중요한 경험이 될 수 있기 때문이었다. 그러다 어느 날, 남학생이 몹시 안 좋은 얼굴로 찾아왔다. "선생님! 중간고사는 다가오는데 연구 활동이 너무 진전이 안 되어 있고 시험 날은 점점 다가와 죽을 지경입니다. 선생님! 어떻게 해요?" 이 학생의 겁에 질린 얼굴을 보고서 일단 학생을 안심시켜주는 것이 급선무라 판단되었다. 학생이 걱정했던 것은 연구지원비를 도교육청으로부터 받은 연구이기에 책임감이 앞섰기 때문이었다. "승○아! 연구 활동은 선생님이 중간고사 시험 끝나고 옆에서 도와줄 테니 지금부터 연구 활동 멈추고 시험에만 최선을 다해라! 네가 매우 어려운 주제를 택했고 네가 감당하기 어려운 걸 알았으니 그 정도로 되었다. 그러니 시험 후, 좀 더 쉬운 다른 주제로 연구하면 충분히 과학전람회 대회까지 작품 나올 수 있다! 알았지?" 결국, 이 두 학생은 무사히 시험을 잘 마칠 수 있었다.

중간고사 후, 앞의 연구로 2개월 이상 귀중한 연구 시간을 허비한 후, 학생들은 '파동전달 모델 탐구 및 시각화장치 개발'의 새로운 연구 주제로 다급하게 새롭게 연구를 시작해야 했다. 그러다 보니 남들보다 더 열심히 연구에 몰두하여 학교 실험실이 자정에 가깝도록 전등이 꺼지지 않았다. 제자들의 다급해진 마음을 알고 있는 터라 바쁠수록 돌아가라는 말로 바쁘더라도 여유를 찾으면서 연구하라고 격려하였다. 그러면서도 학생들은 도와주는 것은 실험 장치를 마련해주는 것이 급선무라는 생각이 들었다. 파동 연구는 진동장치가 필수인데 학교에는 필요한 기계적인 진동장치가 없었다.

또한 이 연구에서는 진동수가 기계적으로 조절되는 장치가 매우 필요하였다. 착하고 최선을 다하는 제자들을 볼 때, 선생님도 측면 지원을

어렵게 만든 파동 진동 장치　　　　전국과학전람회 특상

하기로 마음먹었다. 차를 몰고 광주에 가서 기계를 수리하는 곳을 찾아 부품을 구입하고 나서, 제작해주는 철공소 같은 곳을 수소문하여 순천까지 차를 몰고 내려갔다. 그 철공소는 나이가 드신 할아버지가 운영하고 계셨는데 처음에는 다른 일감으로 시간도 없고, 하나 만드는데 손이 많이 가게 되므로 어렵다고 하여 눈이 캄캄하였다. 멀리 나주에서부터 수소문하여 찾아왔고 졸업을 해야 하는 할아버지 손주와 같은 학생들의 연구에 사용해야 한다고 감정으로 호소하여 결국 허락을 받았다. 3일 후, 장치를 찾아 마침내 진동수까지 조절되는 진동 실험 장치를 제공해줄 수 있었다.

　학생들은 시간에 쫓기고 연구에 필요한 실험 장치가 없어 막막해진 상황에서 선생님이 그들 눈앞에서 쓱싹쓱싹 왕복운동 하는 진동장치를 들고 나타났으니 앞을 가로막고 있는 홍해가 갑자기 갈라져 살았다는 표정을 짓는 이스라엘 백성 같은 놀란 표정이었다. 이 두 학생은 최선을 다하는 연구 활동과 노력으로 도 대회와 전국대회에서 특상을 받았다.

아이디어 창안

종파 시각장치를 만들 때 학교의 함수발생기에 스피커를 연결하고 스피커 진동판 앞에 위 사진처럼 슬링키를 양면테이프로 부착하여 종파를 발생시켰다. 소리전달 시각화장치는 고리 ND 자석 여러 개를 서로 척력이 작용하도록 막대 봉에 여러 개를 끼워 만들었다. 하나의 ND 자석을 움직이면 다른 ND 자석이 공기 분자처럼 에너지를 전달한다.

이 연구 활동을 한 학생들은 남, 여 두 명의 학생이었다. 남학생은 어려운 가정의 학생이었지만 학구열이 매우 높았고 선생님들의 칭찬을 받을 정도로 성실한 학생이었다.

 여학생은 섬 출신 여학생이었는데 처음 입학했을 때는 과학고의 수업에서 빠른 진도와 높은 수준에 진도를 못 따라가 주말에 집에 내려가서는 자기 방문 잠그고 많이 울었다고 한다. 여학생은 입학 후 처음에는 학교생활이 힘들었지만, 점차 학교생활에 적응하면서 자신의 색깔을 보여주었다. 3년간 많이 성장하여 서울의 명문대에 진학하였고 프랑스 연수를 다녀온 후, 지금은 서울서 좋은 회사에 다니고 있다. 남학생과는 인연과 사연이 많다. 본인이 기숙사 사감을 할 때다. 자정이 되면 학생들은 모든 전등을 끄고 취침 상태로 들어간다. 하루는 기숙사를 순찰하는데 한 곳 화장실에서 불빛이 새어 나온 것이었다. 가서 문을 열어보니 이 학생이 찬 바닥에 앉아 공부하는 것이 아닌가? 처음에는 규정 위반으로 야단치려고 했다가 이유를 들었다."선생님! 죄송합니다. 저는 잠을 줄이고 밤에 공부하지 않으면 기초가 부족하여 수업에 못 따라갑니다. 다른 학생 취침 방해가 안 되도록 화장실에서 공부할 테니 허락해주십시오." 하면서 고개를 숙이는 것이었다. 규정 위반의 문제보다 감동이 밀려왔다. 며칠간 더 지켜보니 계속해서 가을의 차디찬 화장실

타일 위에서 매일 공부를 하는 것이었다. 세상에 이런 학생이 어디 있겠느냐란 생각이 들었고 이런 학생을 도와주지 않으면 누구를 도와주겠느냐란 생각이 들어, "승○아! 너 오늘부터 선생님이 사감 할 때는 따뜻한 사감실에 와서 공부해라! 나도 잠이 많지 않으니 네가 공부할 때까지는 선생님도 교재 연구할 테니 같이 하자."라고 말해주었다. 이 학생은 결국, 졸업 후, 학비가 전혀 들지 않은 카이스트에 합격하였다. 졸업식 날 학생과 학생 어머니가 사무실로 찾아왔다. "선생님! 승○이가 저에게 꼭 선생님만은 찾아뵙고 가야 한다고 해서 올라왔습니다. 선생님이 3년 동안 아빠처럼 매우 잘해주신다고 집에 오면 승○이가 자주 저에게 말했어요. 선생님 정말 고맙습니다."라고 말씀하셨다. 학생과 학생 어머니의 마음에 오히려 내가 고마웠고 졸업을 진심으로 축하해주었다. 이 학생은 지금 카이스트 진학하였고 지금은 대학원 과정에 다니면서 창업 활동도 겸하고 있다. 과학전람회 연구 활동 경험이 이 학생의 창업 활동과 연구자로서 전도에 큰 도움을 주고 있을 것이라 확신한다. 승○아! 나도 어린 너에게 배웠다. 공부에 대한 강한 의지를….

4

대나무 뿌리 구조를 이용한 산사태 방지 방안 및 내진 황토벽 제작 연구

수상 기록

제59회 전국과학전람회 학생부 농림수산 특상

발명 출품

Bamboo Love 전남○○고 2학년 김○준 외 2명 , 지도교사 채희진

I. 탐구 동기

우리 사회에서 안전이 화두가 되고 있다. 최근 우면산 산사태와 같은 재난과 지진 등이 우리의 안전을 위협하고 있다. '지진이 발생하면 대나무 숲으로 가라!'는 전래되는 말 속에서 대나무의 독특한 뿌리 구조가 생명과 재산을 지키는 열쇠가 될 수 있음을 알게 되었다. 대나무의 수염뿌리와 독특한 지하경 구조 연구를 통하여 대나무숲의 토양 고정력

이 매우 큰 이유를 정량적인 실험을 통한 자료를 얻었으며, 지하경 구조를 생체모방하여 산사태 방지 및 내진 건물모형을 디자인하였고 수염뿌리와 같은 섬유질을 삽입한 황토벽(벽돌)제작 등 인명 안전에 대한 연구를 하였다.

2011 우면산 산사태 발생 – 대책 미비 및 안전 불감증	대(竹)뿌리의 토양 고정력 이용하여 산사태를 방지

지진이 발생하면 대나무 숲으로 피신!
그 이유는 무엇일까?

해마다 증가하는 지진 – 더 이상 안전 국가가 아님	대(竹)뿌리 생체모방으로 내진 건물 및 벽돌 제작

Ⅱ. 탐구 방향

토양 보강 효과의 이유 분석 → 대나무 뿌리의 토양 보강 효과
→ 토양 보강 효과의 응용

Ⅲ. 탐구 과정 및 결과

탐구 1. 왜 대나무가 지반을 잘 고정할까?

가. 대나무가 있는 지반은 실제로 잘 고정되었을까?

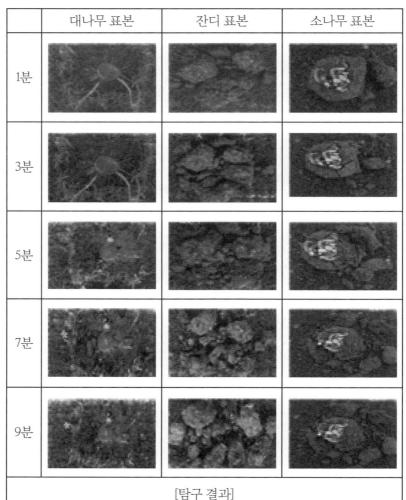

	대나무 표본	잔디 표본	소나무 표본
1분			
3분			
5분			
7분			
9분			

[탐구 결과]

▶대나무의 토양 고정력은 소나무나 잔디와 같은 식물들보다 좋다.

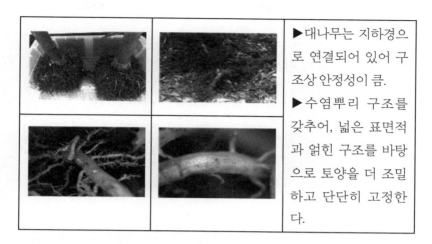

▶대나무는 지하경으로 연결되어 있어 구조상 안정성이 큼.
▶수염뿌리 구조를 갖추어, 넓은 표면적과 얽힌 구조를 바탕으로 토양을 더 조밀하고 단단히 고정한다.

탐구 2. 대나무 뿌리의 토양 보강율 탐구

가. 대나무 뿌리의 인장강도 측정 및 표면적비 산출

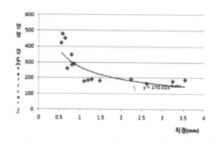

뿌리의 직경	총 단면적 (㎟)	뿌리 단면적 (㎟)
대나무 기둥 근처	40000	505.7
대나무와 대나무 사이	40000	1028.8

나. 토양 보강률 계산

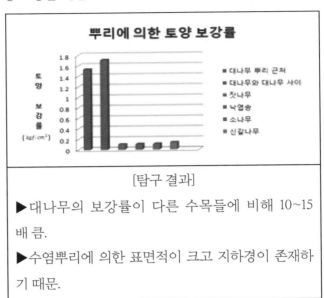

[탐구 결과]

▶대나무의 보강률이 다른 수목들에 비해 10~15배 큼.

▶수염뿌리에 의한 표면적이 크고 지하경이 존재하기 때문.

탐구3. 대나무 뿌리의 지반 고정에 의한 산사태 방지 효과 탐구

가. 산사태 발생과 대나무

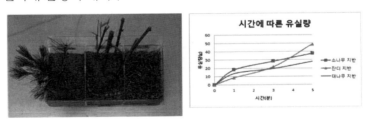

나. 실제 사면에서의 산사태와 대나무

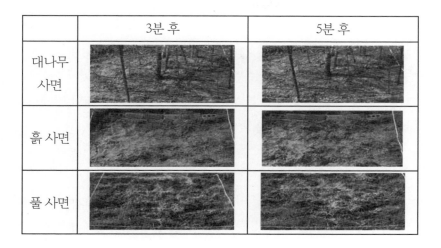

	3분 후	5분 후
대나무 사면		
흙 사면		
풀 사면		

탐구 4. 대나무 지하 구조를 이용한 건물 피해방지 방안 탐구 및 황토 벽돌 제작

가. 건물 안전장치 고안

☞ 대나무의 뿌리구조를 이용하여 기둥 간 연결과 뿌리구조로 건물과 토양 사이를 지지함.

나. 대나무 뿌리 황토 벽돌

대나무 뿌리의 토양 고정 효과 → 건물에 응용 → 건물의 벽돌 및 벽 자체의 강화

▶ 기존의 볏짚을 넣은 벽돌 대신하여 대나무 수염뿌리를 넣은 벽돌

제작 구상 → [생체모방] → 모시 줄기와 질긴 섬유질을 벽돌 및 벽돌 간에 삽입하여 벽을 제작함.

▶ 대나무 뿌리 벽돌이 볏짚 벽돌의 4배 이상 하중을 견뎠고 벽들과 벽돌 사이를 질긴 탄성체로 연결함으로 건물이 무너질 때, 한 번에 무너지는 것을 막아 인명피해를 줄여준다.

연구 결론

○ 대나무는 수염뿌리 구조에 의한 높은 단면적 비율과 땅속줄기에 의한 개체 간 연결에 의해 토양 고정력이 높아서 산사태를 막을 수 있다.

○ Wu 뿌리보강모형을 이용하여 계산한 대나무의 토양 보강률은 대나무 중심 기둥 근처에서는 1.52kg/㎠이며 대나무와 대나무 사이에서는 1.72kg/㎠의 값을 가지며, 잣나무, 낙엽송, 소나무, 신갈나무 등의 다른 식물들에 비해 10~15배 크기 때문에 사면을 더 안정시켜 준다.

○ 대나무를 사면에 심는다면 이류(Mud flow)에 저항하여 흘러내리는 토사의 양이 잔디 사면에 비해 18%, 흙 사면에 비해 33% 감소하므로 대나무를 심음으로써 산사태를 방지할 수 있다.

○ 대나무 뿌리를 넣은 황토벽돌을 제작하여 기존의 볏짚 벽돌보다 4배 이상 강한 벽돌을 제작할 수 있고, 벽돌과 벽돌 사이에 대나무 뿌리처럼 연결구조를 넣어서 벽 자체를 강화하여 지진으로 인한 인명피해를 줄일 수 있다.

V. 제언

○ 건물 안전장치가 실제로 지반의 고정에 어느 정도의 도움이 되는

지 확인하고, 특허 신청을 통해 이를 실용화하고 싶다.

○ 벽돌 간 연결로 벽을 강화했을 때 어느 정도 강화되는지 실험을 통해 정량적으로 확인하고 싶다.

전국과학전람회 참가 및 지도 후기

연구 활동의 주제 선정은 시대의 상황과 관련이 있을 때가 많다. 이 연구를 할 때도 아이티에서 큰 지진이 일어나 큰 인명과 재산 피해가 있었다. 지진이 일어나면 땅이 갈라지고 건물 벽면이 무너져 내려 사람이 많이 죽고 다친다. 어릴 때 어른들의 말씀 중에 지진이 일어나면 대나무밭으로 가라는 말을 들은 적이 있었다. 이 말의 의미를 되새기며 학생들과 연구 주제를 선정했다. 대나무는 뿌리줄기로 한그루 한그루가 독립적이지 않다. 땅속에서 서로 연결되고 얽혀 있다. 그래서 지진이 나도 땅이 갈라지지 않아 사람이 긴급히 피하는 장소로 안성맞춤이다.

대나무밭에서 인증 사진

대나무는 땅속에서 서로 연결되어 있다

이 연구 활동을 지도할 때 재미있는 에피소드가 있다. 학교 운동장 한쪽에 오죽(검은 대나무)밭이 있어 연구를 시작할 때는 이 오죽 몇 그루 삽으로 파서 실험실에서 구상대로 연구하면 되겠지 하고 생각을 쉽게 하고 있었다. 얼마 후, 드디어 의기양양하게 학생들과 삽을 준비하고 그

오죽밭으로 갔다. 선생님이 시범 보인다고 삽을 땅에 대고 발을 삽을 힘차게 누르는데, 아니 이게 뭔 일인가! 거짓말 보태어 겨울에 언 땅도 아닌데 삽이 땅속으로 1cm도 들어가지 않는 것이었다. 학교에서 과학 실험하면서 자주 느낀 것이지만 정말 생각과 현실, 이론과 실제는 다를 수 있다는 것을 또 한 번 실감하였다.

그 후, 학교 대나무 사용은 포기하고 동료 교사로부터 학교에 가까운 자기 시골집에 대나무가 많이 있으니 아무 때나 와서 캐 가도 좋다는 허락을 얻었다. 그러나 우리의 실력으로는 대나무 뿌리까지 캐는 것은 불가능하다는 것을 이미 알았기에 학교 근처 인력개발소 직원을 고용하여 위 사진과 같은 연구용 대나무를 확보할 수 있었다.

사군자의 하나로 선비의 지조를 뜻하는 대나무의 푸르름과 시원함을 이전에도 좋아했지만, 연구 활동 이후 더욱더 좋아하고 있다. 지금 어디서나 대나무를 보게 되면 학생들과 함께 고생했던 일과 전국대회 특상을 받은 기억이 생각나고 대나무 채취 에피소드의 기억이 미소를 짓게 만든다.

연구 활동 지도를 받은 세 명의 제자들은 모두가 카이스트에 입학하여 연구원의 길을 가고 있다. 그들도 대나무를 볼 때마다 나 같은 생각을 할까?

창의성 명언 7

제 창의력의 원천은 단지 보고 넘기는 것이 아니라 잘 관찰하는 눈이여요. _폴 스미스

5

전통 친환경 고기잡이
죽방렴에 담긴 조상의
지혜 및 유지·보존에
관한 연구

수상 기록

제60회 전국과학전람회 학생부 농림수산 분야 특상

발명 출품

High Anchovy 전남○○고 2학년 김○진 외 2명, 지도교사 채희진

Ⅰ. 탐구 동기

죽방렴은 500년 동안 적용된 양질의 멸치를 잡는 친환경적인 어업이
지만 태풍 피해로 많은 죽방렴이 파괴되고 사라지고 있음.

Ⅱ. 탐구 목적

▶죽방렴에 담긴 조상들의 지혜와 과학적 요소들을 탐구함.

▶죽방렴의 유지·보존을 위해 태풍에도 잘 견디는 안전한 죽방렴을 창안하고 만들고자 함.

Ⅲ. 탐구 과정 및 결과

[탐구1] 설치 재료에 담긴 조상들의 지혜

가. 죽방렴 구성 재료에 대한 탐구

▶죽방렴의 말목은 참나무로 되어 있으며 발장과 발통은 주로 대나무로 둘러싸여 있음.

1) 참나무와 대나무의 특성

가) 참나무의 특성

· 참나무는 다른 목재에 비해 비중이 커서 물에 잘 떠 오르지 않음.

· 소금물에 담그면 더 단단해 짐.

나) 대나무의 특성

· 대나무의 탄성계수는 다른 목재에 비해 커 쉽게 훼손되지 않음.

[탐구2] 설치 장소에 담긴 조상들의 지혜

가. 죽방렴이 설치되는 장소의 특징과 형태

1) 죽방렴이 설치된 장소

▶죽방렴은 과거에 여수와 보길도에도 설치되었으나, 현재 대부분 사라지고 남해 지족해협과 삼천포에 주로 남아 있음.

2) 남해 지족해협과 전남 완도군 노화도와 보길도 해협

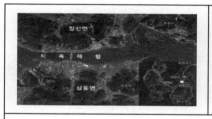 

① 조류가 극히 빠름. (남해 : 평균 1.2knot)

② 하루에 조석 현상이 2번 일어나고 조수 간만의 차가 큼.

→ 죽방렴이 설치된 장소를 분석해본 결과 유속이 빠른 해협에 주로 설치됨.

[탐구3] 설치 방법에 담긴 조상들의 지혜

·유속 (1.5m/s)을 통제시켜 실험을 진행함.

가. 죽방렴 발장 각도

1) 죽방렴 발장 각도 조사

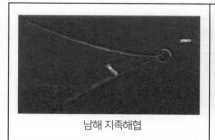 

| 남해 지족해협 | 삼천포 |

▶남해 지족해협 및 삼천포의 약 40개의 죽방렴 평균 발장 각도 49.14°

2) 죽방렴 발장 각도에 따른 고기떼 유입 관계

(어류 수 : 구피 30마리, 3회 측정 평균, 발장 입구 폭은 4cm로 고정)

0°	15°	30°	45°	60°	75°
0	4	4	10	11	4
▶각 45°~60°에서 최대의 어획량을 보임

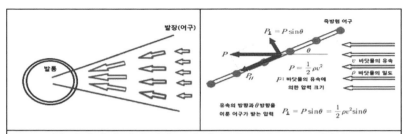

연속방정식에 의해 바닷물이 발장(어구) 안으로 들어올수록
폭이 좁아져 유속이 빨라지며 고기는 수영 능력을 상실하고
발통 안으로 빨려 들어간다.

$$A_{넓은곳} \cdot V_{넓은곳} = A_{좁은곳} \cdot V_{좁은곳}$$

나. 죽방렴 발장 길이

1) 죽방렴 발장 길이 조사

죽방렴 발장 길이는 안섶의 평균 길이 124.2m, 바깥 섶의 평균

길이 118.6m로 양쪽 평균 121.4m임.

2) 죽방렴 발장 길이에 따른 고기떼 유입 관계(어류 수 : 구피 70마리)

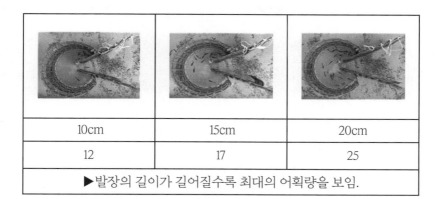

10cm	15cm	20cm
12	17	25
▶발장의 길이가 길어질수록 최대의 어획량을 보임.		

다. 죽방렴 발통 입구의 폭

1) 죽방렴 발통 입구 폭 조사

발통 지름 : 약 6.5m, 입구 폭 : 1.16m. 지름 : 폭 = 6 : 1

2) 죽방렴 발통 입구 폭에 따른 고기떼 유입 관계

(어류 수 : 구피 17마리, 제브라피시 : 26마리, 발장 각도는 30°로 고정)

발통 입구 폭	2cm	4cm	6cm	8cm
유입 어류 수	16	19	23	19
·폭 6cm에서 최대의 어획량을 보임				
·폭이 좁으면 고기 떼가 영향을 받는 부분이 좁아져 어획량이 줄어듦.				
·폭이 넓으면 시야각이 넓은 곳으로 이동함으로 입구로 잘 빠져나감.				

[탐구4] 죽방렴의 영구성에 담긴 조상들의 지혜

선박을 이용한 어업은 운영 기간이 평균 26.6년이지만, 죽방렴은 한번 설치 시 평균 200년간 운영할 수 있음.

[탐구5] 죽방렴 유지·보존을 위한 탐구

가. 조상의 지혜가 깃든 죽방렴

1) 죽방렴이 설치 가능한 장소

		유속	조수 간만의 차	설치 가능 여부
	지족 해협	61.73	3.6	–
	경인항	75.92	9	O
	평택·당진항	52.82	8	O
	제주 해협	65.53	2	O

(유속 : cm/s, 조수간만의 차 : m)

2) 실험을 통한 최대 어획량의 죽방렴

·현재 설치된 죽방렴의 설치 방법에 관해 탐구하고, 모형 죽방렴을 제작하여 실험함.

(모형 죽방렴의 축적 1 : 18.75)

·그 결과 발장 입구 각은 45°~ 60°, 발장 길이는 길수록, 발통 입구 폭은 발통 지름의 1/6일 때 어획량이 가장 많았음.

나. 죽방렴 유지·보존을 위한 방안

1) 죽방렴 모형 제작(1차, 2차 모형)

| 1차 모형 | 2차 모형 |

2) 3차 죽방렴 모형(태풍에 안전한 죽방렴)

– 착탈식 죽방렴 아이디어 구상

·전복 양식에서도 태풍때 가두리를 이동시키는 것으로부터 아이디어를 착안함.

·신속한 탈부착을 위해 수갑형의 고리 형태로 발장을 말목에 탈부착시킴.

·발장의 주요 재료가 대나무임으로 비중이 작아 물에서 운반이 쉬움.

 + 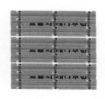 =

태풍 피해에 의한 복구액의 절감, 죽방멸치 판매를 통한 경제적 이익과 인건비, 인양비, 제작비를 고려해 본 결과, 착탈식 죽방렴의 사용은 어민들의 소득 증대에 도움이 될 것이다.

연구 결론

[죽방렴에 담긴 조상의 지혜]

○ 비중이 크고 단단한 참나무와 탄성이 큰 대나무를 바닷물에서 사용함. (설치 재료)

○ 유속이 빠르고 조수 간만의 차가 큰 지역에 설치함. (설치 장소)

○ 최대의 어획량을 보이는 조건이 전통 친환경 죽방렴에 담겨 있으며, 어류의 행동 특성을 고려함. (설치 방법)

○ 자연물을 사용하여 환경의 영향을 적게 받아 오랜 기간 운영할 수 있음. (영구성)

[연구팀이 창안한 착탈식 죽방렴의 전망]

○ 착탈식 죽방렴 설치로 얻는 경제적 효과 (현재 설치된 것) : 1년에 13억 9천만 원 상당의 경제적 손실을 줄일 수 있음.

○ 모듈형 죽방렴의 대량생산으로 죽방렴 자체의 단가가 줄어들 것이며, 죽방렴 멸치의 생산량이 증가할 것임.

○ 멸치가 아닌 다른 어류에도 적용되며 태풍에 의한 피해를 줄일 수 있으며 삼면이 바다인 우리나라 해안에 죽방렴이 많이 재설치될 것으로 확신함.

전국과학전람회 참가 및 지도 후기

연구 활동의 지도를 많이 하다 보니 자신의 전공이 아닌 분야를 지도하게 될 때가 여러 번 있었다. 이 연구 활동은 학생들과 연구 주제 선정을 고민하고 있을 때 우연히 부산 수산대 출신의 과학 연구사와 대화를 하다 얻게 된 주제였다.

죽방렴이라고 하는 약 오백 년 된 전통 우리나라 친환경 멸치잡이가 있는데 죽방렴은 태풍에 의해 파괴되면 복구에 여러 사람의 일손이 필요하게 되어, 요즘처럼 사람이 없는 어촌에서는 경제적 타산도 맞지 않게 되었다. 따라서 현재는 죽방렴이 거의 사라지고 남해 근처의 몇 군데만 남아 있다며, 얼마 전 텔레비전에 방영한 적이 있다고 하였다. 완도 노화도에서 전복 사업을 하시는 한 학생의 아버지가 어릴 때 죽방렴을 본 적이 있다고 하셨기 때문에 죽방렴 연구에 도움을 얻을 수 있을 것 같았다. 결과적으로 전통적인 것에 관한 학생들의 연구는 항상 가치가 있는 것 등을 종합해볼 때, 의미 있는 주제인 것 같아 학생들과 논의를 통해 연구 주제로 선정하기로 하였다.

남해 지족해협의 죽방렴　　　죽방렴 현장 탐방　　　전국 과학전람회에서 발표

이 연구에 관해 한 에피소드가 있다. 물을 채운 수조에 대나무로 만든 죽방렴 모형을 설치한 뒤 멸치를 열대어 키우듯이 하면서 죽방렴에 대해 여러 실험을 할 계획을 세웠다. 학생 부모가 섬에 살고 계시기에 살아있는 멸치를 구해달라고 하여 차로 이송하면 멸치는 쉽게 구할 수 있

을 것 같아 낙관하고 있었다. 그리고 며칠 후 완도에 계시는 학생 부모에게 전화를 드렸다. 비용은 드릴 테니까 살아있는 멸치를 구해달라고. 그런데 전화기로 들려오는 "선생님! 멸치는 성질이 아주 급해서 바닷물 밖으로 나오면 바로 죽어 버려요! 그래서 한자로 蔑致멸치입니다." 갑자기 머릿속이 하얘졌다. '멸치가 있어야 죽방렴 연구를 하지.'이렇게 경험이 없으면 예상치 못한 난관에 봉착할 때가 있다. 그래서 사전 조사가 중요한 모양이다.

학생들과 협의를 통해 멸치 대신에 다른 물고기를 구해서 죽방렴 연구를 계속하기로 하였다. 수소문 끝에 장성 민물고기 연구소를 찾게 되었다. 연구원께 우리의 연구 내용을 이야기하니 학생들의 연구 활동을 기꺼이 도와주겠다고 하셨다. 연구소에서는 하우스 안에서 커다란 수조에 수천 마리의 금붕어를 키운다고 하였다. 이를 눈으로 확인하기 위해 하우스의 문을 열었더니 엄청난 수의 금붕어가 먹이를 주는 것으로 착각을 하였는지 문 쪽으로 몰려오는데 그런 장관이 없었다. 마치 영화의 한 장면 같았다.

결국, 전통 친환경 멸치잡이 죽방렴에 대한 새로운 시각과 대안을 제시한 우리의 연구는 도 대회 및 전국과학전람회 특상의 영예를 안았다. 과학전람회 전문가는 우리의 연구 활동이 조금만 보완이 되었으면 대통령상감이었다고 말하기도 해주셨다.

완도에서 전복 사업을 하시는 그 학부모는 자녀가 좋은 대학교에 간 것에 대해 고맙다고 졸업식 무렵 전복을 가지고 오셨는데 덕분에 전 교직원이 전복을 맛보게 되었다. 물론 김영란법이 적용되기 이전이다.

[죽방렴 멸치에 대해서]

일반 멸치는 기관을 갖춘 배가 멀리 바다에 나가 그물로 잡는다. 많은
양의 멸치를 잡아야 하고 육지로 되돌아와야 하므로 멸치를 뜨거운 물
에 삶을 때까지 오랜 시간이 걸린다. 그러나 국방렴 멸치는 육지 근처
에서 살아있는 멸치를 뜰채로 잡아 가까이 있는 뜨거운 물로 바로 삶아
서 신선도가 유지되어 색깔도 맛도 좋아, 일반 멸치보다 몇 배 비싸다
고 한다. 죽방렴 멸치와 일반 멸치의 구분은 멸치의 입 모양을 보면 안
다고 한다. 삼천포 죽방렴 탐사 갔을 때 전해 들은 이야기다.

> **창의성 명언 8**
> 논리는 너를 A에서 B로 이끌 것이다. 그러나 상상력은 너를 어떤
> 곳이든 데리고 갈 것이다. _아인슈타인

6

강풍에 의한 나주 배 낙과 방지대책에 관한 연구

수상 기록

제59회 전국과학전람회 학생부 농림수산 분야 특상

발명 출품

전남○○고 2학년 박○진 외 2명 , 지도교사 채희진

작품 요약

현재 강풍 (태풍, 돌풍)으로 인한 나주 배의 낙과 피해가 심각하다. 이를 해결하기 위해 낙과의 정확한 원인과 그 과정을 역학적으로 분석하고 원인별로 방안을 생각하였다. 이후 각 방안에 대한 실험을 진행하고 효과를 분석하여 종합적인 낙과 방지대책을 제시하였다. 또한 실제 농가의 소득 증대 정도를 계산해보았다.

Ⅰ. 탐구 동기

태풍 볼라벤의 영향으로 나주에 많은 수확기의 배들이 낙과하여 과수원들은 심각한 피해를 보았다. 우리는 학교 주변에 있는 수많은 배나무의 낙과 피해를 안타깝게 보고 이를 최소화할 수 있는 효과적인 방안에 관해 연구하기로 하였다.

이론적 배경

1. 태풍의 피해 조사

▶ 우리나라에 영향을 미친 태풍 수

한 해에 3개 정도의 태풍이 우리나라에 영향을 미친다. 태풍이 가장 많이 불어온 달은 8월, 7월, 9월의 순이고 이 기간에 불어온 태풍 수는 전체의 91%이다. 태풍에 의한 배 낙과 피해 정도는 품종에 따라서도 차이가 크며 피해가 심한 품종은 신고, 화산, 감천, 추황 배 순이다.

태풍으로 낙과된 배 (출처 daum)

2. 과수원 방문 통한 실태 조사 및 낙과의 원인 탐구

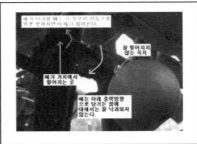
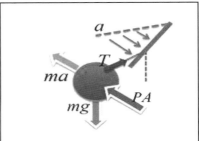

▶배에 작용하는 역학적인 요소에는 바람에 의한 힘, 진동에 의한 힘, 관성모멘트가 있다.

▶배에 작용하는 힘에는 중력, 꼭지의 장력, 바람이 배에 작용하는 풍력(풍압×단면적)임.

Ⅱ. 탐구 내용

탐구1 낙과의 원인과 과정 파악하기	→	탐구2 낙과 방지 방안 만들기	→	탐구3 방안의 효과 시험하기

Ⅲ. 탐구 과정 및 결과

가. 양력에 의한 가지의 상승 현상과 낙과

$$F = A\Delta P$$
$$\Delta P = \frac{1}{2}\rho(v_1{}^2 - v_2{}^2)$$

탐구 결과	▶상하 바람의 속도차에 의해 양력이 발생하여 가지가 위쪽으로 상승한다. ▶상승한 가지가 떨어지면서 관성에 의해 낙과가 일어난다. ▶1당 약 150N의 양력이 발생한다

나. 배의 움직임과 배 꼭지의 절단

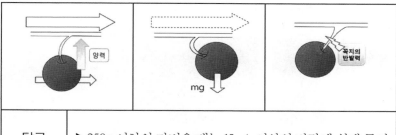

탐구 결과	▶250g 이하의 가벼운 배는 15m/s 이상의 바람에 쉽게 들려 올라가고 바람이 지나가면 떨어지면서 낙과가 일어난다.

IV. 탐구 과정 및 결과 우리만의 낙과 방지 방안 탐구

가. 가지의 상승 현상을 막아주는 낙과 방지 장치

1) 파풍망의 경사에 따른 난류 발생 및 풍속 감소

탐구 결과

▶파풍망을 이용해 상층 바람의 속도를 줄임으로써 양력의 발생을 막을 수 있다.
▶파풍망을 60°기울이면 바람이 타고 올라가 난류를 발생시키기 때문에 풍속을 최대로 줄일 수 있다.

2) 팬을 이용한 난류 발생 장치

탐구 결과

▶바람의 운동 에너지의 일부가 팬의 회전에 사용되어 풍속이 감소한다.

▶팬이 회전하면서 난류를 발생시켜 풍속이 감소한다.

나. 배 꼭지의 절단을 막아주는 낙과 방지 장치

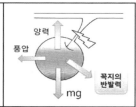

탐구 결과	▶꼭지 보호 장치를 이용해 250g 이하의 가벼운 배의 절단이 일어나는 부분을 강화함으로써 낙과를 막을 수 있다.

다. 진동 방지 물통을 이용한 가지 진동 감소

1) 일반 가지와 물통을 부착한 가지의 진동 비교

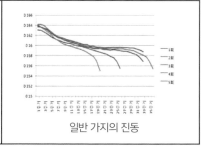

물통을 부착한 가지 진동 실험 / 일반 가지의 진동

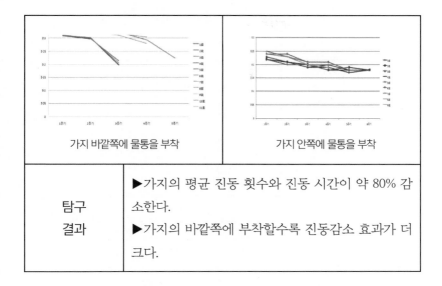

가지 바깥쪽에 물통을 부착	가지 안쪽에 물통을 부착

탐구 결과	▶가지의 평균 진동 횟수와 진동 시간이 약 80% 감소한다. ▶가지의 바깥쪽에 부착할수록 진동감소 효과가 더 크다.

2) 진동 방지 물통의 효율적인 설치 방법

가) 유체의 양에 따른 가지의 진동 비교

물의 높이	진동 시간	최대 진폭
물 높이 1	9.94	9.5
물 높이 2	6.93	8.7
물 높이 3	7.26	8.1
물 높이 4	10.58	7.6
물 높이 5	11.72	6.4

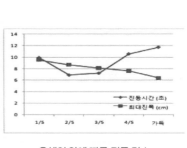

유체의 양에 따른 진동 감소

나) 유체의 점성에 따른 가지의 진동 비교

	에탄올	물	식용유
1회	6.5	7.5	10.9
2회	6.2	7.1	11.6
3회	6.5	7.7	11.5
4회	5.8	7.6	11.3
5회	6.1	6.8	10.7
6회	6	7.4	11.3

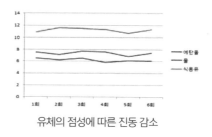

유체의 점성에 따른 진동 감소

▶유체가 용기의 40~50%만큼 들어있을 때, 가지의 진동 시간이 가장 짧다.

▶점성이 작은 유체일수록 가지의 평균 진동 시간이 짧다.

탐구 결과	▶유체가 운동하면서 가지의 진동에너지를 흡수해 가지의 진동을 감소시킨다. ▶유체의 운동 범위가 넓을수록 진동을 크게 감소시킨다. (진동 감소 효과 : 바깥쪽 > 안쪽, 점성이 작음 > 점성이 큼)

라. 탄성체(용수철)를 이용한 가지의 충격 감소

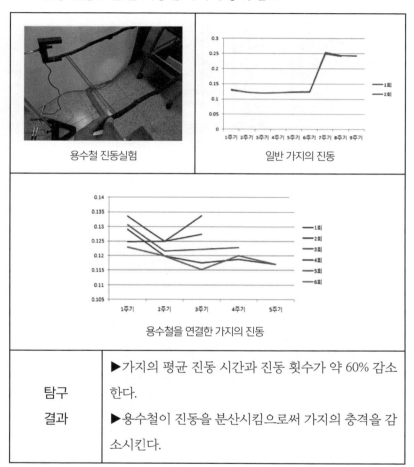

용수철 진동실험	일반 가지의 진동

용수철을 연결한 가지의 진동

탐구 결과	▶가지의 평균 진동 시간과 진동 횟수가 약 60% 감소한다. ▶용수철이 진동을 분산시킴으로써 가지의 충격을 감소시킨다.

탐구3. 낙과 방지 방안의 효과 탐구(강한 태풍)

A 장소 실험군 배나무

B 장소 실험군 배나무

탐구 결과

▶평덕을 통한 낙과 감소 : 60% → 35%

▶유체 장치 추가 : 35% → 22%

▶충격 흡수 용수철 추가 : 22% → 15%

▶꼭지 보호 장치 추가 : 15% → 9%

▶낙과 비율이 60% → 9%로 감소한다.

V. 연구 결론

※ 태풍 상륙 직전에는 아래 방안들을 시행하도록 한다.

1. 덕에 배나무 가지를 최대한 단단히 엮는다.

2. 덕에 엮은 결과지들을 흔들어보고 좌우로 크게 움직이는 부분에 물이 반쯤 든 물통을 부착시킨다.

3. 중량이 250g 이하인 배들은 꼭지 보호 장치를 사용해 바람에 젖혀지지 않도록 한다.

4. 탄성이 없는 끈으로 가지에 아래쪽 방향에 힘이 실리도록 엮어 양력을 상쇄시키고 상하 진동을 막는다.

5. 충격을 분산시키기 위해 탄성체로 가지간을 엮는다.

6. 방풍수, 파풍망을 설치하는 경우에는 배나무 높이 2배 높이로 하고 바람이 부는 방향을 향하도록 한다.

7. 파풍망을 기울이거나 팬을 이용하면 난류가 발생되고 풍속을 감소시켜 가지의 상승효과를 막을 수 있다.

전국과학전람회 참가 및 지도 후기

전남○○고는 나주 농촌에 자리 잡고 있어 온통 주위가 배나무밭이다. 5월이면 배꽃(이화)이 학교 주위를 하얗게 뒤덮는다. 본인도 이 학교에 8년간 근무했기에 농부들이 배 수확을 위해 어떠한 과정을 밟는 노력을 하는지 자주 목격하였다.

배꽃 수정을 하는데 벌들이 환경변화와 농약으로 많이 사라져, 배 농장에서는 여러 아주머니를 고용하여 봄철 배꽃이 피면 적당히 배꽃을 솎아주고 필요한 수만큼 배꽃에 인공수분을 하는데 배꽃에 꽃가루를 찍어주는 힘든 작업이다.

어느 날 2학년 세 학생이 찾아와 과학전람회 나가고 싶다고 지도교사가 되어 달라고 부탁을 해왔다. 연구하고 싶은 주제가 있냐고 물어보니 아직 정한 게 없다고 하였다. 이럴 때 교사들은 가장 곤란하다. 학생들이 연구 주제를 정해서 찾아오면, 이미 학생들의 머릿속에는 연구 목적과 연구 방향이 머릿속에 대략 그려져 있기 때문이다. 그렇지만 주제 미정인 학생들은 지도교사와 합의된 연구 주제를 정하기까지는 주제 선정–평가 등의 절차가 여러 차례 반복되어 최종 주제 선정까지 고생도 많이 하고 긴 시간이 필요하다.

세 학생은 같은 학년에서 손가락 안에 드는 공부를 잘하는 학생들이었다. 아마도 나를 지도교사로 생각하고 찾아왔을 때는 물리 분야를 염

배꽃으로 둘러싸인 학교

두에 두었는지 모른다. 물리 교사의 새로운 변신! 이번에는 색다른 연구 주제를 제시하였다. "애들아! 그동안 학교에서는 생물 선생님이 주로 배나무에 발생하는 병에 관한 연구를 지도하셨는데 너희들은 작년 태풍에 배 낙과를 보았으니 배 낙과 방지대책에 관한 학생들 시각의 연구를 하면 어떻겠니? 아마도 태풍이라는 풍력으로 배가 떨어지는 것이므로 낙과나 낙과 방지 방안도 물리적 역학 요소가 많이 개입될 것 같은데."라고 제안하였다. 결국 학생들도 연구 주제에 공감하여 연구가 과학 전람회 작품 설명서 내용처럼 시작되었다.

이 연구에서도 기억에 남는 에피소드가 몇 개 있다.

교육청 지원을 받은 과학전람회 연구는 겨울방학부터 연구 활동을 시작하는데 우리가 연구하는 대부분 기간에는 배나무에 배가 열려 있지 않다는 것이었다. 그래서 배 모형으로 실험을 할 수밖에 없었다. 농장 주위에 잘려 널려 있는 배나무 가지를 주워와서 배 대신 야구공을 매달아 실험을 시작하였다. 또한 필요한 장치는 배나무에 태풍과 같은 바람을 발생시키는 장치였다. 배나무 모형이 충분히 들어갈 수 있는 풍동장치가 필요했다. 결국 거대한 산업용 선풍기를 구입하고 어렵게 풍속 조절 장치를 달아 완성하였다. 학생들은 실험실에서 여러 배 낙과 방지 장치를 창의적으로 만들고 많은 실험 데이터를 확보하였다. 드디어 배 낙과 방지 아이디어가 담긴 장치를 실제 배나무에 적용하는 단계가 되었다.

7월 초쯤, 학교 근처의 배 농장 주인을 만나 10년생 배나무 두 그루를 임대료를 주고 임대하였다. 주인이 수확해서 시장에서 판매할 때의 가격으로 책정한 값이었다. 두 그루에 실험 장치를 설치 하니 이 배나무들은 연구 실험군이 되었고 실험군 주위의 임대하지 않은 대부분의 배나무는 대조군이 된 셈이었다. 배 낙과 방지대책 장치들은 고무줄, 노끈, 용수철 그리고 앞의 사진과 같은 작은 물통이었다. 이 장치들은 실험군 배나무 가지에 매달고 태풍이 오기만 기다렸다. 실험군이 대조군보다 똑같은 조건에서 배가 덜 낙과되면 올바르게 검증되는 것이었다. 그러나, 불행인지 다행인지 태풍은 올라오지 않았다. 나라 전체를 위해서는 태풍이 오지 않아야 하고 우리 연구를 위해서는 꼭 와야 하는 상황이었다. 과학전람회 출품 전 2~3일 전에 학생들과 실험군 배나무에 달린 배를 눈물을 머금고 땄다. 태풍 피해가 없어 임대 비용 두 배 가격 정도의 배가 수확되었다. 이 배들의 일부분은 연구 학생들 집에 보내졌고 대부분은 학교에 기증되어 학교 교직원이 맛볼 수 있게 하였다. 학교 어느 선생님들의 왈 "역시 과학연구 활동은 못 먹는 곰팡이 연구보다 먹을 수 배와 같은 것으로 하니 옆에 사람들이 맛도 볼 수 있어 좋지 않아? 앞으로도 계속 먹을 수 있는 것으로 연구 주제를 정해주세요!" 교무실이 웃음바다가 되었다. 전국대회에는 실험실에서 행한 연구 결과로만 가지고 나가게 되었다. 그러나 학생들은 특상을 받았다. 노력을 무척 많이 하기도 했지만, 학생 수준에서 창의성이 돋보였다는 심사평이었다. 모두가 기뻐하였다. 다만 태풍이 올라왔다면 현장 검증도 되어 대통령상도 노려볼 수 있었을 것이라며 옆에서 아쉬워하였다. 이 연구를 했던 학생들은 2학년 마치고 조기 졸업으로 서울대 수학교육과, 포항공대, 카이스트에 모두 이공계 분야에 진학하였다. 자신들이 농수산분야의 연구를 언제 다시 해볼 수 있겠는가?

창의성 명언 9

상상력의 최고의 활용은 창의력에 사용되는 것이고 상상력의 최악의 활용은 걱정에 사용되는 것이다. _디팩 초프라

전국학생과학발명품경진대회
작품 설명 차트 및 개요

▶대회 심사장 부착용 작품 설명 챠트는 국립중앙과학관에서 제시하는 규격에 맞추어 작성하고 출품자가 직접 제작하여 부착한다.

▶소속 및 출품자 인적사항 등은 심사기간 동안 지역예선 주관기관이 일괄하여 블라인드 처리한다.

▶작품 설명 차챠의 개인 인쇄시 규격(가로 1,200mm×1300mm)은 반드시 준수한다.

▶작품 설명 챠트는 중요한 요점만을 큰 글씨로 기재하고 선명하게 표시되도록 해야 한다.

필자가 지도한 학생의 전국과학전람회 작품 설명 차트

전국과학전람회 대회 개요

▶(목적) 과학기술에 대한 심도 있는 연구 활동을 장려하여 과학 탐구심 함양 및 과학기술 발전에 기여

▶(주최/주관) 과학기술정보통신부/국립중앙과학관

▶(후원) 교육부, 산업통상자원부, 환경부, 해양수산부나 정부 출연(연), 과학 관련 학회 등 37개 기관

▶(출품부문) 물리, 화학, 생물, 지구 및 환경, 산업 및 에너지(SW·IT 융합 분야 포함) 등

　총 5개 부문(「전국과학전람회규칙」제4조), SW 또는 IT 분야가 융합되어 있는 부분

▶(출품자격) 「전국과학전람회규칙」제5조

　○ (학생부) 전국 초·중·고 재학생 (『초·중등교육법』제2조에 의한 학교)

　○ (교원 및 일반부) 유치원·초·중·고등학교 교원 및 일반인

▶(출품형태) 개인(1인) 또는 팀(2인 이상 3인 이내)으로 구성

※ 단, 학생부 참가의 경우에는 교원 1인이 반드시 포함되어야 함

※ 1인 1작품 출품을 원칙으로 하며, 최대 2점까지 출품가능하나 그중 1작품은 반드시 단독 출품해야 함

▶(출품할 수 없는 작품) 「전국과학전람회규칙」제7조

　○ 출품자가 직접 창안하여 연구한 것이 아닌 작품

　○ 입상여부에 관계없이 국내·외 유사대회에서 이미 공개되었거나 발표된 작품

○ 과학적 원리로 설명할 수 없는 작품

○ 작품 전시 시 인체에 해로운 영향을 줄 수 있다고 인정되는 작품

※ 지역대회 원서접수일 기준으로 공개된 작품은 출품 불가함

※ 표절작, 대리작, 타 대회 중복응모 등 기타 이미 발표된 작품을 출품한 자는 3년간 출품 제한 및 입상취소 함

▶대회 진행 절차

○ 지역대회

- 학생부 및 교원부는 각 시·도 교육청이 주최하는 전국과학전람회지역대회를 반드시 거쳐야 하며, 지역대회와 전국대회 출품사항은 동일해야함을 원칙으로 함

(연구 주제, 부문, 팀 구성원, 지도교원 등)

- 일반인 및 해외 한국학교 학생은 지역대회를 거치지 않으나 국립중앙과학관이 주관하는 예선심사를 받아야 함.

- 지역대회는 시·도별 자체일정에 따라 진행되며 자세한 사항은 해당 시·도 지역대회 주관기관에 문의 요망

▷ 전국과학전람회 역대 출품작 검색 방법

(국립중앙과학관 (science.go.kr)) 사이트 ⇨ 특별전 ·˙ 행사 ⇨ 전국과학전람회 행사안내 ⇨ 경진대회 통합검색에 제목, 분야 선택, 수상 선택, 검색어 순으로 검색하게 되어 있다.

현재 2021년 기준으로 18271건의 역대 전국대회 출품작이 게시되어 있다.

제자와 삼성휴먼테크논문대상

1. 삼성휴먼테크논문대상 소개

삼성전자는 미래 과학한국을 이끌어갈 창의적이고 도전적인 젊은이들을 발굴하고 학교 내 연구 분위기 활성화와 기술을 중시하는 사회 분위기 조성을 위해 1994년 삼성휴먼테크논문대상을 제정하였으며 고등학생 수상자에 대한 상금과 특전은 아래와 같다.

[고등학생 분야]

· 수상 : 대상 1편 1000만 원, 금상 4편 편당 700만 원, 은상 10편 편당 500만 원, 동상 ○○편 300만 원, 장려상 ○○ 편당 100만 원

· 특전

· 삼성 3급 신입 채용 특별전형 (全회차 수상자 공통)

· 대상 : 동상 이상 수상자 (공저자 포함) 中 향후 학부 또는 석사 졸업 후 입사 희망자

　지원 분야 : 연구개발, 소프트웨어 관련 직무 限

　우대사항 : 상반기 삼성 3급 신입사원 공채 지원 시 GSAT 면제

2. 제자의 삼성전자 입사

2013년 이 책의 앞에 나온 '배 낙과 방지에 관한 연구'를 지도했던 여학생과 이 책의 집필과 관련하여 안부를 물을 겸 오랜만에 통화하게 되었다. 졸업 후 포항공대를 진학하였기에 지난 연도를 계산해보니 취업하지 않고 학교에서 계속 공부한다면 박사과정을 밟고 있을 것 같았다. "지금 어떻게 지

내니?" 물으니 "선생님! 저 삼성전자 다니고 있어요!" 하는 것이었다. 순간적으로 이 학생이 포함된 연구팀이 삼성휴먼테크논문대상에서 은상을 받은 일이 기억이 났다. "그때 삼성전자 특전 이용했니? 하고 물으니 그렇다는 것이었다. 지금 삼성전자에 얼마 전에 입사했으며 지금은 신입사원 연수 과정에 있다고 하며 반도체 분야에서 일할 것 같다고 하였다. 너무나 반가웠고 기쁜 소식이었다. 많은 사람이 부러워하는 회사가 아닌가. 물론 이 학생은 굉장히 야물고 똑똑한 학생이라 특전을 안 받고도 입사할 수 있는 실력이라 여겨지지만 주어진 특전을 정당하게 이용한 것이었다. 고등학교 때 선생님의 물리 수업과 지도해주셨던 여러 연구 활동이 기억이 남는다며 다음에 만나자고 약속하였다. 그래서 카톡으로 입사 축하 '하트 불꽃놀이 영상'을 보내주었다. 나머지 두 명의 학생 중에서 한 남학생은 서울대 수학교육과 석사 과정을 마치고 유학 준비 중인 학생이라 당장은 삼성전자와 인연은 없어 보이고, 나머지 한 남학생은 연락을 못 해 소식이 궁금하다. 언제 그들도 자신들의 특전을 활용할지 모른다. 교사로서 보람을 느낀다. 옛날에는 내가 그들을 가르쳤지만, 이제는 크게 성장한 제자들을 만날 때는 내가 그들에게 물어 배워야겠다고 생각한다. 인공지능 분야 박사과정에 있는 제자, 삼성전자 반도체 분야에 있는 제자 등에게 살아있는 지식을. 공자도 논어에서 '부취하문'이라 하였다. 자기보다 아랫사람에게 모르는 것 묻는 것을 부끄러워하지 않는다. 지금은 평생 공부의 시대이다. 내가 남에게 나의 정보나 지식을 알려주고 가르침을 줄 때, 진정 자신도 역으로 배울 수도 있어 늙어가면서도 더욱 복잡해진 세상을 이해하고 살아갈 수 있는 것이다. 호학하는 마음이 평생을 젊게 사는 것이다.

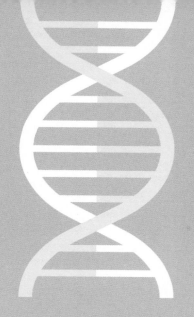

Chapter V

R&E, 졸업논문, 현장연구 등
아이디어 창안 및 문제해결 과정

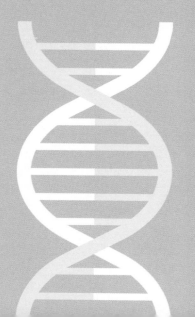

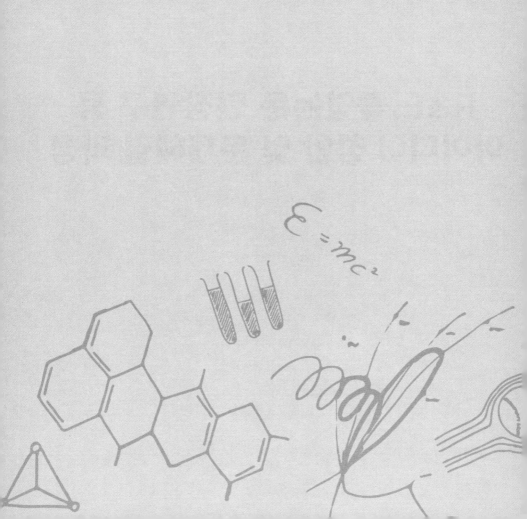

1

빗속에서 뛰는 것이 걷는 것보다 비를 덜 맞을까? 관한 탐구(R&E)

연구자 : 전남○○고 1학년 노○재 외 3명

지도교사 채희진

요약

논문에서는 직육면체 형태의 물체가 주어진 직선 경로를 더 빠른 속도로 운동할 때 비를 더 적게 맞는다는 기존에 알려진 사실을 직접적인 실험과 소프트웨어를 이용한 시뮬레이션을 통해 검증한다. 또한 이를 사람들에게 대중적으로 알리기 위한 실험교구의 prototype을 제작하고, 사람들이 속도를 조절해보며 간접적으로 결과를 확인해 볼 수 있는 physion 파일을 생성, 편집 후 구동해 본다.

Ⅰ. 서론

1. 연구 동기

우리 모두 우산이 없어 빗속을 뛰어가야만 했던 난감한 경험이 있다. 모두가 뛰어가며 비를 조금이라도 덜 맞으려고 할 때 뛰어가나 걸어가나 맞는 비의 양은 똑같다며 천천히 비를 맞으며 낭만을 즐기는 친구도 있다. 뛰어간다면 비를 조금이라도 덜 맞을 것이란 결론을 내리기도 하고 뛰어가면 안 맞을 비도 맞게 될 것이란 생각을 하는 사람들도 있는데 사실 이에 관한 사실은 이미 실험을 통해 증명된 바 있다. 실험결과로 뛰어갈 때가 걸어갈 때보다 약 20% 정도 비를 덜 맞게 된다고 증명된 실험이 있으나 일반인들은 지금도 그 실험에 대해 알지 못해 뛰어갈지 걸어갈지 망설이고 있다. 또 그 실험의 방법 및 결과 해석에 관한 자료를 찾아볼 수 없었다. 이에 우리는 이 사실을 보이기 위해 컴퓨터 물리 시뮬레이션 프로그램인 Physion과 빗물 재현 실험 장치 제작을 통한 탐구 활동을 진행하고자 한다.

II. 이론적 배경

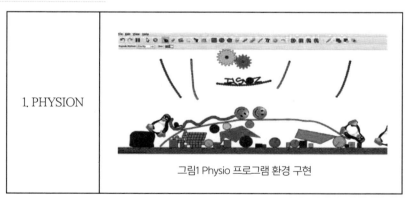

1. PHYSION

그림1 Physio 프로그램 환경 구현

Physion은 2010년에 Dmitris Xanthopoulos가 제작한 비영리 physics

simulation software로, 이 연구에서 비가 내리는 환경을 구현하기 위해 사용되었다. Box2D Physics Engine을 사용하고 있으며, 상황을 재현할 때 매끄럽게 작동되어 채택되었다. 이 프로그램은 GUI 이외에도 JavaScript를 응용한 독자적 CLI를 사용해 특정 조건에서(원하는 시간, 원하는 장소에서) 물체들을 생성하는 기능을 조작하는데 타 Software들 보다 월등하게 편리한 점을 가지고 있다.

2. Datafit 9

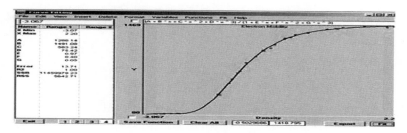

그림2. Datafit 실행 화면

Oakdale Engineering에서 개발한 데이터 처리 소프트웨어로, 이산 데이터를 여러 가지 regression, interpolation 기법들을 이용해 데이터와 가장 잘 들어맞는 함수식과 그래프를 산출하는 소프트웨어이다. 최대 20개의 독립적 변인들에 대해 regression이 가능하며, 그중 시험해보진 않았지만 4개 독립변인까지는 꽤 다양한 함수들을 지원한다. 또한 변인이 1개 존재할 때는 Bezier curve, trilinear 등의 여러 기법으로 interpolation이 가능하며, 그 결과에 대한 상세한 분석까지 제공해준다. 사용자가 자신이 원하는 함수 형태를 만들어 regression 할 수도 있으며, 사용하기 쉬운 GUI를 가지고 있다. 이러한 기능들이 있어도 컴퓨터의 CPU나 메모리를 많이 사용하지 않으며, 이러한 장점들은 우리가 진행하고자 했던 연구와 완벽하게 들어맞는다고 판단해 이 소프트웨어를 데이터 처리용으로 채택하게 되었다.

3. 연구에 대한 이론적 고찰

먼저 맞는 비의 양에 영향을 줄 수 있는 변수와 요인들을 다음의 문자로 표기한다는 것을 밝힌다. 빗물이 공간상에 존재하는 밀도 ρ(빗물이 공간상에서 차지하고 있는 빈도는 어느 방향으로 보나 모두 같다는 통계학적 추론이 이용되었다. 방울 수의 빈도는 변수가 아니므로 서로 달라도 상관없다.)

▶ 우리가 목적지를 향해 달려가는 속도 v_x
▶ 빗물의 종단 속도(빗물이 떨어지는 속도) v_R
▶ 목적지까지의 거리 d
▶ 달려가는 데 걸리는 시간 t (역시 $\frac{d}{v_x}$로 나타낼 수 있다.)
▶ 진행 방향의 면적(몸통 면적) S_x
▶ 진행 방향에 수직인 면적(머리의 면적) S_y
▶ 진행 방향으로 맞는 비의 양(몸통에 맞는 비의 양) R_x
▶ 진행 방향에 수직인 방향으로 맞는 비의 양(머리에 맞는 비의 양) R_y

비가 어떻게 내리고 있던 공간상에 균일하게 분포함은 자명하다. 우리는 비의 역학적 운동을 생각하지 않고, 이동자의 이동에 따른 빗방울 입자와의 충돌만을 고려한다.

바람이 불고 있지 않다고 가정하면 비는 수직 방향으로만 운동하기 때문에 수평 방향으로는 정지해 있다. 따라서 비가 떨어지는 속도나 사람이 뛰어가는 속도 모두 전면부에 맞는 비의 양에는 영향을 주지 않을 것이다. 밀도 ρ가 일정하므로 사람은 자신이 뛰어가는 방향 앞에 놓인 '빗물의 기둥' 전체에 모두 맞게 된다.

따라서 이동 방향으로 맞는 비의 양 $R_x = \int_0^d \rho S_x \, dl$ 이라 할 수 있다.

또한 머리에 맞는 비의 양의 경우는 수평 풍속에는 영향을 받지 않으며, 사람은 자신이 비가 오는 구간을 통과할 때 사람의 머리 위에서 떨어지는 빗물의 기둥 전체를 맞게 된다. 이때, 기둥이 얼마나 기울어져 있든 기둥의 밑넓이와 높이에 따라서만 기둥의 부피가 결정된다. 빗물 기둥의 부피에 빗물의 밀도를 곱한 값이 사람이 머리에 맞게 되는 비의 양이므로, 이동 방향과 수직으로 맞는 비의 양 $R_y = \int_0^t \rho S_y v_R \, dt = \int_0^d \rho S_y \dfrac{v_R}{v_x} \, dx$ 이라 할 수 있다.

따라서 이동하면서 맞게 되는 모든 비의 총량

$$R_x + R_y = \int_0^d \rho (S_x + S_y \dfrac{v_R}{v_x}) dx$$

가 되어, 비가 내릴 때 몸통에 맞는 비의 양은 거의 항상 일정하나 머리에 맞는 양이, 즉, 뛰어가는 속도에 반비례하게 되어 비가 올 때는 바람이 불지 않는다면 빨리 뛰면 뛸수록 더 유리할 것이라고 추론할 수 있다.

III. 탐구 과정

1. 연구 방법

가. Physion 프로그램 이용 실험

1, Physion 활용 가상 시뮬레이션 환경을 조성한다.

2, 시뮬레이션 환경 내에서 이동 개체의 이동 속도를 달리한다.

3. 이동 개체의 이동 속도에 따른 빗물 object와의 접촉 횟수를 측정한다.

4. 이동 개체의 이동 속도와 접촉 횟수와의 상관관계를 파악한다.

나. 빗물 재현 실험 장치 이용 실험

1. 비가 내리는 환경을 재현한 소형 실험 장치를 제작한다.

2. 실험용 수레 위에 비커를 장착하여 장치 밑을 통과시킨다.

3. 각각 다른 속도로 30번 반복하여 속도에 따른 비커 안의 물의 양을 측정한다.

4. 수레의 이동 속도와 물의 양의 상관관계를 파악한다.

2. 1차 가상 빗물 시뮬레이션 이용 실험

가. 빗물 생성 함수 구현

기존의 프로그램에 등록되어있는 object 생성 함수를 이용하여 빗물을 구현한다. 프로그램에 무작위성을 구현할 수 있는 기능이 없어 3개의 함수를 중첩해 빗물의 무작위성을 구현하였다.

```
1차 빗물 생성 함수
if(this.a == null) this.a = 0.0;
this.a += 0.001;
var x = 200 * Math.sin(100000 * this.a);
var y = 80
world.createCircle(x, y, 0.0, 0.2);
```

2차 빗물 생성 함수

```
if(this.a == null) this.a = 0.0;
this.a += 0.001;
var x = 200 * Math.cos(300000 * this.a);
var y = 80
world.createCircle(x, y, 0.0, 0.2);
```

3차 빗물 생성 함수

```
if(this.a == null) this.a = 0.0;
this.a += 0.001;
var x = 200 * Math.sin(500000 * this.a);
var y = 80
world.createCircle(x, y, 0.0, 0.2);
```

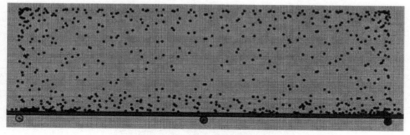

그림3. 3개 sin 함수 중첩 빗물 생성 환경

나. counter 코드 적용

물체에 접촉하는 빗물 object의 개수를 세기 위해 시뮬레이션 내에서 이동하는 개체의 몸체에 counter를 설정하여 실험에 이용한다.

counter 코드

if(this.counter==null) this.counter=0;

this.counter++;

this.Text = this.counter;

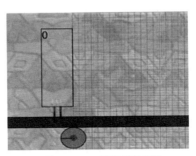

그림4. counter 적용 이동 개체

다. 개체 이동 환경 구현

바퀴처럼 회전하는 구동 object 위로 레일 형태의 구조물이 이동하는 방식의 이동 방식을 이용하였다. 구동 object를 여러 개 설치하여 그 위로 레일이 이동할 수 있도록 하고 구동 object의 회전수를 조절하여 이동 개체의 이동 속도를 달리한다.

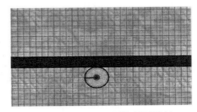

그림5. 구동 object 이용 이동 방식

라. 1차 빗물 구현 시뮬레이션 구동

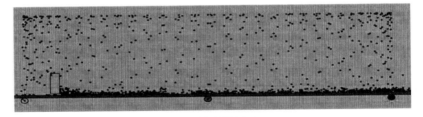

그림6. 1차 환경 실험 모습

[문제점]

1차 시뮬레이션을 제작하여 실험한 결과 이동 개체에 접촉한 빗물 object의 개수는 측정 가능하였으나 지속해서 시뮬레이팅을 하며 문제점이 발견되었다. 이동 개체가 이동 레일에 고정된 구조로 인해 시뮬레이션하며 조작하기에 무척 어려웠고 빗물 object가 이동 레일 위로 쌓이는 현상이 발생하여 프로그램이 지연되는 문제가 발생하였다. 이러한 문제점을 개선하고 부위별로 측정을 하여 더 정확한 실험을 진행할 수 있도록 분할 counter와 새로운 이동 방식을 적용한 2차 빗물 구현 시뮬레이션을 제작하기로 하였다.

3. 2차 가상 빗물 시뮬레이션 환경 이용 실험

가. 빗물 생성 함수 구현

1차 빗물 시뮬레이션에서 사용한 3개의 sin 함수 중첩 빗물 생성 장치가 원활히 구동되지 않아 2개의 sin 함수만을 중첩한 빗물 생성 함수로 시뮬레이션을 수정하였다. 1차 시뮬레이션에서의 빗물 생성 함수와 같이 프로그램에 내장돼 있던 sin 함수 형태의 object 생성 코드를 변조하였다.

```
1차 빗물 생성 코드
if(this.a == null) this.a = 0.0;
this.a += 0.001;
var x = 50 * Math.sin(100000 * this.a) - 125;
var y = 30
world.createCircle(x, y, 0.0, 0.2);
```

```
2차 빗물 생성 코드
if(this.a == null) this.a = 0.0;
this.a += 0.001;
var x = 50 * Math.sin(100000 * this.a) - 125;
var y = 30
world.createCircle(x, y, 0.0, 0.2);
```

나. counter 코드 적용

1차에서 이동 개체의 몸체에만 counter를 적용한 것과는 다르게 개체의 상부 부분과 정면 부분에 counter를 따로 적용하여 부위별 측정이 가능하게 하였다. 정면과 상부에 맞게 되는 비의 양 비교함으로 이론적 배경에서 고려하였던 공간상 빗물의 분포는 일정하다는 사실을 확인하기 위해서이다.

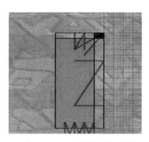

그림7. counter 분할 적용 개체

다. 개체 이동 환경 구현

1차 가상 빗물 시뮬레이션에서 이용한 레일 형태의 구조물을 짧은 구조의 형태로 바꾸어 실험 중 조작이 이 쉽게 하였고, 양 끝 부분에 경사를 주어 빗물 object가 흘러내리게 하여 시뮬레이션이 원활히 작동하도록 하였다.

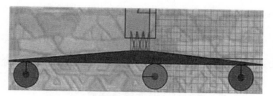
그림8. 레일 구조 이동 방식 개선 형태

라. 2차 빗물 구현 시뮬레이션 구동

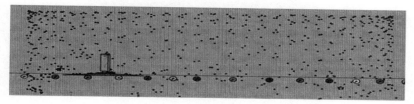
그림9. 2차 빗물 구현 시뮬레이션 이용 실험 모습

1차 시뮬레이션보다 개선된 형태의 가상 빗물 시뮬레이션으로 더 원활한 실험이 가능하였고 시뮬레이션의 구동도 지연 없이 이루어졌다. 또 2개의 counter를 적용하여 부위별로 object에 접촉한 횟수를 측정하여 더 정확한 데이터를 구할 수 있었다.

4. 빗물 재현 실험 장치 이용 실험

가. 빗물 재현 실험 장치 제작

나무틀로 실험 장치의 재현 공간을 만든 후에 드릴을 이용하여 구멍을 뚫어 균일하게 물이 떨어지는 실험 장치를 제작한다.

그림10. 빗물 공급 장치 제작

그림11. 빗물 공급 장치 제작

그림12. 빗물이 공급되는 모습

나. 빗물 실험 장치 이용 실험

제작한 빗물 실험 장치 내부에 비커를 부착한 수레를 이동시킨다. 이 때 다양한 속도로 등속도 운동시킨 후 속도별로 비커 내부의 물의 양을 측정하여 이동 속도와 물의 양의 상관관계를 파악한다.

그림13. 빗물 실험 장치 실험 모습

IV. 탐구 결과 및 해석

가. 1차 가상 빗물 환경 시뮬레이션 실험결과

속도	3.4	4.4	5.4	6.4	7.4	8.4	9.4	10.4	11.4	12.4
1차	312	228	217	187	176	183	154	162	160	172
2차	314	230	209	184	180	181	171	179	173	171
3차	299	240	211	185	184	189	154	164	166	172
4차	317	226	206	176	183	184	159	172	162	177
5차	311	239	202	177	182	180	155	173	158	165
평균	310.6	232.6	209	181.8	181	183.4	158.6	170	163.8	171.4

표1. 1차 가상 빗물 환경 시뮬레이션 실험결과

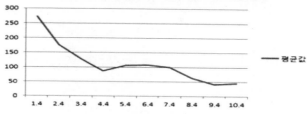

그림16. 2차 가상 시뮬레이션 결과 (상부 counter)

나. 2차 가상 빗물 환경 시뮬레이션 실험결과

속도	1.4	2.4	3.4	4.4	5.4	6.4	7.4	8.4	9.4	10.4
1차	272	143	126	74	167	140	153	65	34	35
2차	288	169	191	78	81	115	63	68	52	44
3차	292	228	105	130	117	151	146	60	47	39
4차	250	176	113	69	80	69	81	64	31	62
5차	256	166	102	81	118	62	56	59	43	43
평균	271.6	176.4	127.4	86.4	106.6	107.4	99.8	63.2	41.4	44.6

표2. 2차 가상 빗물 환경 시뮬레이션 이동 개체의 상부 counter 실험결과

2차 가상 빗물 시뮬레이션을 이용하여 실험한 상부 counter의 결과는 위의 <표 2>와 같다. 이를 그래프로 나타내었을 때 가 6.4인 부분에서 peak가 생기는데, 2차 시뮬레이션에서 우리가 설정한 빗물 생성 함수를 보면

if(this.a == null) this.a = 0.0;

this.a += 0.001;

var x = 50 * Math.sin(100000 * this.a) – 125;

var y = 30

world.createCircle(x, y, 0.0, 0.2);

다음과 같다. 생성함수의 특성을 보면 알 수 있듯이, 일종의 주기성을 가지고 빗물 object가 떨어지기 때문에 특정한 속도에서 기댓값에서 어느 정도 벗어나 있음을 알 수 있다.

그러나 2차 시뮬레이션 결과 역시 전체적으로 속도가 증가할수록 맞는 빗물 object의 양이 줄어드는 경향성을 보여주고 있다.

<참고> (이론적 배경에서 이동 방향과 수직인 방향으로 맞는 비의 양)

이동 방향과 수직으로 맞는 비의 양

$$R_y = \int_o^t \rho S_y\, v_R\, dt = \int_o^d \rho S_y\, \frac{v_R}{v_x}\, dx$$

속도	1.4	2.4	3.4	4.4	5.4	6.4	7.4	8.4	9.4	10.4
1차	350	374	329	307	305	364	324	328	313	348
2차	324	360	352	379	289	358	347	299	309	296
3차	375	329	293	322	299	325	362	344	300	325
4차	327	335	314	328	344	295	324	292	312	311
5차	373	308	296	294	334	315	292	317	321	296
평균	359.8	341.2	316.8	326	314.2	331.4	329.8	316	311	315.2

표3. 2차 가상 빗물 환경 시뮬레이션 이동 개체의 전면부 counter 실험결과

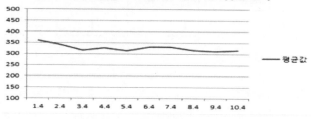

그림17. 2차 가상 시뮬레이션 결과 (전면부 counter)

2차 가상 빗물 시뮬레이션의 전면부 counter의 결과는 <표3>와 같았는데, 이동 개체의 속도가 달라져도 전면에 맞는 빗물 object의 평균값이 거의 일정함을 확인할 수 있다. 그래프로 그려보았을 때 더 확실히 드러나는데, 상부 counter의 값을 해석하면 의 값이 증가할수록 맞는 빗물 object의 양이 감소하는 경향성을 보이는 한편, 전면부 counter의 값을 해석하면 의 값이 증가해도 맞는 비의 양이 거의 변하지 않는 경향성을 보인다는 사실을 쉽게 알 수 있다.

<참고> (이론적 배경에서 이동 방향으로 맞는 비의 양, 맞게 되는 모든 비의 총량)

이동 방향으로 맞는 비의 양 $R_x = \int_0^d \rho S_x \, dl$

맞게 되는 모든 비의 총량 $R_x + R_y = \int_0^d \rho (S_x + S_y \frac{v_R}{v_x}) dx$

다. 빗물 재현 장치 실험결과

속도(m/s)	0.2	0.3	0.4	0.5	0.7	0.8	1	1.3	1.4	1.5
물의 양	37	24	18	16	15	12	9	8.5	8.2	7.7

속도(m/s)	1.6	1.7	1.8	1.9	2.0	2.1	2.2	2.3	2.4
물의 양	7.7	7.6	7.3	7.1	6.9	6.7	6.7	6.5	6.4

표4. 빗물 재현 실험 장치 실험결과

현실의 공간을 1m 길이의 실험 장치로 줄여 제작한 빗물 재현 장치를
이용하여 실험결과 표와 같이 이동 속도가 증가할수록 비커에 담기게
되는 물의 양이 줄어드는 것을 확인할 수 있었다. 속도의 측정은 이동
하는 비커를 동영상으로 촬영한 뒤 동영상 재생 시간을 이용하여 측정
하였다.

V. 결론 및 제언

1. 먼저 Physion으로 제작한 두 개의 시뮬레이션의 경우, 1차와 2차 시
뮬레이션 모두 예측된 대로 맞는 빗물의 양이 수레 속도 에 반비례하는
경향성을 보였다. 두 경우 모두 속도가 10.4m/s에 가까울수록 맞는 비의
양이 감소하였으며, 특히 Datafit 9를 이용해 각 데이터를 분석해 본 결
과, 1차 시뮬레이션 결과와 2차 시뮬레이션의 상부 counter 결과를 입력
한 경우, 10~20 부근에서 최솟값을 가지는 고차 다항함수, n차 inverse
log polynomial, n차 inverse polynomial 등을 제안했다.

이들은 모두 우리가 실험했던 속도 범위 내에서는 반비례 그래프
와 유사한 개형을 띠는 함수들이며, 실제로 inverse polynomial들이나
logarithm, inverse logarithm 꼴의 함수들이 전체 28개 함수 중에서 10위
권부터 30위권 안에 분포하고 있다는 점이 예상 결과를 뒷받침해 주었
다.

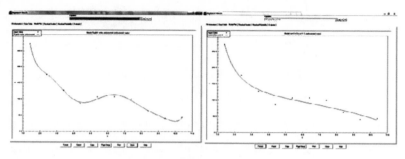

그림18. Datafit 이용한 자료 해석 결과

2. Data fit 9를 이용해 2차 시뮬레이션의 상부 counter 수치를 regression 한 결과. 그래프에서 알 수 있듯이 주로 10~20에서 최솟값을 가지는 다항함수나 inverse polynomial, logarithm 함수 등이 실제 수치와 일치하는 경향을 보인다. 모두 실험범위 내에선 반비례 그래프와 비슷한 개형을 가진다. 또한 2차 시뮬레이션의 경우 전면부의 비에 맞은 양은 속도가 빨라질수록 감소하는 경향성을 보이긴 하였으나 그 변화폭이 앞에 언급했던 1차 counter와 2차 상부 counter보다 현저하게 적어 대체로 균일할 것이라는 우리의 예상과 유사한 결과를 확인할 수 있었다.

3. 왜 비를 맞는 양이 약간 감소하는지는 많은 논의가 있었으며 머리에서 맞은 빗물이 다시 튕겨 나와 몸에도 맞는 것으로 측정된 경우가 있었기 때문으로 보인다. 이러면, 머리에 맞는 비의 양에 따라 튕겨 나와 다시 몸에 맞는 빗물의 양도 결정되므로 이러한 추측은 타당한 것으로 보인다. 다만한 가지 특기할 점은 2차 시뮬레이션 상부 counter의 경우 4.4m/s와 8~9m/s 부근에서 맞는 비의 양이 눈에 띄게 줄어들었다가 다시 상승했다는 점인데, 이는 RANDOM 함수를 제대로 구현하지 못하여 sine 함수를 중첩해 만든 빗물 생성 코드의 주기와 이동 물체의 설정된 속도가 우연의 일치로 특별한 관계를 만족하게 되어 이러한 현상이 일어나게 된 것으로 보인다.

제언

시뮬레이션 중인 instance를 background에서 실행되게 한 경우, 스크린에 메인 화면으로 표시되게 했을 때의 결과와 비교했을 때 느린 속도의 경우 이동 물체가 맞게 되는 빗방울의 양이 100개에서 200개까지 차이가 발생하기도 하였다. 컴퓨터가 작업량을 감당해 내지 못해 발생한 단순한 오류인지 아니면 실제 상황에서도 이처럼 큰 편차가 발생하는지 또한 검증되어야 할 것이다.

VI. 느낀 점

노○재

임의로 빗물 생성 함수를 조정할 때 실제 비 내리는 환경을 잘 반영할 수 있을까 하는 고민을 많이 했고, 시뮬레이션 프로그램을 정하는 과정에서 구동 느려짐 현상이나 쌓이는 빗물 등 예상치 못한 난관들이 많았다. 그러나 친구들과 일상적인 문제에 대해 직관적으로 변수를 이용해 식을 만들고, 실험을 통해 그 식이 자연 세계와 부합됨을 확인할 때, 아주 큰 기쁨을 느꼈던 것은 나에게 엄청난 보람이었다. 이 연구를 진행하면서 우리의 가설을 검증할 때 시뮬레이션과 실제 실험이 모두 결합하여 조화를 이뤄 연구할 때 힘든 점이나 어려웠던 그것보다는 원하는 대로 결과가 나와서 연구를 즐겁게 진행할 수 있었다.

최○진

처음에 주제를 정할 때 어떤 주제로 탐구할 것인지 정하지 못하여 많은 어려움을 겪었다. 처음으로 사용해보는 시뮬레이션 프로그램이어서 실험을 할 수 있는 환경을 만드는 데 무척 애를 먹었다. 그래도 하나하나 방법을 찾아가며 점차 프로그램에 익숙해지니 더 수월하게 탐구 활동을 진행할 수 있었다. 또 현실의 환경을 소형화하여 실험기구를 직접 제작하여 실험하는 경험도 새로웠다.

Ⅶ. 참고문헌

1. 웹 문서 Should you run unter the rain?
   (http://physics.stackexchange.com/questions/19499/should-you-run-when-under-rain)

2. physion 매뉴얼 (http://physion.net/)

3. 걸을 때와 뛸 때의 비 맞는 양 -지식인펌 (http://blog.naver.com/newpie/60001530849)

[R&E 학생 지도 후기]

우산이 없을 때 갑자기 비가 오면 사람들은 본능적으로 뛰어간다. 성격이 느긋하거나 비 피하기를 포기한 사람은 그냥 걸어가기도 한다. 비를 덜 맞으려면 본능처럼 뛰어가는 것이 맞을까?

걸어가는 것이 차라리 비를 덜 맞는다고 주장하는 사람도 있고, 뛰어가야 덜 맞는다고 주장하는 사람도 있다. 전자는 걸어가면 머리 위로 떨어지는 빗방울만 맞으면 되지만, 뛰어가면 머리 위로 떨어지는 빗방울과 달리는 방향 앞에 떨어지는 빗방울을 몸의 전면으로 맞아야 하기 때문이라고 주장한다.

이 연구는 오래전에 외국에서 실험해서 그 결과를 언론에 발표한 것을 본 적이 있는데 우리나라에서는 이 연구를 했다는 것을 본 적이 없었다. 설사 있다 할지라도 누구나 연구 방법은 다르게 할 수 있으므로

함께 연구해보자고 제안하여 의견 일치를 보았다. 비가 오는 날 실제 사람이 주어진 거리를 걷게 하고 한번은 뛰게 하여 몸에 부착한 센서로 옷이나 몸에 묻은 빗물의 양을 측정해야 하는 것이 얼핏 떠오르는 방법이다. 그러나 비가 오는 날을 기다려 정하기도 어렵고 두 가지 상황의 측정에서 비가 일정하게 내리게 하는 조건 통제가 어렵다고 보아, 결국 두 가지 아이디어를 통한 모형을 통한 실험으로 대신 하기로 하였다.

한 가지는 가상 시뮬레이션 환경을 조성하고 이 환경 내에서 이동 개체의 이동 속도를 달리하고 속도에 따른 이동 개체와의 빗물 접촉 횟수를 측정하여 상관관계를 밝혀서 위에서 말한 궁금증이 밝히는 것이었다.

두 번째는 실제 비가 내리는 환경 재현 실험 장치 상자를 제작하고 상자 위쪽에서 바닥으로 빗방울이 실제 비처럼 일정하게 내리는 환경을 만든다. 움직이는 사람을 대신하여 수레 위에 비커를 장착하여 비커 안에 떨어지는 빗물의 양을 측정한다. 역시 수레의 각각 다른 속도와 비커 안의 물의 양을 측정하여 상관관계를 파악하여 역시 궁금증을 밝히는 것이다. 이 연구에서 교사는 빗물 재현 실험 장치를 제작하는 데 도움을 주었고, Physion 프로그램과 같은 것을 찾아 프로그램을 가동하는 것과 모든 실험계획, 과정, 분석은 학생들이 모두 하였다. 그동안 이 주제에 대해서 학생들과 이 연구를 통해 밝혔다는 것에 오래된 많은 사

람의 궁금증을 풀어주어 기쁘게 생각하고 연구한 학생들을 크게 칭찬
하였다.

2

오픈 소스를 이용한 원격 통신제어 드론 연구(R&E)

문○고 1학년 박○현, 김○일, 고○현, 소○민

과제 자문 : 드론문화콘텐츠 연구소장 서○석

지도교사 채희진

I. 서론

1. 연구 배경 및 필요성

2018년 강원도 평창에서 개최되는 동계올림픽 개막식에서 밤하늘에 수백 개의 드론이 서로 충돌 없이 일사불란하게 오륜기를 만들며 새처럼 나는 모습은 황홀한 영화 속의 장면과 같았다. 어떻게 저렇게 많은 드론이 원격으로 조종할 수 있는지 궁금하였다. 그때의 드론에 대한 강렬한 인상과 4차 산업혁명 시대에서 드론의 중요성을 인지하고 있기에 드론 탐구에 공감은 우리 4명 마음속에 이미 자리를 잡고 있었다.

평창올림픽 개막식 드론

드론 원격 조종 과정을 탐구한다면 현재 드론 운영의 크나큰 단점인 사용할 위치까지는 조종자가 직접 이동해야 한다는 단점을 해결하는 데 있어 큰 맥락을 이해할 수 있다. 그렇게 된다면 신속한 사용으로 실종자 수색, 화재 진압, 정밀 특정 등 다양한 분야에서 신속하게 임무에 투입돼 문제를 더 빠르게 해결할 수 있고 기존에 사용됐던 비용을 획기적으로 줄일 수 있게 되며 연구 과정을 통해 앞으로 팀원 모두가 드론 원격 조종과정을 사용하여 미래에 큰 역할을 수행할 수 있을 것이다.

2. 연구 목적 및 범위

본 연구는 드론 원격 조종 과정을 탐구하여 재난 현장에서 실종자 수색, 사람이 접근하기 힘든 지역의 생필품 및 의약품 배달 등 사람이 할 수는 있지만, 시간이 오래 걸리는 일들을 더 신속하게 처리하여 결과적으로 사람들에게 다방면으로 도움을 주는 것이 목적이다. 이 과정을 실현해 보기 위하여 다음과 같은 내용을 탐구하였다.

가. 드론의 전체적인 구성 요소 배우기

나. 드론 각 구성 요소의 역할 배우기

다. 드론 각 구성 요소 예 관계된 기계·역학적 원리 배우기

라. 드론 각 구성 요소의 전기 공학 원리 배우기

마. 드론의 작동원리 및 방법 배우기

바. 인터넷 통신을 통한 드론 원격 조종 배우기

Ⅱ. 이론적 배경

1. 드론(Drone)

사람이 타지 않고 하늘, 지상, 해상, 수중에서 목적 수행을 위해 원격 조종으로 움직이는 모든 이동장치를 말한다. 보통은 드론이라 하면 프로펠러가 여러 개 달린 비행체 정도로 생각하지만, 드론은 고정익, 회전익, VTOL 등 종류는 다양하다.

드론

2. 회전익 항공기

회전익 항공기란 회전 방향이 다른 여러 개의 모터를 장착하고 모터 회전수를 조정하여 프로펠러의 추력, 회전 토크를 변화시켜 방향 전환 및 속도를 조정하여 비행한다. 협소한 공간에서도 착륙할 수 있다는 장점이 있지만 고정익 항공기처럼 고속 비행을 하진 못한다는 단점이 있다.

회전익 항공기

3. 원격 조종

원격 조종이란 멀리 떨어진 곳에서 수동 또는 자동으로 신호를 보내어 조작부를 동작하는 일을 말한다.	 회전익 항공기

4. 라즈베리파이

라즈베리파이는 키보드, 모니터 등을 뺀 단일 보드만으로 구성되며 사용자가 원하는 대로 기능을 확장하거나 용도를 변경할 수 있다. 카메라 모듈을 연결하면 디지털카메라가 된다. 각종 센서 모듈을 연결하면 사물인터넷 제품을 만들 수 있으며 게임기 버튼과 디스플레이를 결합하면 휴대용 게임기도 만들 수 있다.	 라즈베리파이

Ⅲ. 연구 과정

1. 드론 연구

먼저 드론의 구성과 각 부품의 작동 방법, 전체적인 드론의 작동 과정에 대해 알아보았고, 인터넷 통신과 원격 조종의 연계 과정에 대해 알아보았다. 그리고 드론을 직접 제작해보면서 드론의 구조에 대해 자세히 배웠다. 추가로 우리는 매 수업 가장 궁금했던 내용, 가장 기억에 남는 내용을 종이에 적고 공유하며 복습하였고, 그날 배운 내용을 일상생활에 적용되고 있는 물건들을 보며 드론 각 부품의 작동 원리를 잊어버리지 않게 복습하였다.

드론은 모터가 가장 중요하여 여러 모터의 정·역회전에 관한 전기 작동원리를 소개함.

픽스호크(드론 메인 컨트롤러) 내부구조 및 기능 센서와 스펀지의 기능에 대한 설명함.

드론 카메라를 장착할 서보모터 및 관련 전자부품 모듈들을 드론에 장착하는 과정임.

무선 충전기기 충전장치 활용한 인터넷 원격제어 무인 시스템에 관한 기본 개념.

드론의 모든 부품이 평면적으로 연결되어 작동되는 교육 교구재로 수업을 받았다.

2. 드론의 구성

드론은 용도에 따라 구성이 조금씩 달라지지만 공통으로 FC(Flight Controller, 각 부품에 명령을 내림), ESC(Electric Speed Controller, 모터에 가는 전기량을 조절하여 드론의 방향과 속도를 조절), 수신기, 짐벌(카메라가 흔들리지 않게 진동을 상쇄시켜주는 장치), 카메라, 모터, 프레임, 프로펠러, GPS 모듈이 포함되어있다. FC는 속에 기압, 속도 등 여러 값을 측정할 수 있는 센서들로 구성되어 있어 각 부품에 상황에 맞는 명령을 내린다.

쿼드로터 드론 구조

ESC는 PWM(Pulse Width Modulation)방식으로 모터로 가는 전기의 양을 조절한다. GPS 모듈은 인공위성으로부터 위도와 경도의 데이터를 받아 기체가 위치에 바르게 있을 수 있도록 해준다. 드론의 각 부품의 작동 과정은 아래와 같다.

전체적인 작동 순서는 조종기 신호-드론 수신기-fc-각 부품 ESC-모터로 말할 수 있다. 조종기 신호가 드론 수신기로, 수신기에서 FC로, FC에서 각 부품으로 전해진다. 여기서 가장 중요한 부분은 바로 배터리, 즉 전기이다. 전기라는 것이 물질적으로 눈에 보이진 않지만 모든 부품 및 모듈들 작동의 에너지이고 조그만 충격에도 폭발성이 강하기 때문에 항상 상온에서 안전하게 보관해야 한다.

3. 드론의 구성과 특징
가. 픽스호크(Pixhawk)

픽스호크란 드론을 제어하는 모듈이다. 기압 센서로 기압을 측정해 기체의 고도를 유지하게 해주고 지자계 센서로 기체의 방향을 잡아주며, 가속도 센서로 기체의 기울임을 감지하여 기체가 수평을 잡게 도와준다. 기압 센서 부분에 작은 솜이 있는데 기압 센서에 바람이 직접적으로 들어가 기압 측정의 오류를 방지하기 위해 들어가 있다.

픽스호크

나. BLDC 모터

BLDC모터는 기존 DC모터 내부에 있는 탄소브러쉬를 제거하고 ESC모듈을 이용하여 회전속도가 제어되는 모터이다. DC 모터에 비해 마모성이 작아 반영구적으로 사용할 수 있고, 미세한 속도 조절이 가능하고 고속회전 시 즉시 모터 회전을 정지 시킬 수 있는 장점이 있지만, 가격이 비싸다는 단점이 있다.

BLDC

다. ESC

ESC(electronic speed control)는 BLDC
모터에는 없는 브러쉬 역할을 대신하여
BLDC 모터에 들어가는 전기적 흐름의
역.정방향으로 제어되어 모터의 회전속
도를 제어된다. 드론이 정밀한 비행을
할 수 있도록 도와주는 모듈이다.

ESC

3. 통신, 인터넷 연구 과정

우리는 먼저 통신의 기본 구조에 대해 알아보았으며, 원격조종 과정
에서는 어떻게 자료가 전송되는지 알아보았다.

가. 서버와 클라이언트

서버는 데이터를 가지고 있는 자, 클라이언트는 데이터를 요청하는
자로 정리할 수 있다. 간단한 예를 들어보자면 내가 학교 홈피에 오늘의
식단을 확인한다면 나는 자료를 요청한 클라이언트, 학교는 자료를 가
지고 있는 서버가 되는 것이다.

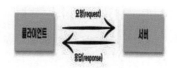

나. 드론 원격 조종에서의 서버와 클라이언트

드론 원격조종에서의 서버와 클라이언트의 개념을 적용시켜 본다면, 드론에 장착된 라즈베리파이 카메라가 영상 촬영을 한 후 촬영 영상 자료를 우분투 서버에 전송하여 보관한다.

이는 위에서 언급한 학교 홈페이지 식단표를 매일매일 관리해서 홈페이지에 게시해주는 서버 관리자 입장이다.

그렇다면 드론 조종자 입장은 우분투 서버 웹페이지에 윈도우 컴퓨터로 접속한 후 현재 드론 비행 중인 영상을 실시간 스트리밍으로 모니터링하면서 드론 비행을 한다. 이는 위 사항과 비교한다면 문향고 홈페이지에 접속하여 오늘 식단표를 확인하려는 클라이언트 입장이다.

다. 드론 원격 조종 과정

원격 조종에 사용되는 통신망은 이동통신 기지국의 통신망이 이용된다. 그 이유로는 이미 우리나라 전역에 촘촘하게 이동통신망이 구축되어서 어디서든지 스마트폰 통신이 가능하기 때문이다. 특정 기지국의 통신망을 사용하기 위해서는 드론에 그 기지국의 LTE 라우터를 사용해야 한다. 우리는 LG사의 고정IP 라우터와 SK사의 포켓와이파이 라우터를 사용하였으며 우리가 연구한 드론 원격 조종과정은 아래와 같다.

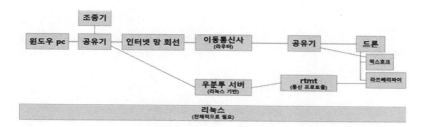

드론 원격 조정 과정

조금씩 조립해서 완성 중인 네트워크 드론. (픽스호크와 라즈베리파이 탑재 완료)

제작 중인 농업용 대형 드론. (12Kg급) (가운데 초록색 부품이 라즈베리파이다.)

라즈베리파이 연결과 기능 설명, 사진에서 초록색 부품이 라즈베리파이임.

4   및 차이점

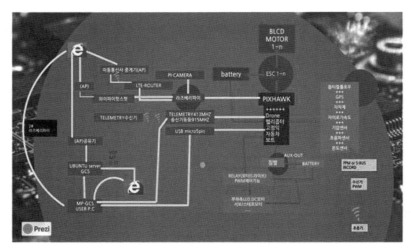

인터넷 드론 원격제어 컨트롤 흐름도(출처: 드론문화콘텐츠 연구소)

가. 일반적인 드론

드론에 비행 컨트롤러(픽스호크)와 각종 센서 모듈, 수신기 및 영상 모듈 등을 탑재하여 비행한다. 지상에서 조종자는 조종기의 무선 주파수로 다이렉트로 제어하고 드론의 카메라 영상은 무선 주파수를 직접 받은 후 그에 연결된 모니터로 시청한다.

나. 인터넷 네트워크

일반적인 드론 조종자의 위치에서 무선 주파수가 도달할 수 있는 거리에서 비행해야 하는 기존방식에서 무선 주파수 대신, 이동통신 및 중장거리 와이파이 주파수를 이용하는 부분을 추가한다. 인터넷망을 이용하는 제어 방식이다 보니 지구 반대편에서도 제어할 수 있다. 얼마 전 한국 기업이 한국에서 두바이에 있는 논에 쌀농사를 원격으로 재배해주는 과정 및 내용이 뉴스에 나왔다. 사물인터넷의 극대화다.

다. 원격제어 드론

1) 기존 드론에 메인 컨트롤러를 공개 소스 FC(픽스호크)로 교체한다.

2) 드론 내부에 픽스호크 모듈의 비행 정보 데이터와 카메라 영상정보 실시간 스트리밍 데이터를 받아서 다시 지상으로 보내줄 컴퓨터가 필요하다. 정확히 말하자면 인터넷 통신 모듈이 탑재된 초소형 컴퓨터가 필요하다. 이 두 가지 데이터를 한곳에서 처리할 수 있는 최적의 모듈이 '라즈베리파이'이다.

3) 라즈베리파이가 인터넷과 통신하는 방법과 제어 순서

첫 번째는 인터넷 공유기의 와이파이 주파수를 이용하는 방법으로 와이파이 주파수의 거리에 한계가 있으므로 드론도 비행거리에 한계가 같이 수반된다.

두 번째는 이동통신사에서 판매하고 있는 포켓 와이파이. 와이파이 동글 등에 라즈베리파이 와이파이가 접속되어 지상 GCS 시스템에 인터넷으로 전송시켜 제어한다.(장점:여러 군데서 접속하여 제어 및 영상 출력을 할 수 있다.

단점:서버구축 및 제어 관련 다양한 선행 학습과 다양한 프로그래밍이 지식이 필요하다.

세 번째는 드론에 공인 IP가 할당된 라우터(현재는 LG_U+ 라우터만 있음)를 장착하여 라즈베리파에서 두 가지 비행 데이터를 GCS에서 읽어 들인다.

(장점:인터넷 통신 기본기만 습득하면 쉽게 적용할 수 있다. 서버구축도 하지 않아도 된다.

단점: 비싼 통신 요금을 내야 한다. 1:1 방식으로만 제어할 수 있다. 이동통신 불가 지역에서의 네 번째 방식으로의 전환 제어 비행이 어렵

다.)

네 번째는 위 1. 2. 3번 제어 방식을 활용한다면 이동통신사나 공유기/라우터 제조사에서 제공해주는 와이파이 주파수와 LTE 주파수를 활용하는 제어 시스템이다. 그런데 이 방법에는 대단히 중요한 문제점이 있다. 비행 고도가 많이 높아진다면 통신이 끊어질 것이다. 그렇다면 두 가지로 해결점을 압축할 수 있다.

가) 기존 드론제어방식의 직접 주파수 방식을 찾아야 할 것이다.

나) 대한항공 비행기같이 관제탑과 직접 교신할 수 있는 무선 모듈을 장착해야 한다.

이 부분을 해결하는 방법으로 1번의 기존 드론 제어 방식과 같이 텔레메트리라는 무선 주파수 모듈을 라즈베리파이 세컨드 서버에 장착하여 인터넷 네트워크를 이용하여 다시 GCS 메인 서버로 드론 데이터를 보낸 후 드론을 제어할 수 있는 기술적 프로그래밍도 가능하다.

다섯 번째는 드론에 장착된 라즈베리파이에 관련 프로그램 업로드 후 픽스호크 제어 비행 데이터 관련은 마브프록시라는 프로그램을 다운로드 후 인터넷 환경에 맞게끔 코딩해준다. www.ardupilot.org 영상 전송은 다양하게 있다. 그중 두 가지로 압축해서 각각 프로그래밍해 주었다.

1) NGINX 서버 프로그램에 부합되도록 rtmp 통신 프로토콜을 이용한다.

2) 보안이 요구되는 상황의 비행 드론일 경우의 프로그램-gstreamer 프로그램으로 UDP 통신방식으로 원하는 공인 IP 주소로 직접 전송한다.

여섯 번째는 지상관제 서버구축 내용, -리눅스 계열 서버구축. 가장 대중화된 우분투 서버로 구축. 필요하면 휴대가 편리하네 끔 라즈베리 파이 서버구축도 진행할 수 있다.

- 관련 프로그램으로 서버구축을 할 수 있다. NGINX, MAVLInk-Router 드론제어 및 영상뿐만 아니라 다양한 영상을 RTMP 방식으로 서버에 저장 및 활용할 수도 있다.

일곱 번째는 미션플래너(윈도우10 기준) 앱 활용이다.

미션플래너 앱의 명령 버튼 및 GPS 좌표로 드론을 제어할 수도 있지만, 실시간 스트리밍 영상을 보면서(직접 드론을 눈앞에서 보는 것 같이) 조종기를 미션플래너에서 활성화한 후 제어할 수 있다. 그러기 위해서는 조종기에서 나오는 PWM 펄스 값과 수신기에서 나오는 PWM 값의 기준점과 픽스호크에 저장된 PWM 최종값을 가지고 미션플래너에서 활성화된 조종기의 PWM 값과의 비교치가 제일 중요하다.

여덟 번째는 기존 드론의 펄스 신호에 따른 모터 드라이브의 제어 방식과 모터에 인가된 전류방식의 기초적인 지식이 꼭 필요한 상황이다. 그리고 인터넷 공유기 사용법 중 포트포워딩 설정 내용의 개념은 꼭 숙지하여야 한다. 공유기 사용법을 익혀둔다면 실생활에 응용할 수 있는 부분이 많다.

마지막으로 드론 시장은 중국 DJI 회사가 앞서간다. 전 세계적으로 그 회사의 드론 제품에 의존도가 높다. 그만큼 경쟁업체가 없다는 얘기이다. 우리나라도 빨리 중국 기업의 제품에 견줄 제품이 나오길 기대해 본다.

5. 연구 활동 사진(일부)

DJI 전문 강사님 특강.

드론에 전체 전원이 인가되게 해주는 PCB.

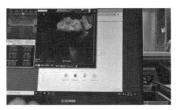

미션플래너라는 앱을 활용한 드론 제어 방식.

IV. 연구 결론 및 제안

1. 결론

우리는 드론의 구성, 각 부품의 작동 방법, 드론을 원격 조종하는 과정, 이에 따른 필요한 추가 부품 및 전자모듈과 시스템 등에 대해 알게 되었다. 이제는 다양한 기술이 접목된 드론 및 전자 장비를 본다면 이전에는 "와 ~ 신기하다."라고 지금껏 감탄사만 남발했는데 이 프로젝트를 마무리한 지금 우리는 다르게 말할 수 있다. "와~ 다양한 알고리즘으로 다양한 기술을 접목하게 시켰네."라고 자신있게 할 수 있을 것 같다. 우리가 배우고 알게 된 내용을 정리하면 다음과 같다.

첫째, 드론을 구성하는 각 부품과 그 부품들이 작동하는 방법이다.

드론 부품은 크게 픽스호크(오픈 FC 비행 제어 모듈), BLDC 모터,

ESC, GPS 모듈, 프로펠러 등 다양한 부품들이 있었고 그다음으로 각 부품의 구조, 작동 방법에 대해 강의를 듣고 인터넷 매체를 통해 우리가 배우고 싶어 하는 자료를 찾아보았다. 대부분 부품의 작동 과정은 전기를 보내주어야 전기·전자부품들이 작동한다는 것이었다. 어떻게 들으면 당연한 내용이지만 우리는 이로 인해 항상 사용하지만, 눈에는 보이지 않아 간과하고 있던 전기에 대해 다시 한번 생각해보고 전기의 중요성에 대해 깨달았다.

둘째, 그다음으로는 드론의 전체적인 구조와 작동 및 제어과정에 대해 배웠다. 간단하게 정리하자면 조종기에서 신호를 보내면 드론의 수신기가 신호를 수신하고 그 신호를 메인 컨트롤러(픽스호크)에 보내지면 픽스호크는 각 부품에 신호를 보내고 각 부품은 신호에 따라 전기적인 작동을 한다는 내용이었다.

셋째, 실제로 사용되고 있는 드론 인터넷 원격 조종 과정을 자세하게 배웠다. 먼저 원격 조종에 사용되는 드론 부품은 라즈베리파이라는 초소형 컴퓨터가 추가로 들어가고 우분투 서버, 그리고 리눅스라는 소프트웨어가 사용되었다. 여기서 라즈베리파이는 카메라 영상이나 드론을 제어하는 Ma proxy 데이터를 처리하는 기능으로 사용된다. 이를 알아가면서 원격 조종 과정에 대해 자세히 알아보았다. 과정은 복잡하였지만, 핵심은 드론 조종기의 신호는 통신사 인터넷망을 통해 드론에 전달되고 드론에서 촬영한 사진이나 영상은 우분투 서버로 전송되며 우리는 PC를 통해 서버에 들어가 서버에 있는 사진이나 영상을 확인하는 체계였다. 집이나 버스 및 공공장소에서도 사용하고 있는 와이파이 인터넷 공유기 및 방송용 카메라들의 영상전송 시스템도 또한 사물인터넷도 거의 리눅스 기반에서 작동된다는 것도 알게 되어 이 과정에서 통신사의 중요성을 알게 되었다.

넷째, 다음으로 원격 조종에 사용할 드론을 제작하였다. 먼저 각 부품이 정상적으로 작동하는지 확인하였다. 그중에서 모터가 가장 기억에 남았는데 일반적인 모터에 +, - 선을 반대로 꽂아서 회전 방향이 반대되기 때문이었다. 단순히 회전 방향이 반대되어서 놀랐던 것이 아니라 실제로 드론에 장착된 BLDC 모터의 중요성과 비행했을 때 토크, 반 토크 현상 및 모터에 인가되는 전력 문제가 생겨 추락했을 경우를 생각하니까 식겁했기 때문이다. 이 과정에서 조금만 방심해도 큰 문제를 일으킬 수 있다는 것을 깨달았고 드론을 조작할 때는 정신을 팔지 않고 집중해야겠다고 다짐했었다.

다섯째, 영어 공부에 대한 필요성이다.

드론을 깊이 탐구하다 보니 드론 발전 동향 및 논문 탐색 및 드론 부품 구매 등을 하기 위해 외국 사이트에 의존할 경우가 많았다. 그것은 공과 계열뿐만이 아니다. 최근 번역기로 돌려서 외국 사이트 및 유튜브에 많은 자료를 공부한다. 필요한 자료라고 생각되는 사이트는 이미 전문적인 지식의 집합체이다. 통상적인 번역기로는 공학의 정확한 문맥의 의미를 해결해주지 않으며 에러가 많다. 그리기엔 영어학습의 중요성도 느껴졌다.

이번 노벨 프로젝트 연구과정 중에 접했던 오픈 소스 프로그램인 리눅스 및 파이선. 그리고 라즈베리파이 활용 프로그램과 미션플래너 앱의 국내 자료에서는 우리에 맞는 자료를 찾기는 쉽지 않았다. 그래서 외국 사이트를 구글링하여 내가 필요로 하는 자료를 찾아야 했다.

2. 연구의 한계성 및 차후 연구

드론이란 것은 다양한 융합적 과학원리들이 적용된 첨단적 장치로서 우리의 지식으로는 부품 기능, 통신을 통한 원격제어, 전기 전자 및 기계 역학적 원리 등을 많이 익혔지만 완벽한 지식을 지녔다고 할 수 없다. 그래서 우리는 앞으로 개인적인 공부뿐만 아니라 4명이 드론 지식 나눔 공간을 만들어 지속해서 드론을 공부하고 사회적으로 아주 필요한 창의적인 드론을 개발할 수 있을 때까지 연구하기로 하였다.

3. 연구 프로젝트 수행 후 개인 소감

박○현

그동안 드론이란 기계에 관심이 많았었고 이런 기회가 생겨서 너무 좋았다. 드론의 구성 요소와 그 부품들의 특징, 작동 방법 등에 대해 알아갈 때는 새로운 책을 보는 듯한 기분이었다. 드론이 정말 복잡하다는 존재라는 것을 깨달았고 원격 조종을 하기 위해 먼저 서버와 클라이언트 부분을 알아봤을 때는 데이터가 저런 방식으로 보내고 받는 것이라는 생각이 들 정도로 신기하였다. 한편으로는 기본을 알았으니까 앞으로 더 깊이 있게 공부하여 이 분야의 전문가가 된다면 우리가 정한 주제대로 현실에서 실행시킬 수 있다는 확신이 들었다. 이번 노벨 프로젝트는 나에게 있어 나의 진로에 관해 세계를 넓혀주고 전문화해 준 기회가 되었으며 더 깊이 있는 내용을 공부하고 싶게 만든 욕구를 제공하였다.

김○일

익숙하지 않은 드론의 활강하는 모습, 빠르면서도 원하는 곳으로 자유자재로 움직이는 드론의 모습들을 보고, 드론의 핵심은 기계적인 부분이고, 그런 부분에만 집중된 기체라고 생각했다. 하지만, 프로젝트를 통해 드론을 배우기 시작하면서 소프트웨어적인 부분의 중요성을 실감하였다. 여러 모터와 센서들, 드론을 활용하는 부분들 같이 드론뿐만이 아닌 다른 기계 장치들과도 접목할 수 있는 내용을 중점적으로 배웠다. 그리고 그러한 내용을 배우다 보니 드론의 원격 조종 또한 알게 되었고, 드론과 인터넷, 네트워크, 드론과 통신의 중요한 관계를 알게 되었다. 드론과 네트워크를 배우면서 우분투 서버와 FC의 RTMP 통신도 직접 해보고, 미션플래너와 아두파일럿을 사용해서 다른 지역에 있는 드론도 인터넷을 통한 원격 조종으로 날리면서 이런 드론의 사물인터넷, AI와도 쉽게 접목할 수 있는 능력들을 보면서 드론이 왜 고부가가치 산업이고 4차 산업혁명의 주역인 것을 깨닫게 되었다.

참고 문헌

1) 진광식, 김한철 공저, 《픽스호크를 이용한 수직이착륙 무인항공기 제작》, 도서출판 홍릉

2) 우재남 저, 《이것이 우분투 리눅스다》, 한빛미디어

3) 이시이 모루나, 에사키 노리히데 공저, 《모두의 라즈베리파이》, 길벗

4) 김영준, 유지창, 장선호, 최명수 공저, 《드론 정비개론》, 성안당

5) 이준혁 저, 《아두이노》(상상을 현실로 만드는 프로젝트 실전편), 영진닷컴

6) 김덕현, 이성재, 이철직 공저, 《시퀀스 제어》, 학진북스

▶연구 동기

2018년 평창 동계올림픽에서 수백 개의 드론이 하늘에서 오륜기를 만들었다. 드론을 원격으로 서로 충돌 없이 일사불란하게 조정하는 것에 감동하고 드론에 매료되었다. 전라남도청의 노벨프로젝트 고등학생 연구 활동 지원에 공모하여 선정되었다.

▶과학적 원리

드론의 비행은 프로펠러 항공기에 적용되는 유체역학이 기본이며 드론을 원격 조정하기 위해서는 인터넷 네트워크를 이해해야 하고 드론의 구조, 부품들의 기능을 이해해야 한다.

▶연구 주제

'오픈 소스를 이용한 원격 통신제어 드론 연구'에서 오픈 소스라고 한 것은 드론 회사의 제품이 아닌 일반인들이 제작하는 드론은 FC(픽스호크)에 아두이노 코딩을 누구나 자유롭게 할 수 있기 때문이다. 드론의 전체적인 구조와 작동 및 제어 과정에 대한 배움과 연구이다.

▶문제 해결 과정에서의 특별한 이야기

드론을 조정할 줄 아는 것도 중요한 일이지만, 학생이 드론을 배운다는 것은 그것만의 일이 아니다. 전체적인 구조, 작동, 제어 과정을 이해하고 고장이 나면 처치할 수 있어야 한다. 많은 전기, 전자, 통신에 대한 지식이 필요하다.

▶연구 결과

학생들은 주말을 이용한 몇 개월에 걸친 연구 활동에 대해 큰 만족을 나타냈으며 일부 학생은 드론에 대한 어려운 자격증을 취득하였고 나중에 군대에 가서는 드론을 조종 부서에 역할을 하고 싶다는 확실한 진로를 가지게 되었다.

3

마방진 배열을
이용한
LED 빛 합성
(졸업논문)

연구자 : 전남○○고 2년 장○관 외 2명

지도교사 : 채희진 선생님

초록

마방진의 규칙적인 배열을 이용하여 여러 가지 물리적 현상을 실생활에 적용해보고 싶어서 탐구를 시작하였다. 일단 마방진과 빛과의 관계를 연계하기 위하여 마방진과 빛에 대해 각각 따로 조사하였다. 실험에서 주로 사용할 마방진 형태인 3×3 마방진의 도시법을 조사하였다. 그리고 응용할 여지를 남겨두기 위해 $n \times n$ 마방진이나, 원 마방진 등의 도시법도 조사하였다. 그리고 빛의 특성에 관한 것은 빛의 세기 공식 정도를 찾는 것만 하였다.

그다음으로는 실제 LED를 달고 하는 실험에 앞서 마방진 그 자체의 균일성을 탐구해 볼 필요가 있어서 어떤 거리에 대한 함수를 놓고 마방진 배열에서 각 번호에서 함숫값의 합이 근사적으로($z \gg a$) 일정하다는 것을 좌표계와 수학적 근사방법 등을 동원하여 증명하였다.

다음 마지막 순서로 실제로 빛을 가지고 실험을 하였다. 빛의 세기 함수는 거리의 역 제곱에 비례하기 때문에 수식적으로 증명하기 힘들어서 실험으로 대체하였다. 결론은 수식적으로 증명한 선형함수의 경우와 같이 마방진 배열일 때 컴퓨터로 출력한 그래프가 균일하게 나타나는 것을 관측하였다.

I. 연구 동기 및 목적

1. 연구 동기

빛의 합성에 관한 수업을 듣던 중 빔프로젝터가 매우 정교하게 빛의 합성을 한다는 사실을 알게 되었다. 그러나 이 장치가 매우 비싸서 빛의 합성을 더욱 저렴하면서 쉽고 정교하게 하는 방법에 대해 생각을 하고 있었다. 그러던 중 마방진을 풀면서 규칙적인 방법으로 마방진을 해결하는 것을 발견하였다. 그래서 마방진 배열을 더 조사하고 싶어서 조사하던 중 제갈공명이 마방진 배열을 이용해 군사를 배치하여 어느 쪽에서 보더라도 군사의 수가 많아 보였다는 사실을 알게 되었다. 그래서 마방진 배열이 가장 균형적이고 규칙적일 것 같다는 생각이 들어 이 배열을 빛의 합성에 이용하면 가장 쉽고 정교하게 빛을 합성할 수 없을까? 라는 의문이 들어 연구를 하게 되었다.

2. 연구 목적

▶마방진이 어떤 의미를 지니는지 알고 싶다.

▶빛의 특성을 알고 싶다.

▶마방진과 빛의 관계를 알고 싶다.

Ⅱ. 이론적 배경

1. 마방진의 원리와 배열

마방진이란 왼쪽 그림과 같이 가로, 세로, 및 대각선에 있는 각각의 합이 되도록 배열한 것을 말한다. 마방진은 가로, 세로 3×3 형의 방진에서 4×4, 5×5, 6×6 …과와 같이 여러 가지 형태로 만들 수 있다. 먼저, 빈 칸이 9개 있는 정사각형을 만들고(그림 A), 왼쪽 위에서 오른쪽 아래로 비스듬히 1, 2, 3, … 9까지의 숫자를 그림 B와 같이 쓰고, 정사각형의 바깥쪽에 있는 각 숫자를 그 줄에서 가장 먼 자리에 있는 칸으로 옮겨 쓴다. 즉, 1은 9바로 위에, 3은 7열에 그리고 9 는 5위에 오도록 한다.

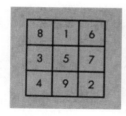
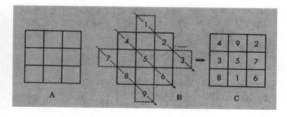

마방진은 정사각형 외에도 여러 가지 유형을 생각할 수 있다. 아래의 마방진은 원주 8원진이라 불리는 것으로서, 1부터 33까지의 수를 그림과 같이 배치하면, 4개의 동심원 위의 수의 합이 140이 된다. 여기에 중심의 1을 더하면 141이 되고, 4개의 지름 위의 수의 합도 141이 된다. 또, 서로 이웃하고 있는 반지름 위의 수의 합도 141이 된다.

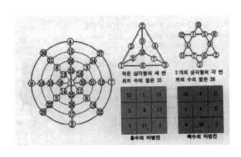

2. 빛의 밝기와 세기, 빛 합성의 원리

백색광이란 흰색의 빛. 빛의 합성 원리에 따라 모든 파장의 빛이 균등하게 혼합되면 그 빛은 흰색을 띠는데, 이를 백색광이라 한다. 실험적으로는 국제조명학회에서 정한 빛의 3원색 밝기의 비가 정확히 같은 것, 즉 색의 순도가 1인 빛이다.

빛의 세기는 빛이 비추어졌을 때 시각이 느끼는 밝고 어두운 정도를 말한다. 밝기에는 두 종류가 있어서, 전자기파의 복사에너지인 복사량과 사람의 눈이 감지한 빛인 측광량이 있다. 복사량은 광원의 빛이 통과하는 단위면적에 대한 에너지양을 측정하는 값이고, 측광량은 사람의 눈이 볼 수 있는 영역의 전자기파에 대하여 눈이 어떻게 느끼는지를 기준으로 하여 정하는 값이다.

시감각 자극으로서의 빛의 측정량에는 두 가지 계통이 있는데, 하나는 복사에너지, 즉 복사량이고, 또 하나는 휘도·조명도·광도 등으로 표시되는 측광량이다. 전자는 시감각과 관계없이 결정되는 물리량이고, 후자는 가시범위 내의 빛에 대하여 사람의 눈의 시감도를 기준으로 하여 측정된 빛의 세기를 나타내는 양이다. 예를 들면, 전등과 같이 빛을 발하는 광원의 밝기는 전자에 속하고, 전등의 빛을 받는 책과 같이 광원으로부터 빛을 받는 물체의 밝기는 후자에 속한다. 광원의 밝기는 광원에서 단위 거리에 있는 광선에 수직인 단위면적에 단위시간 내에 도달하는 빛의 에너지양, 즉 광도로 측정할 수 있고, 광원으로부터 빛을 받는 물체의 밝기는 단위면적에 단위시간 내에 도달하는 에너지양, 즉 조명도로 측정할 수 있다.

또한, 광원의 밝기에는 면의 밝기를 고려해야 한다. 예를 들면, 글로브를 씌우지 않은 전구는 그 빛이 점광원인 데 대하여, 글로브를 씌운 전구는 글로브 전체가 광원이 되어 광원의 단위면적당 밝기가 감소한다. 이처럼 광원을 면으로 하면 점광원과 상황이 달라지므로, 특히 면광원의 밝기를 휘도라 하며 광도와 구별한다. 보통 광도의 단위로는 칸델라(cd), 조도의 단위로는 럭스(lx), 휘도의 단위로는 스틸브(sb)를 사용한다. 또한 이 용어는 천체의 밝기(광도), 렌즈의 밝기, 색의 밝기(명도) 등으로도 사용된다.

3. 좌표계

좌표계란 직선 ·평면 위 또는 공간 내의 임의의 점에 좌표를 도입하기 위하여 구성한 것을 말한다. 이를테면, 직선 g 위에 정점 O를 정하고, O를 시초점으로 하여 길이의 단위 OE를 취하면, g에는 자연히 방향이 설정된다. 이처럼 하여 g 위에는 임의의 점 P에 대하여 OP=x·OE로 되는 실수 x가 정해지므로, g 위의 점 전체와 실수 전체 사이에는 1:1대응이 이루어진다. 이때의 대응을 좌표계라 하고, 두 점 O, E에 의해 g 위의 좌표계가 정해진다고 한다. 이것을 좌표계 Ox 등으로 쓴다. 마찬가지로 좌표계 O-xy(평면), 좌표계 O-xyz(공간) 등이 사용된다. 직교좌표계 · 빗좌표계 ·원기둥좌표계 등이 있다.

※ 직교 좌표계

직교 좌표계는 임의의 차원의 에우클레이데스 공간 (혹은 좀 더 일반적으로 내적 공간)을 나타내는 좌표계의 하나이다. 이를 발명한 프랑스의 수학자 데카르트의 이름을 따 데카르트 좌표계라고도 부른다. 직교 좌표계는 극좌표계 등 다른 좌표계와 달리, 임의의 차원으로 쉽게 일반화할 수 있다. 직교 좌표계는 나타내는 대상이 평행이동에 대한 대칭을 가질 때 유용하나, 회전 대칭 등 다른 꼴의 대칭은 쉽게 나타내지 못한다. 일반적으로, 주어진 에우클레이데스 공간에 기저와 원점이 주어지면, 이를 이용하여 직교 좌표계를 정의할 수 있다.

가장 흔한 2차원 혹은 3차원의 경우, 직교 좌표를 통상적으로 라틴 문자 x, y, z로 적는다. 4차원인 경우, w나 (물리학에서 시공을 다루는 경우) t를 쓴다. 임의의 차원의 경우에는 첨자로 x_n의 꼴로 쓴다. 직교 좌표계에서 두 점의 좌표가 (x_1 , y_1 , z_1), (x_2, y_2, z_2) 일 때 두 점 사이의 거리는 $\sqrt{(x_1-x_2)^2+(y_1-y_2)^2+(z_1-z_2)^2}$ 로 나타내어진다.

Ⅲ. 연구 내용 및 방법

1. 감지 센서 [(Lab,junior)-Kmac회사]

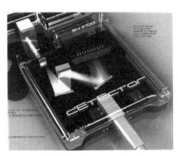
그림 690 < Detector의 내부 >

그림 691 < Detector의 내부 >

▶Light : 빛을 방출하는 광학 기구

▶Sample Holder : 샘플 시료를 고정함

▶Detecter : 빛을 감지하여 컴퓨터로 정보를 출력

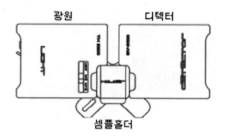

Lab.junior는 빛과 관련된 실험에 쓰이는데 이 광학 기구는 주로 혼합과 화합, 빛의 흡수와 투과, Beer의 법칙과 검정곡선, 색소 혼합용액의 분석, 색소의 크로마토그래피 분리와 분석, 지시약의 , 엽록소의 스펙트럼, 에탄올의 정량분석, 수소의 선 스펙트럼, 형광 스펙트럼 등의 실험에 쓰인다.

Lab.junior 모드에는 흡수/ 투과모드, 형광/ 반사모드, 발광모드가 있는데 실험에 사용한 모드는 발광모드로써 원소들의 불꽃 반응 색 관찰 실험, 색에 따른 파장 위치 확인 실험, 여러 가지 방전관 선 스펙트럼 관찰 실험, 여러 가지 광원의 발광 실험에 사용된다.

2. Visual Spectra 프로그램

Lab.junior와 함께 쓰이는 Visual Spectra 프로그램은 Lab.junior의 detector에서 감지한 빛의 파장에 따른 세기를 측정하여 컴퓨터로 표현.

[사용 방법] : 일단 START를 누른다. 그다음에는 SCOPE 모드나 발광 모드 중 하나를 선택한다. SCOPE 모드는 그래프만 나오고 발광 모드는 그래프 아래의 영역까지 색칠되어 나온다. 그리고 detector의 센서에 빛을 비추면 인식되어 프로그램이 그래프를 그린다. 그 상태에서 SNAP SHOT을 누른 다음 키보드의 Print Screen Shot을 눌러서 그림판으로 불러와 사진을

저장한다.

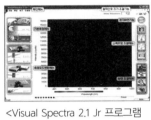
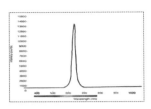

<Visual Spectra 2.1 Jr 프로그램 >

<Visual Spectra 2.1 Jr을 이용한 적색광 그래프>

3. 마방진 배열의 연구

마방진의 중앙을 원점으로 잡고, $x,y,z-axis$ 를 정한다.

$f(r)(1 \leq r \leq 9, r \in N)$을 각 번호에서 일정한 점 P까지의 거리에 따른 임의의 함수라고 한다.

$$I(R) = \sum_{k=0}^{2} f(r_{3k+1})$$
$$I(G) = \sum_{k=0}^{2} f(r_{3k+2})$$
$$I(B) = \sum_{k=0}^{2} f(r_{3k+3})$$

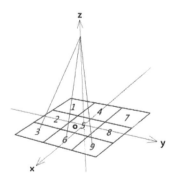

여기서 $I(C)$ (C=R, G, B) 가 나타내는 값은 어떤 함수 에 대한 같은 군의 합을 말한다.

연구에서 보이려는 사실은 마방진 배열일 경우 $I(R) \approx I(G) \approx I(B)$ 이고, 마방진 배열이 아닐 경우, $I(R) \neq I(G)$, $I(G) \neq I(B)$, $I(B) \neq I(R)$ 이라는 것이다.

빛의 경우는 $f(r) = (\int ensuity\ of\ light) = \dfrac{P_s}{4\pi r^2}$ $(P_s = power)$ 이고, 일반적으로 마방진의 거리 균일성을 보이는 경우는 으로 표시할 수 있다.

일단 $f(r) = kr$ $(k : constant)$을 가정하고 계산한다.

가. 마방진 배열일 경우 z-axis에서 거리의 합 비교 (근사 : $z \gg a$)

$I(R) = k(r_1 + r_4 + r_7) = k(\sqrt{(a-0)^2 + (0-0)^2 + (0-a)^2} + \sqrt{(-a-0)^2 + (a-0)^2 +}$
$\overline{(0-z)^2} + \sqrt{(0-0)^2 + (-a-0)^2 + (0-z)^2} \approx 3z + \dfrac{2a^2}{z}$

$[\because (1+x)^n \approx 1 + nx (x + \ll 1)]$

$I(G) = k(r_2 + r_5 + r_8) = k(\sqrt{(-a-0)^2 + (-a-0)^2 + (0-z)^2} + \sqrt{(0-0)^2 + (0-0) +}$
$\overline{(0-z)^2} + \sqrt{(a-0)^2 + (a-0)^2 + (0-z)^2} \approx 3z + \dfrac{2a^2}{z}$

$I(B) = k(r_3 + r_6 + r_9) = k(\sqrt{(0-0)^2 + (a-0)^2 + (0-z)^2} + \sqrt{(a-0)^2 + (-a-0)^2 +}$
$\overline{(0-z)^2} + \sqrt{(-a-0)^2 + (0-0)^2 + (0-z)^2} \approx 3z + \dfrac{2a^2}{z}$

근사적으로, $I(R) \approx I(G) \approx I(B)$임이 확인되었다. ($k = 1$로 놓았다.)

나. 비 마방진 배열일 경우 z-axis에서 거리의 합 비교 (근사 : $z \gg a$)

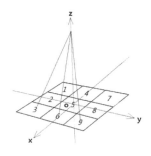

$$I(R) = k(r_1+r_4+r_7) = k(\sqrt{(a-0)^2+(0-0)^2+(0-a)^2} + \sqrt{(-a-0)^2+(a-0)^2+}$$

$$\overline{(0-z)^2} + \sqrt{(0-0)^2+(-a-0)^2+(0-z)^2} \approx 3z + \frac{5a^2}{2z}$$

$$I(G) = k(r_2+r_5+r_8) = k(\sqrt{(0-0)^2+(-a-0)^2+(0-z)^2} + \sqrt{(0-0)^2+(0-0)^2+}$$

$$\overline{(0-z)^2} + \sqrt{(0-0)^2+(a-0)^2+(0-z)^2} \approx 3z + \frac{a^2}{z}$$

$$I(B) = k(r_3+r_6+r_9) = k(\sqrt{(0-0)^2+(a-0)^2+(0-z)^2} + \sqrt{(a-0)^2+(-a-0)^2+}$$

$$\overline{(0-z)^2} + \sqrt{(-a-0)^2+(0-0)^2+(0-z)^2} \approx 3z + \frac{5a^2}{2z}$$

근사적으로, $I(R) \neq I(G)$, $I(G) \neq I(B)$임이 확인되었다. (k-1로 놓았다.)

결론적으로, $f(r) = kr$ ($k : constant$)일 때 마방진 배열이 가장 균일한 배열임을 확인하였다. 실제 빛의 세기 함수인 $f(r) = \dfrac{P_s}{4\pi r^2}$에 대한 균일성은 실험으로 증명하기로 한다.

4. 여러 가지 배열에 따른 LED 빛 합성에 관한 연구

가. 여러 가지 배열 LED 제작

1) 마방진 배열 LED 제작

LED의 빛을 합성하기 위해 우선 마방진 배열에 따른 빛 합성 장치를

제작한다. LED를 마방진 배열하는 원리는 1~9까지의 숫자에 R, G, B의
색을 차례로 색을 매겨 마방진 배열을 한다. (R-1, 4, 7 G-2, 5, 8 B-3, 6, 9
순서는 바뀌어도 관계없다) 구역마다 LED를 하나만 배열했을 시 빛의
세기가 너무 약하므로 구역마다 같은 색깔의 LED를 4개씩 배열한다.

2) 일자 배열 LED 제작

아래 사진과 같이 마방진 배열이 일방적 배열로 LED 합성 장치를
제작한다.

일방적 배열   마방진 배열

나. 빛의 측정

Lab.junior를 컴퓨터에 연결하여 Visual Spectra 프로그램을 이용하여
빛의 세기를 측정한다. 우선 디텍터의 높이를 조절하여 LED의 중앙을
감지 센서의 중앙에 일치시킨 후 거리를 달리하면서 그래프를 출력한
다. 마방진 배열일 때와 마방진 배열이 아닐 때 모두 측정하여 그래프를
비교하여 차이점을 분석한다.

Ⅳ. 연구 결과 및 고찰

1. 마방진 배열이 균형에 가까운 배열인가?

$f(r) = kr$의 경우는 마방진 배열한 것이 가장 균일하게 섞인 경우였다. 마음대로 배열한 경우에는 제대로 섞이지 않아서, I(C)값이 차이가 났다. 하지만 마방진 배열을 했을 때는 I(C)의 값이 거의 같았다. 따라서 $f(r) = \dfrac{P_s}{4\pi r^2}$ 의 경우도 선형함수일 때와 같이 마방진 배열이 가장 균일한 배열일 것이라고 가정하여 실제로 실험하여 그래프를 분석해본 결과 거리의 역제곱의 비례함수 역시 마방진 배열일 때 빨강, 초록, 파랑의 빛이 가장 균일하게 섞임을 확인할 수 있었다.

2. LED를 이용한 빛 합성에 마방진 배열의 적용

가. 마방진 배열일 경우 빛의 세기 그래프

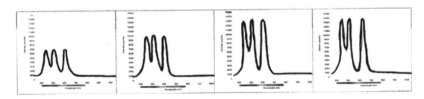

거리를 바꾸어가면서 측정하여도 마방진 배열일 때에는 R, G, B의 세기가 같다는 것이 관찰되었다. 빛을 합성할 때 가장 중요한 것은 R과 G를 섞을 때 Y, G와 B를 섞을 때 C, B와 R을 섞을 때 M의 색이 가장 선명하게 나와야 한다는 것이다. 또한 RGB를 넣으면 정확히 백색광이 나온다면 그것이 바로 가장 좋은 빛 합성 장치이다. 기판에 LED를 마방진 배열로 놓아 빛을 합성시킴으로써 여러 가지의 비교적 정확한 합성 광을 얻을 수 있었다.

나. 마방진 배열이 아닐 경우의 빛의 세기 그래프

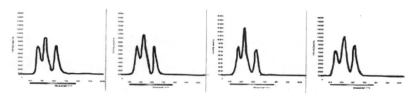

마방진 배열이 아닌 일자 배열을 하였을 때 거리에 따라 빛의 세기를 측정한 결과 빛의 세기가 균일하게 섞이지 않음을 빛의 세기 그래프를 보고 알 수 있었다. 녹색광이 가운데에 배열돼있었기 때문에 적색광, 청색광보다 상대적으로 거리가 가까워 빛의 세기가 가장 세게 측정되었다.

V. 결론 및 제언

1. 결론

마방진 배열이 가장 균형적인 배열이라는 것이다. 그 균형적이라는 뜻은 어떤 군의 함숫값의 합이 일정하다는 것이다. 즉, 실험에서는 거리 자체의 균일성을 보이기 위해 $f(r) = kr$을 가정하여 수식적으로 증명하였고, 실제 빛의 합성에 응용해서 $f(r) = \dfrac{P_s}{4\pi r^2}$ 의 함수 역시 어떤 군의 합이 같다는 것을 실험적으로 증명하였다.

2. 전망 및 활용성

실험을 한 이유는 두 가지의 목적이 있다.

그것은 첫째로 마방진이라는 어떤 수학적인 모델이 '균형'이라는 특성이 있다는 것을 보이는 일이었고, 둘째로는 이 '균형'을 실생활에서 응용하는 것이었다. 그것의 응용의 한 부분으로 빛의 합성 장치를 생각하였다. 보통 시중에 나와 있는 비싼 빛 합성 장치가 물론 훨씬 성능이 좋을 것이다.

따라서 이 탐구의 목적은 상업적으로 판매하려는 것이 아님을 알 수 있다. 보통 사람들은 손으로 빛 합성 장치를 만들 때 빛의 배열을 무작위로 한다. 하지만 그것은 별로 효율적이지 못하다. 따라서 교육적인 목적으로 이 사실을 알릴 수 있다.

3. 더 알아보고 싶은 점

연구에서는 '3. 마방진 배열의 연구'에서 $z \gg a$인 경우를 근사하여 마방진 배열의 균일성을 증명하였다. 이 근사의 물리적인 의미는 바로 무한히 먼 곳에서의 군의 거리의 합이 어느 정도 균일하게 섞이는가이다. 무한히 먼 곳에서는 근사적으로 합이 같아질 것이다. 하지만 물리학에서는 아주 작은 거리의 차이가 중요한 경우가 많으므로 의미 있는 계산 결과라고 할 수 있다.

여기서 더 알아보고 싶은 점은 $z \ll a$인 경우를 근사하여 같은 계산을 하면 어떤 결과를 얻을 것인가이다. 이 근사의 물리적인 의미는 무한 평면상에서 생각하는 것이다. 아주 멀리 떨어진 군의 거리의 합이 어떤 경향을 보이는지 찾고 그것이 $z \gg a$인 경우와 어떤 차이가 있는지를 생각하는 것이다.

또한 이 실험에서는 센서에서 직선으로 떨어진(즉, 수직 z-xis) 위치에서만 빛을 놓았다. 그런데 기술의 한계로 실험하지 못한 수직축을 벗어난 위치에서의 측정도 하고 싶다. 그것을 공간좌표로 분석하여 세기가 같은 면(등세기면)의 식을 $f(x, y, z)$의 함수로 찾아서 그 함수가 어떤 규칙성을 가지는지 수학적으로 분석하는 것이다.

그다음으로 더 탐구하고 싶은 사항은 바로 빛 말고 다른 물리적 현상과 마방진 배열을 연결하는 것이다. 추가로 생각했던 것은 바로 마방진 배열로 가열할 때 가장 효율적일 것인가에 대한 연구였다. 이것은 도구의 한계(버너의 세기를 정확하게 설정하는 것과 순간적인 온도 변화 측정의 불가 등)로 실험을 하지 못했다.

VI. 참고문헌

[1] Hecht, 《OPTICS《》, Printed Addison Wesley (4th edition).

[2] Cahn, Sidney B, 《A Guide to Physics Problems》 ,Printed Kluwer Academic Pub

[3] 엄태호, 《LED 깜빡이를 이용한 물체의 운동 분석》 ,2009(제 55회 전국과학전람회) (2009).

VII. 느낀 점

1. 강○규

탐구논문을 작성하는 과정에서 여러 가지를 얻고 느낀 것 같다. 우선 탐구논문을 하면서 즐거웠던 점은 주제를 자신이 직접 정하여 궁금하였던 주제에 관해 탐구하면서 나온 결과를 보고 성취감을 느낄 기회를 얻게 되어 좋았던 것 같다. 자신이 예상했던 가정했던 결과가 나오는 순간 그 기분은 헤아릴 수 없게 짜릿했던 것 같다. 탐구 활동 지도를 귀찮아하시지 않고 관심을 가지고 열정적으로 지도해주신 지도 선생님, 이런 기회를 얻게 해준 학교에 감사의 말씀을 올린다.

2. 이○서

처음에는 탐구 주제를 설정했을 때 그 주제에 대한 지식이 별로 없었기 때문에 탐구를 하면서 지속해서 공부해서, 탐구가 끝날 때쯤에는 그 주제에 대한 전문적인 지식을 습득하게 되었다. 이 탐구를 하면서 지도교사 선생님께서 주제를 구체화하는데 뿐만 아니라 선생님이 직접 개발하신 LED 빛 합성 장치를 예시로 보여주셔서 LED 장치 제작하는 데 도움을 주셨다. 그리고 마지막으로 바로 논문을 쓰는 것은 매우 고된 일이고, 탐구 실험을 하는 것은 매우 정밀한 실험을 하지 않으면 데이터가 매우 이상하게 나온다는 것이다. 나는 이 탐구 활동을 대학교에서 진짜 쓸 논문의 연습으로 생각하며, 많은 것을 얻었다고 생각한다.

[지도교사의 후기]

처음 과학고로 부임하고 나서 얼마 되지 않아 3명의 학생이 졸업 논문의 지도교사가 되어달라며 내 사무실에 찾아왔다. 허락하면서 논문 주제는 정했느냐고 물어보니 확실하게 정한 것은 없다고 대답하였다. 그래서 주제 선정을 하는 데 도움이 되는 팁을 이야기해 주고 며칠간 찾아보라고 하였다. 일주일 후 네 사람이 모여 주제 선정을 하는 협의를 하였는데 흥미를 끌만 한 주제가 나오지 좀처럼 나오지 않다가 한 학생이 "삼국지에서 제갈공명이 적은 군사로 상대방에게 많은 군사가 있는 것처럼 보이게 하려고 마방진 형태로 군사 배치를 하였다는 이야기가 있는데 마방진 배열에 수학적으로 최대, 최소의 의미가 담겨 있다는 생각이 든다며 최대, 최소와 관련이 있는 과학연구와 융합하면 좋겠다." 하며 지금껏 듣도 못한 의견을 제시했다. 듣고 나니 기발한 아이디어라는 생각이 들었다. 그래서 얼마 후 지도교사로서 생각하다 마방진의 원리를 이용할 수 있는 장치 제작으로 학생들에게 제시한 것이 빛 합성 장치였다. 빛 합성은 R,G,B LED가 주어진 거리에 똑같은 최대의 조도를 나타내어야 하기 때문이었다. 그래서 '마방진 배열을 이용한 빛 합성'이라는 연구가 시작되게 되었다. 참여 학생들은 모두 그 뜻의 의미를 알고 서로 논의하고 협력하면서 하나하나 배워가면서 논문을 완성하였다. 이 연구는 많은 LED를 기판에 납땜으로 하는 작업이 많이 있는데 처음에는 경험이 없어 매우 서투르고 실패하기 일쑤였는데 하나하나 배워가면서 진행하였다.

동양 수학의 하나인 마방진의 원리가 우리 생활에 어떻게 효율적으로 응용될 수 있을까? 라는 관점에서 빛의 합성 장치에서 마방진의 색광 원들의 배치가 가장 이상적이라는 연구 결과를 이끌었으며 이 아이디어는 동양 수학인 마방진의 원리를 과학 장치와 연관적 사고를 한 매우 창의적 발상의 연구라 생각된다.

4

CERN 연수를 통한 입자물리 실험해석 소프트웨어 적용 탐구

문○고 3학년 홍○익

지도교사 채희진

I. 서론

1. 탐구 이유

중학교 때부터 소프트웨어에 관심이 많아 직접 프로그램을 만들어 보거나 메이킹 활동을 하는 등 여러 체험을 경험하였다. 그리고 고등학교에 와서 물리학에 대해 배웠는데 우리의 일상생활이나 현상들을 설명할 수 있게 해주는 학문이었다. 예를 들어 우리가 지면에 서 있을 수 있는 이유는 중력이 우리는 잡아당기는 힘, 지면이 우리는 미는 힘, 원자의 전기력 등 여러 이유가 있다. 이러한 내용을 배울 수 있어서 매우 흥미롭게 느꼈다. 시간이 지나고 이 2가지 내용에 대해서 더 깊숙이 배우던 중 문득 이 둘이 합쳐서 연구하고 있는 분야가 없을까 의문을 가지기 시작했다. 그러던 중 유럽입자물리연구소(CERN)에 갈 기회가 생겼고, 관련된 연구를 하게 되었다. 이곳에서는 입자가 매우 빠르게 충돌하고 움직이기 때문에 사람의 눈으로 관찰하고 기록하기에는 한계가 있다. 그래서 소프트웨어를 사용하게 되는 것을 알게 되었고 입자 물리 분야와 소프트웨어가 함께 이용된다는 사실을 알게 되었고 이 주제로 탐구해 나가보고 싶었다.

2. 연구 방법

가. 용어 정리

1) 유럽 공동 입자 물리 연구소

제네바 근교 스위스-프랑스 국경에 있는 유럽연합의 연구소로 미시세계를 연구하는 곳으로 유명하다. 정식명칭은 (Conseil Européen pour la Recherche Nucléaire)이고 CERN이라고도 부른다. 입자물리학을 연구하는 곳으로 이곳에 있는 매우 커다란 가속기를 이용하여 여러 입자나 과학 현상들을 발견한다. 이곳에서는 입자를 충돌시킬 때 1초당 2.5Gb 정도의 데이터를 얻기고 하루에 Pb 단위의 정보를 처리해야 하므로 컴퓨팅 시스템이 매우 잘 되어있다. 그래서 세계 최초의 월드 와이드 웹을 여기서 개발하였다.

2) CMS

CERN 소관의 가장 거대한 실험장 치인 강입자 충돌기(LHC) 또는 입자가속기가 있다. 우리는 입자를 직접 관찰하기 힘들어서 입자를 광속과 비슷한 속도를 주어 입자끼리 충돌시켜 확인해야 한다. 입자를 충돌시키면 셀 수 없이 많은 여러 입자가 생성되는데 입자들을 감지하기 위해서 거대한 검출기가 필요하다.

검출기의 종류는 ATLAS, ALICE, CMS, LHCb 총 4개가 있다. 그중 쿼크-글루온-플라스마를 탐구하기 위해 CMS를 주로 공부했다.

CMS는 Compact Muon Solenoid의 약자로 더 작고 뮤온을 잘 검출하는 검출기이다. 뮤온을 검출하는 이유는 우주를 구성하는 가장 기본 입자로서 더 작은 입자로 쪼개지지 않고 내부구조가 없어 제일 깔끔하게 관측할 수 있는 입자이기 때문이다. 최근 CERN에서 신의 입자라고 불리는 힉스(HIGGS)를 발견했는데 이때도 뮤온 4개를 검출해서 알아낸 것이다.

3) Quarkonium

쿼코니움은 하나의 쿼크와 그 쿼크의 반쿼크로 이루어진 쌍이다. 쿼크는 우주를 구성하는 가장 근본적인 입자로 내부구조가 없다. 원자핵을 구성하는 양성자와 중성자는 쿼크 3개가 모여 만들어진 합성 입자이다.

쿼크는 총 6개가 있다.

이 6개 중 무거운 쿼크인 맵시(charm) 쿼크와 바닥(bottom) 쿼크의 쌍으로 이루어져 있는 것이 쿼코니움이다. 나중에 충돌 후 생기는 입자들인 쿼코니움을 모두 검출하여 충돌 전 입자를 밝혀낼 수 있다.

쿼코니움이 중요한 이유는 QGP 상태가 지나고 다시 강입자로 만들어질 때 질량이 낮은 입자로 합쳐질 확률이 높아서 쿼코니움 개수는 줄어들고 중간자들이 늘어난다. 한마디로 QGP를 만들 수 있는 척도 역할을 한다.

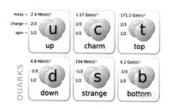

4) QGP

글루온은 쿼크들끼리 상호 작용을 하는데 글루온이 쿼크 사이에서 중간자 역할을 하고 자유롭게 움직이지 못하도록 풀 역할을 하는 입자이다. 플라즈마는 제4의 물질 상태이며 전기장 또는 온도가 매우 높아 전자, 중성입자, 이온 등이 입자들로 나누어진 상태이다.

쿼크-글루온-플라즈마는 온도 또는 밀도가 너무 높을 때 핵을 구성하는 양성자, 중성자들이 쿼크 글루온으로 녹아내리는 상태를 말한다. 이 연구의 목적은 우주 초기(빅뱅 후 약 초)를 재현하고 우주의 비밀을 알아내기 위함이다. 하지만 쿼크와 글루온을 분리하기에는 강력한 에너지가 필요한데 이 에너지를 집중시킬수록 쿼크와 글루온 사이의 힘이 더 강력해져 분리하기가 매우 어렵다. 그래서 역으로 생각하여 쿼크와 글루온을 충돌시켜 쿼크와 글루온을 분리할 수 있다.

나. 탐구 방법
▶입자 물리 및 검출기 취급 탐구 - 입자 물리 역사, 검출기 견학
▶LINUX, C언어, ROOT 프로그램 기초 배우기
▶간단한 프로그램 명령어 배우기, 리눅스와 ROOT 사이 관계
▶MC Simulation 사용 - 가상 난수 프로그램 실험 이벤트 생성
▶쿼코니움 입자 재구성 알고리즘 이해 - 입자 충돌 실험 분석
▶효율 측정 및 그래프 그리기 - 여러 값 이해 및 분석, 그래프 명령
　어 배우기
▶탐구 분석
▶최종 연구

II. 본론

1. 입자물리학 역사
가. 기원전 -사원자 (불, 물, 바람, 지구)
나. 기원후 -원자, 에너지 보존 법칙, 일정한 비율 법칙, 여러 비율 법칙
▶전자 발견(음극관 실험),
▶방사선(X-ray, 방사능, 가시광선),
▶양자(러더포드-보어 원자 모형), 흑체 방사선
▶양성자, 중성자 발견 - 원자 질량 측정, 원자 번호
▶원자 스핀 - 입자 본질적 성질 발견, 페르미온, 보존

▶새로운 입자 - 우주선, 뮤온, 파이온, 글루온 등

▶반물질 - 음에너지 발견

2. 입자 연구와 소프트웨어

가. 과거

과거에는 정확하게 관측할 수 있는 기술이 없어 일일이 손으로 궤적을 추적했다.

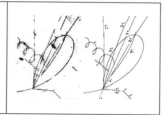

나. 현재

새로운 입자 생성 확률을 높이기 위해 매우 많이 충돌시킨다. 지금은 생성되는 입자가 매우 많아서 손으로 그리는 것은 불가능하다(∵충돌 40ns마다 한 번씩 1초에, 1초에 2,500만 개 처리). 그래서 컴퓨터를 사용한다.

1) ROOT

ROOT 프로그램은 데이터 분석 프레임워크이다. 프레임워크의 개념은 기본적인 뼈대를 짓는 것으로 명령어와 데이터를 가지고 시간적인 그림을 그려주거나 청각적인 음악을 만들어준다. CERN에 의해 개발된 객체 지향 프로그램 및 라이브러리이다. 원래 입자물리학 데이터 분석을 위해 설계되었으며 이 분야에 특유한 몇 가지 특징을 포함하고 있지만, 천문학과 데이터

마이닝과 같은 다른 응용 분야에서도 사용되고 있다.	

2) LINUX

상당수의 웹 서버와 모바일 장치를 구동하는 운영 체제다. 이 프로그램은 공개 소스와 더불어 여러 장비에도 탑재가 되어있어 활용성이 매우 좋다. CERN에서도 ROOT 프로그램을 LINUX 기반으로 제작하였기 때문에 관련 명령어를 알고 있어야 했다.

3) 딥러닝

입자 충돌 시 필요하지 않은 이벤트 데이터는 약 95% 이상이기 때문에 필요한 부분만 사용하는 것이 중요하다. 이때 트리거라는 기술을 사용한다. 트리거를 번역하면 방아쇠이고 일종의 조건과 같다. 예를 들어 충돌한 입자 중 50K eV 정도 이상의 에너지를 가진 입자들만 보고 싶다면 트리거 값을 조정하여 나머지를 걸러낼 수 있다. 최근 CERN에서 트리거와 딥러닝을 함께 이용하겠다는 회의를 진행한 적이 있다.

3. 연구 과정

가. 업실론 입자 측정 목적 입자와 입자를 빠르게 가속해 매우 강력한 힘으로 충돌시키면 아주 많은 입자가 퍼지게 된다. 여러 입자 중 특정 입자인 업실론을 선택하는데 업실론은 뮤온 입자 두 개로 쪼개지기 때문에 뮤온을 검출하여 업실론을 찾아내는 것이 이 연구의 목적이다.

나. 허용률과 효용성

1) 허용률

검출기는 입자의 생성 위치나 이동을 추적하는 기계이다. 하지만 검출기는 모든 방향을 검출할 수 없게 제작이 되어있다. 그래서 생성된 입자 중 검출되지 못한 입자들은 어쩔 수 없이 검출하지 못한다. 그래서 허용률(Acceptance)은 생성된 입자와 검출된 입자의 비율이다.

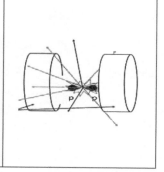

예를 들어 생성된 입자가 10개라고 했을 때 검출기에 8개의 입자가 검출된다면 허용률(Acceptance)은 80%가 되는 것이다.

이때 검출된 8개의 입자를 '검출 가능한(Detectable)'이라고 표현한다. (그림에서 빨간색으로 칠해진 입자는 검출 불가)

2) 효율성

검출기가 입자를 검출하기 위해서는 입자가 검출기를 완전히 뚫고 지나가야 한다. 이때 검출기에는 들어왔지만, 완전히 통과하지 못한 입자가 생길 수 있다. 예를 들어 '검출 가능한' 입자가 8개 있었을 때 4개의 입자만 완전히 통과했다면 효용성(Efficiency)은 50%가 되는 것이다.

이때 검출기를 완전히 통과한 4개의 입자를 '검출된(Detectable)'이라고 표현한다. (그림에서 빨간색으로 칠해진 입자는 완전히 통과하지 못한 입자들)

3) 관련성

처음 충돌할 때 얼마나 많은 입자가 생성되는지 알기 위해서 허용률과 재구성 효율성을 알아야만 한다.

다. 측정

1) 변수 설정

가) PT

횡방향 운동량(Transverse Momentum)은 입자의 운동 방향과 운동량을 알려주는데 PT 값이 커짐에 따라 진행 방향이 앞으로 간다는 것을 알 수 있다.

나) y

특수상대성이론에 신속도(rapidity)는 물체의 빠르기를 나타내는 물리량이다.

다) η

실험 입자물리학에서 pseudo-rapidity(η: eta)는 빔 축에 대한 입자의 각도를 설명하는 일반적으로 사용되는 공간 좌표이다.

2) MC study

MC study는 컴퓨터에서 임의의 난수를 뽑아내어 가상의 입자 충돌 실험을 하는 기법이다. 실제로 LHC를 작동시켜 데이터를 얻어 실험할 수 없으므로 가상으로 하는 것이다. 이 가상 시스템은 CERN 안에 있는

슈퍼컴퓨터에 진입해야 사용할 수 있으므로 함부로 들어갈 수 없다.

가) 트리거 설정

필요한 데이터만 얻기 위해 여러 변수들에서 제한을 설정해 놓는다.

process.mumugenfilter = cms. EDFilter

(" MCParticlePairFilter " ,

Status = cms.untracked. vint32(1, 1),

minPt = cms.untracked. vdouble(0. 5, 0. 5),

maxEta = cms.untracked. vdouble(2. 5, 2. 5),

minEta = cms.untracked. vdouble(-2. 5, -2. 5),

ParticleCharge = cms. untracked. int32(-1),

MinP = cms.untracked. vdouble(2. 7, 2. 7),

ParticleID1 = cms. untracked. vint32(13),

ParticleID2 = cms. untracked. vint32(13)

MinPt : 0.5 >> 0.0

MaxEta : 2.5 >> 10.0

MinEta : -2.5 >> 10.0

MinPt : 2.7 >> 0

나) 가상 실험 데이터 파일 만들기

1. 헤더파일 추가

```
#include <string>
#include <functional>
```

2. 여러 값 (업실론, 뮤온 1, 2) 설정

```
double mass, mass1, mass2;
double pt, pt1, pt2;
double eta, eta1, eta2;
double phi, phi1, phi2;
double rap, rap2, rap2;
double eng, eng1, eng2;
```

3. 변수들 가지치기

```
rTree→Branch( " mass " ,    &mass,    " mass/D " );
rTree→Branch( " pt " ,      &pt,      " pt/D " );
rTree→Branch( " eta " ,     &mass,    " eta/D " );
rTree→Branch( " phi " ,     &mass,    " phi/D " );
rTree→Branch( " rap " ,     &mass,    " rap/D " );
```

4. 여러 기능 설정하기

```
if(abs(id) == 553){
mass = p. mass( );
pt = p. pt( );
```

```
eta = p. eta( );
phi = p. phi( );
rap = p. rapidity( );
eng = p. energy( );
int nndau = p. numberOfDaughters( );
```

5. 컴파일

```
hOutputFile → SetCompressionLevel(2);
hOutputFile →cd( );

hOutputFile →Write( );
hOutputFile →Close( );
```

파일명 : mcStudy_UpsiMM_8l6TeV_evtl00k_full_Total.root

3) 분석하기

입자들의 데이터를 알아보기 위해서 ROOT 프로그램으로 변숫값에 따라서 여러 그림을 그리는데 이 작업이 분석이다.

가) 전처리 작업

데이터의 양이 매우 많으므로 나누어서 작업해야 한다. 한 번 작업 시 20k 정도의 양을 처리하도록 설정한다.

```
for(int i=0; i < nEntries; i++){
  mm→GetEntry(i);
  if (i%20000==0) cont <<  " >>>>> EVENT " << i <<  " / " <<
```

```
mm→GetEntries( ) << endl;
    hGenPt1→FiLL(pt);
```

나) 팔레트 생성

여러 변수의 값을 표시해주기 위해 그림을 그려야 하므로 그림을 그릴
수 있는 알맞은 팔레트를 생성한다.

```
TCanvas *c1 = new TCanvas( " c1 " , " " , 770,700);
c1→cd( );
hGenPt1→Draw( );
c1→SaveAs( " plot_gen_pt.png " );
```

다) 뮤온 2개 결합

아인슈타인 상대성이론의 공식을 사용 (E2=M2C4+(P1+P2)2C2)

```
double p1 = dau1.P( );
double p1 = dau2.P( );
double cmass = sqrt((eng1+eng2)*(eng1+eng2)-p1*p1-p2*p2
-2*(dau1.Px( )*dau2.Px( )
+dau1.Py( )*dau2.py( )+dau1.Pz( )*dau2.Pz( )));
cout<< " dimuon mass :  " <<cmass<<endl;
```

라) 그림 그리기

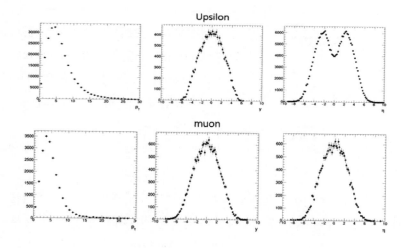

III. 결론

1. 연구 결과

가. 업실론 정보

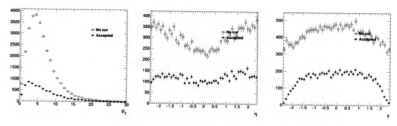

조건(Acc) : 뮤온 PT > 3.5 && |뮤온 η|< 2.4

나. 허용률 설정

1. 업실론(조건) ÷ 업실론(전체)

2. 입자 에너지 준위 조절 (0~10, 15, 20, 30), (총 14개)

3. |y|<1.6, 1.6<|y|<1.8, 1.8<|y|<2.1, 2.1<|y|<2.4 ,(총 4개 조건)

다. 최종 결과

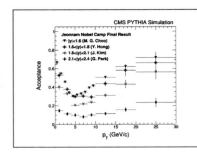

엡실론의 정보들을 가지고 pt값, rapidity값, Eta값을 각각 generation과 acceptance로 나눈 것을 ROOT 프로그램을 이용해 히스토그램을 그렸다.

2. 느낀 점

지금까지 탐구해 본 입자물리학은 입자들을 충돌시켜 우주 초기를 재현하여 우주를 알아내거나 새로운 입자를 발견하는 일을 한다. 대부분 사람은 입자물리학과 소프트웨어의 연관성을 알지 못한다. 나도 이 탐구를 하기 전까지만 해도 입자물리와 소프트웨어가 함께 공존한다는 사실을 알지 못하였다. 이 탐구를 통해서 입자물리와 소프트웨어가 win-win 관계에 있음을 알게 되었다. 이번 연수와 탐구 활동을 통해 평소에 배울 수 없는 내용을 배우고 활동할 수 있어서 무척 재미있었다. 물리학은 일반 공학보다 우리 일상생활에 비중이 덜하게 느껴지지만, 인류의 발전에 크게 이바지를 하였다. 우리나라도 공학에만 너무 많은 관심을 두지 말고 물리학 분야에도 관심을 가지면 하는 바람이다.

CERN에서는 입자를 발견하기 위해 소프트웨어를 개발하고 제작하고 있었다. 이 노벨 캠프 활동을 통해서 새로운 소프트웨어 Linux의 체제를 배우고 이를 통해서 입자를 충돌시키고 그림을 그리는 활동을 했다. 이후 저는 공학뿐만 아니라 물리 분야에서도 이바지하겠다고 다짐하였다.

Ⅳ. 사진들

CERN 랜드마크　　　LHC 통제실　　　그리드 컴퓨팅　　　연구실 중앙

위 사진은 홍○익 학생이 세른(유럽입자물리연구소) 연수에서 찍은 것입니다.

CERN(유럽입자물리연구소) 과의 인연

[CERN에 대해서]

2012년 전, 세계가 떠들썩한 사건으로 스위스 제네바 근처의 유럽입자물리연구소(CERN·세른)가 "힉스입자를 발견했다"는 발표가 있었다. 세계인들이 한동안 '신의 입자, 유럽입자물리연구소, LHC, 빅뱅 재현' 등을 매일 방송으로 들어야 했다.

CERN(세른)은 이공계 분야에 몸을 담고 있는 사람은 CERN(유럽입자물리연구소)는 한 번 가보고 싶은 연구소이다. 세계 연구소 중에서 매년 만 명이 넘은 가장 크고 거대과학 연구를 수행하고 있는 대표적인 곳이 아닌가 생각된다. 세른은 입자물리학 발전을 위해 입자가속기 실험을 수행하고 그밖에 필요한 연구환경을 제공하는 것을 목적으로 하는 연구소이다. 이를 통해 우주의 궁극적인 물질과 법칙을 알아내고자 한다. 현재 유럽국가들 중심으로 22개국의 회원국이 운영하고 있는데 우리나라는 회원국은 아니지만 지원금을 내면서 다양한 세른의 프로그램에 활발히 참여하며 공동연구를 수행하고 있다고 한다.

[물리교사로서 가보고 싶었던 세른]

2년 전에 필자가 가르치는 장성 문향고 학생 한 명이 이 곳에서 12일간의 세른 연수를 다녀왔다. 그런데 이 학생이 가고 싶어도 못 갈 수 있었던 가슴 졸이는 사건이 있었다.

전라남도청 '노벨프로젝트'라는 미국 대학과 스위스 세른에 고등학생을

12일간 연수시키는 공문이 학교에 공문이 왔었는데, 과학 교사에게 구두로 공지가 안 되어 마감 당일까지 알지 못했었다. 아마도 우리 학교는 해당 사항이 없다고 생각한 모양이었다. 필자가 나이스를 살펴보다가 그런 공문이 왔었다는 것을 우연히 알게 되었다. 아니 이럴 수가! 이런 기회를 놓치면 안 되는데 하면서 마감 시간을 따져보니 3시간밖에 남지 않았다. 여러 상황을 살펴봐도 남은 시간으로 안될 것 같기도 해서 안달이 날 수밖에 없었다. 추천될 가능성이 있는 학생 소속 학년실에 전화를 하고 추천을 받은 후, 홍○익 학생을 급히 불렀다. 학생은 물리 수업 시간에 선생님이 세른을 말한 적이 있어 어느 정도 알고 있었기에 공문 내용에 관해 설명하고, 신청서 작성, 자기소개서, 세른에 방문하고 싶은 이유와 장래 포부 등을 작성해야 한다고 말하고 학생에게 의사를 물어보니 "다른 학교의 뛰어난 학생들도 많은데 가능할까요?"라고 반문하였다. 그래서 "가능성이 없는 것은 아니다. 그러나 제출 안 하면 100% 탈락이지만 제출하면 몇 퍼센트라도 가능성이 있는 것 아니겠니? 동의하면 지금부터 서류 제출하는데 선생님도 최대한 도와줄 테니 한 번 해볼까?" 하니 학생이 해보겠다는 의사를 밝혀, 드디어 합격 가능성이 매우 적지만 서류 준비를 시작하였다. 정말 번갯불에 콩 볶아 먹는다는 속담처럼 정신없이 준비하고 마침내 인편으로 제출할 수 있었다. 그리고 마침내 선정되었다. 꼭 내가 선발된 것처럼 환호성을 질렀고 포기하지 않고 학생을 도와준 보람을 느꼈다.

특히, 교사로서 이 세른에 학생을 가도록 온 힘을 다한 이유가 있었다. 필자가 과학고에 근무할 때 도교육청에서 세른에 교사 연수로 보내준다는 공문이 연말에 왔다. 그때는 필자가 여러 해 동안 학생 연구지도 성과가 우수했고 다른 교사들도 필자가 갈 것으로 생각하고 있었다. 정말 신청하면 선정되어 갈 수 있었다. 그런데 그해 봄에 학생들의 수학여행 인솔로 미국 동부를 다녀온 적이 있었다. 그래서 세른까지 신청하면 후배 교사들에게 미안할 것 같아 다음을 기약하기로 하고 후배 물리 교사에게 양보하였다. 그런데 다음 해부터 국가 금융 위기로 교사 해외 연수가 중단되었고 세른 교사연수는 없어졌고 지금까지 가지 못했기 때문이었다.

연수를 다녀온 제자와 세른에 대한 이야기를 나누다 보니 꿈과 눈높이가 연수 이전과 확연하게 달려져 있었고 목표의식이 확고해짐을 느낄 수 있었다. 이 학생은 시골 학교에서 한 명도 진학해본 적이 없는 2021년 연구중심대학에 유니스트에 합격하여 입자물리학을 전공하려는 세른에서 경험을 토대로 자신의 꿈을 실현하려고 하고 있다.

[홍영익 학생의 세른 연수 후기]

아래의 내용은 이 홍○익 학생이 세른 연수를 다녀온 후 작성한 것이다.

'스위스 유럽입자물리연구소(CERN) 탐방' 전라남도청 학생 연구 공모에 선정되어 12일간(기간 기록) 방문함. 그곳에서 CERN이 우주의 기원을 알아내기 위해 빅뱅을 재현하거나 힉스입자 발견, 암흑 물질을 발견하기 위한 연구 역사를 소개를 받았다.

질의 기본 입자인 쿼크와 렙톤에 관해서 자세한 공부를 했고, 그중 무거운 쿼크로 이루어진 입자인 쿼코니움을 컴퓨터의 난수 프로그램으로 가상 충돌시켜 그 데이터를 가지고 쿼코니움(업실론)의 질량을 측정하였고, 업실론이라는 입자를 충동시켰을 때 분해되는 입자인 뮤온 2개를 검출기에서 측정하여 질량을 구하고 업실론의 특징을 각 범위로 나누어 그림을 그림 충돌 데이터 중에서도 필요한 데이터만 구하기 위해 머신러닝을 사용하여 트리거를 제작하는 학생 프로그램에 참여하였다.

고등학생으로는 근접할 수 없는 연구시설 견학과 심오한 현대과학의 내용을 배우고 체험할 수 있어서 지적 충격을 받았고 재미있었다. 물리학과 같은 기초과학은 일반 공학보다 우리 일상생활 제품 안에서 직접 대면하는 분야는 아니지만, 법칙과 원리는 미시적인 양자역학 쪽에서 인류의 발전에 크게 이바지할 것으로 생각하고 있으며 우리나라도 기초과학인 물리 분야에도 관심을 가지면 하는 바람을 지니고 있음.

이 활동 전에는 입자 물리와 소프트웨어가 관련이 적다고 생각했지만, CERN에서 입자를 발견하기 위해 소프트웨어를 개발하고 제작한다는 점에서 다양한 분야에서 융합이 이루어짐을 알게 되었다. 스위스 현지에서도 실제로도 Linux의 체제와 언어를 배우고 이를 통해서 입자를 충돌시키고 그림을 그리는 활동을 했다.

이 탐구 활동을 통해서 소프트웨어의 새로운 사용 방법을 알게 되었고, 공학뿐만 아니라 물리 분야에서도 이바지하겠다고 다짐하였다.

창의성 명언 10

창의적인 아이디어를 구한다면 밖으로 나가 걸어라.

천사는 산책하는 사람에게 속삭인다. _레이먼드 인먼

전자기력 선박의 원리와 효과적인 제작을 위한 탐구(현장탐구)

전남○○고 1학년 권○현 외 4명

지도교사 채희진

I. 연구 동기 및 목적

1. 연구 동기

물리 수업에서 로렌츠 선박에 대한 소개를 받았다. 바닷물 속에 있는 염화나트륨을 이용, 자석의 자기력, 전류만 제공하면 바닷물의 나트륨 이온과 염소이온이 전자기력을 받아 배가 움직인다고 한다. 모터(엔진) 없이 전자기력에 의해 움직여 소음과 진동이 없으며 화석 연료를 사용하지 않는다는 점에서 친환경적이다. 또한 상온의 초전도체만 있으면 매우 빠른 속도도 낼 수가 있다고 한다. 그래서 우리 연구팀은 현장탐구 활동에서 소형 건전지, 네오디뮴, 소금물 등으로 배 모형을 만들어 전자기력 배의 물리적 요소와 힘의 관계를 살펴보기로 하였다.

Ⅱ. 이론적 배경

1. 배의 추친력 (로렌츠의 힘)

전류가 흐르는 도선이 자기장 속에 있다면, 도선에 흐르는 전류는 자기장으로부터 힘을 받는다. 그러므로 전류는 전기를 띠고 있는 입자의 흐름이므로 자기장 속에서 운동하는 전하 역시 힘을 받아 운동하는 것이다. 전류가 흐르는 방향과 도선 안에서의 자유 전자의 방향은 반대의 방향이다. 일반적으로 전하량 q로 대전된 입자가 자기장 B를 수직으로 v의 속도를 가지고 입사하면, 이 입자가 받는 힘 F는 q(E+vB)가 된다. 이 힘을 로렌츠의 힘이라고 한다. 여기서 힘의 방향은 플레밍의 왼손 법칙으로 알 수 있다.

2. 배의 운동방향 결정 (플레밍의 왼손 법칙)

플레밍의 법칙은 <로렌츠 힘>의 관계를 이해하기 쉽도록 고쳐 표현한 것으로 로렌츠 힘에서 자기장과 속도가 이루는 각이 특별히 직각인 경우이다.

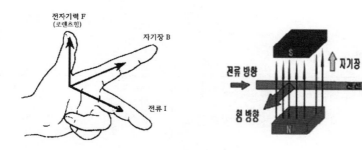

Ⅲ. 탐구 내용

1. 로렌츠 배의 장점

▶프로펠러와 같은 회전체를 두지 않고 직접 해수에 힘을 미쳐 이동한다.

▶기계적인 회전기구가 없고 해수의 흐름이 층류 적이므로 프로펠러에서 기인되는 진동이나 소음이 없다.

▶유효추진력은 해수전류(또는 자장)의 강도에 비례하므로 후진을 포함한 속도제어에 용이하고 또한 순발력 있는 운전도 가능하다.

▶선박이 180km/h 이상의 속도를 낼 수 있으며 전력의 손실이 거의 없기 때문에 적은 엔진으로도 고속으로 움직일 수 있다.

▶선체 외부에 프로펠러와 같은 돌출물이 없어 구조가 간단하고 보수도 용이하다.

소금물을 물에 녹임

2. 탐구 목적

가. 우리는 이런 장점을 가진 로렌츠 선박의 원리와 여러 가지 변인을 조작하며 어떤 조건에서 가장 효율적으로 배가 나아갈 수 있는지를 탐구함.

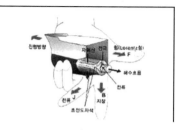

나. 실제 로렌츠 선박의 가능성을
살피고 실험 과정에서 나오는 단점
을 보완하는 데에 있다.

IV. 탐구방법 및 결과

1. 실험 1 – 기초 실험

가. 실험과정

1) 스티로폼을 10cm×15cm×1cm 크기로 자른다.

2) 가운데에 구멍을 파서 막대자석을 넣는다.

3) 자석 양쪽에 구리판을 꽂고, 고정한다.

4) 건전지를 전선을 이용하여 구리판에 연결한다.

5) 물에 띄워 관찰한다.

나. 실험결과

1) 스티로폼 한 층으로 제작했더니 건전지와 자석의 무게를 견디지
　못하고 가라앉았다.

　☞ 중력보다 부력이 약하다고 판단하여 스티로폼을 두 겹, 세 겹
　으로 만들었다. 그리고 배의 밑 부분을 더 넓게 제작하였다.

2) 배의 회로는 제대로 연결되었지만, 배가 앞으로 가지 않았다.

☞ 전류의 세기가 충분하지 않은 것으로 생각하여 건전지의 수를 늘려 보았다.

2. 실험 2 - 1차 보완
(실험 1- 기초 과정의 문제점에 대한 해결책을 적용)

가. 실험과정
1) 전류의 세기를 증가시켰지만 배가 앞으로 나가지 않았다.
   그래서 자기장의 세기를 증가시켜 보았지만 역시 배가 앞으로 나가지 않았다.
2) 다시 처음으로 돌아가서 이론적 배경을 생각해보았다.
3) 물에 이온이 있어야 전류가 흐른다는 사실을 파악하였고, 소금을 넣어주었다.
나. 실험결과
   물에 소금을 넣고 다시 배를 띄워 보았다. 발광 다이오드(LED)를 통해 전류가 흐르는 것 역시 확인할 수 있었다. 그러나 여전히 배가 앞으로 나가지 않았다.
   ☞ 조사가 부족한 것 같아 세부적인 이론을 좀 더 조사하고 지도교사 선생님께 자문하였다.

3. 실험 3 - 2차 보완(실험 2의 문제점에 대한 해결책을 적용)
가. 실험과정
1) 자석을 네오디뮴 자석으로 바꿨다.
2) 자석의 표면을 절연 테이프를 이용하여 절연시켰다. 이는 자석 표

면을 통해 전류가 흐르는 것을 방지하기 위해서이다.

　나. 실험결과

　드디어 배가 앞으로 나아가기 시작했다. 하지만 속도는 아주 느렸다.

　4. 실험 4 - 최종 보완(실험 3의 문제점에 대한 다양한 해결책을 적용)

　가. 보완 내용

　1) 전지와 자석의 수를 늘리고 구리판 사이의 거리를 증가시켰다.

　2) 배의 형태를 다양하게 만들어 보았다. 배의 밑을 실제 배와 비슷하게 만들어 보았다. 이로써 저항을 줄이면서도 부력을 충분히 받고, 자석을 여러 개 달 수 있었다.

　3) 건전지의 무게를 줄이기 위해 전지를 들고 전선만을 이용하여 연결해 주었다.

　4) 구리판 대신 아연판, 철판을 이용하여 보았다.

V. 결론 및 제언

1. 결론

가. 전지와 자석의 개수

전지와 자석의 개수를 증가시켰지만 속도가 많이 증가하지 않았다. 오히려 더 속도가 감소하거나 물에 가라앉는 경우도 있었다. 이론상으로는 힘의 크기만을 생각했었지만, 자석과 전지의 질량이 너무 커서 배의 관성이 증가하였고 따라서 앞으로 잘 나아가지 못했다. 또한 배가 무거워져 가라앉기도 했다.

나. 배의 모양

저항을 최소한으로 받도록 배의 앞부분을 유선형으로 만들고, 배의 아래쪽 표면적을 넓게 하여 부력을 많이 받도록 하는 것이 좋았다.

다. 소금물의 농도

소금물이 진할수록 물속에 녹아있는 이온의 수가 증가하게 된다. 이는 같은 전압에서도 더 많은 전류를 흐르게 하고, 결과적으로 전자기력의 크기를 증가시킨다. 따라서 소금물의 농도를 높이면 배가 더 빨리 나아갔다.

라. 배의 무게중심

배의 아래를 볼록하게 하여, 무게중심을 아래쪽에 두었더니 배가 안정되었다. 그리고 무게중심을 앞으로 해보았는데, 배가 너무 앞으로 쏠려 물이 배 앞쪽 위로 올라와 버렸다. 그리고 후진 속도가 느려지는 부작용이 생겼다. 따라서 무게중심을 너무 심하게 앞으로 두지 않고 적당히 뒤로 두는 것이 좋았다.

마. 금속의 종류와 넓이

금속의 종류와 넓이에 따라 실험해 보았지만 별다른 차이를 느끼지 못하였다. 저항의 크기는 구리>철>아연 순이지만 미세한 차이라서 실험에서는 드러나지 않은 것으로 보인다. 이는 좀 더 연구가 필요할 것으로 보인다.

2. 제언

실제로 로렌츠 선박을 제작할 때에는 이런 모형을 만드는 것보다 훨씬 더 많은 조건과 변인을 따져야 하므로 더 어려운 과정을 거쳐야 할 것이다. 일단은 질량을 크게 키우지 않고 충분한 추진력을 얻는 것이 가장 중요한 과제인 것 같다. 실험 후 조사 과정에서 1992년, 일본에서 최초로 로렌츠 선박을 제조했던 적이 있었다는 사실을 알게 되었다. 이미 오래전부터 연구가 되어 온 로렌츠 선박이므로 머지않아 실용화될 수 있다고 기대된다.

참고 자료

1. D. Halliday 저, Fundamentals of physics
2. Chris Vuille, Raymond A. Serway, Jerry S. Faughn 저, 일반물리학 교재 편찬 위원회 역, 일반물리학 (8TH EDITION)
3. Matthew N. O. Sadiku 저, 전자기학

현장탐구활동 지도 후기

▶현장탐구란?

발명 활동, 과학전람회, R&E, 졸업논문 등과 같은 연구 활동이 3개월~1년과 같은 긴 시간이 필요로 한 데 비하여, 현장탐구는 준비 기간부터 7~10일 정도의 짧은 시간에 방문 현장과 관련되는 간단한 주제의 탐구 활동이다. 깊이 있는 연구 활동을 기대하는 건 무

리이며 현장탐구 보고서로 간주하면 된다.

▶연구 동기

학생들과 해남지역에 수련 활동하러 가서 이루어지는 현장탐구 활동이었다. 물리 분야의 탐구 활동이므로 그 지역과 특별하게 연결할 필요는 없었다. 연구하는 이 선박은 바닷물의 나트륨 이온과 자석의 자기장과의 상호작용으로 전자기력을 발생시켜 배를 추진시키는 배이다. 고등학교 1학년 학생들이라 지도교사로부터 배경지식을 배우고서 탐구 활동을 실시하였다.

▶과학적 원리

배 모형을 만들고 배 바닥에 네오디뮴 자석과 단추형 전지 등으로 회로를 구성한다. 바닷물이 회로의 한 부분을 구성하여 바닷물 속의 나트륨 이온이 자석의 자기장과 상호작용으로 전자기력이 생겨 배 추진력 역할을 한다. 플레밍 왼손법칙으로 힘의 방향을 결정한다.

▶연구 주제

전자기력 선박의 원리와 효과적인 제작을 위한 탐구

▶문제 해결 과정에서의 특별한 이야기

전자기 배 모형을 만들기 위해서는 배의 중량이 전체적으로 가벼워야 한다. 우드락으로 배를 만들고 배 바닥에 구성하는 전기회로의 구성하는 전선은 가벼운 도선, 자석도 얇은 두께의 네오디뮴, 단추형 전지를 사용하여 전체적으로 가볍게 만들었다. 이 배를 띄우는 커다란 소금물이 들어있는 용기를 만들기 위해 어린이용 풀장을 구하고 엄청 소금을 녹여 배를 띄어 실험하였다.

▶연구 결과

학생들은 바닷물의 이온 특성을 이용한 전자기 배에 대하여 신기함을 느끼고 그 신기함을 과학적으로 이해하고 실제로 작동되는 배를 만들어 체험하는 활동을 할 수 있었다.

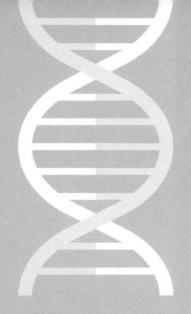

Chapter VI

생활과학교실 체험학습
7개 프로그램

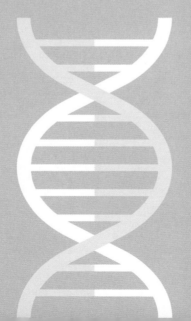

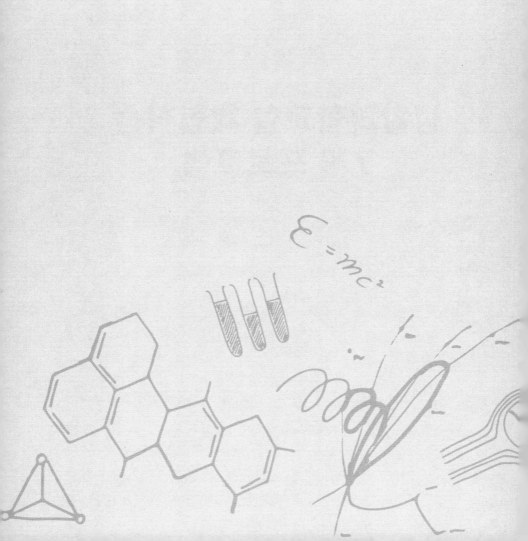

1

고무줄 탄성으로
달리는
동물 장난감

이 활동을 하면

고무줄의 탄성을 이용하여 달리는 장난감을 만들어 탄성에너지가 운동에너지로 변환됨을 배우며, 또한 창의력을 발휘하여 색종이로 표현하고 싶은 동물을 다양한 개성으로 표현할 수 있는 학습 놀이다.

무엇을 배운가요?

1) 탄성력을 이용하여 운동하는 물체들의 운동 원리를 배운다.
2) 색종이로 동물에 대한 특징을 개성적으로 표현할 수 있게 한다.

활동 핵심어

탄성력, 탄성에너지, 동물들의 특징

무엇이 필요한가요?

플라스틱 용기 1개, 노란 고무밴드 4개, 필름 통, 셀로판테이프, 양면 테이프, 모양 꾸밀 재료 (인형 눈, 우드락, 접착제, 색종이 등), 가위, 풀, 실 2m, 글루건, 장구핀 1개

활동상의 유의점

1) 제작 순서에 따라 차분하고 정확하게 따라 한다.

2) 펀치, 송곳, 가위를 사용할 때 다치지 않도록 특별히 주의한다.

3) 색종이로 자기가 만들고자 하는 동물들의 특징을 잘 표현한다.

활동 순서는 이렇게요!

1) 플라스틱 밥그릇의 아랫부분에서 위로 약 1.5 ㎝ 위치에 송곳으로 구멍을 뚫는다.

2) 구멍은 마주 보는 곳에 같은 높이로 하나 더 뚫는다.

3) 구멍 뚫은 곳에 노란 고무밴드를 묶는다.

(가면에 고무밴드 끼우듯이 끼운다.)

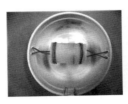 

4) 찰흙을 넣은 필름 통 양 끝에 고무밴드를 셀로판테이프로 붙인다.

특히, 위 사진처럼 필름 통이 그릇보다 밑으로 나와야 한다.

5) 플라스틱 용기 위에 구멍을 뚫고 실을 넣는다.

6) 플라스틱 용기 위의 실에는 장구 핀을 묶어 구멍으로 실을 빠져버

리지 않도록 한다.

7) 플라스틱 용기 안으로 들어간 실은 필름 통에 가운데 부분에 스카치 테이프로 고정한다.

8) 장구 핀을 잡아당기면 필름 통이 회전하면서 고무줄을 감기게 되고 손잡이를 내리면 고무줄이 풀어지면서 장난감 동물이 전진 운동을 하게 된다.

9) 장난감이 제대로 동작을 하면 원하는 동물 모양을 플라스틱 밥그릇 겉에 꾸며 붙인다. (마우스, 토끼, 거북이 모양 등)

10) 여러 명이 만들었을 때 가장 멀리 가는 시합을 벌여도 좋다.

활동 결과 보기

  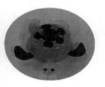

토끼   미키마우스   꽃게   거북이

과학원리 알기

모든 물체의 운동은 에너지의 전환으로 설명이 되며 밥그릇 위의 장구 핀을 잡아당기면 필름 통이 회전하면서 고무줄을 감기게 되어 탄성력에 의한 위치 에너지가 저장되고 실을 내리면 고무줄이 풀어지면서 운동 에너지가 되면서 장난감 동물이 전진 운동을 하게 된다.

생활 속에서 찾아보기

고무동력 비행기. 활쏘기, 장대높이뛰기, 새총, 침대 매트리스

학습 정리

학생들이 만든 장난감의 동작 원리를 설명할 수 있도록 지도한다.

참고 자료

움직이는 동물인 형은 고무줄이 늘어났다가 되돌아가 지려는 탄성에 너지를 이용하여 움직이는 것이다. 고무줄을 이용한 교무동력기가 하늘을 나는 것과 같은 원리이다. 우리 생활 주변에서 탄성력이 이용된 경우는 여러 가지가 있다. 활의 탄성력을 이용해서 화살이 날아가게 되고 장대높이뛰기도 구부러진 막대의 탄성을 이용한 것이다. 이외에도 팬티에 사용되는 고무줄, 새총, 침대 매트리스나 여러 장비에 쓰이는 스프링이 있다.

수업 소감

이 수업을 하다 보면 고등학생 중에서도 실과 고무줄 묶는 것을 하지 못하는 학생들이 많이 있다. 초등학생과 중학생은 더욱 많다. 학교에서 심오한 체험활동을 하기 전에 먼저 손이나 도구를 이용한 기본적인 손 기술을 익힐 수 있도록 교사들이 관심을 가지고 지도해야 한다. 이러한 학생들은 기본적인 것을 하지 못하기에 상급학교에 올라와 더 심화적인 기구를 다룰 때 이전의 결핍된 부분이 전진을 막아 점차로 학습 흥미를 잃는 것이다.

2

바퀴 없이 달리는 구두솔 자동차 -강아지풀 놀이의 원리

이 활동을 하면

세상에는 상식을 조금 벗어난 일들이 많이 일어난다. 하늘은 나는 돛 단배, 물속을 나는 비행기, 이런 내용은 어떤 가수가 부르는 노래에서 나온 가사들인데 그러나 이런 내용이 불가능하기만 한 것은 아니다.

무엇을 배운가요?

1) 우리 생활에는 많은 진동이 발생하여 진동을 통해서 물체가 이동할 수 있음을 안다.

2) 때로는 틀에 박힌 사고에서 벗어나서 생각하는 것이 좋은 창의적 발견의 바탕이 될 수 있음을 배운다.

활동 핵심어

진동의 발생, 바퀴 없는 자동차, 강아지풀 놀이, 창의적 발상

무엇이 필요한가요?

진동모터 (1.5V~3V), 나무 구두솔, 스위치, 전기인두, 땜납, 니퍼, 전선
이 붙은 건전지 홀더, 글루건

활동 순서는 이렇게요!

1) 구두솔 나무 위에 스위치, 건전지(건전지 케이스)를 그림처럼 글루
건을 이용해 고정한다.

2) 건전지(3V) 홀더와 스위치, 모터를 직렬로 납땜으로 연결한다.

3) 진동모터를 글루건으로 건전지 홀더 위에 고정한다.

4) 모터 축에 필름 통 뚜껑을 중심축에 약간 어긋나게 연결하여 진동
이 심하게 일어나도록 한다.

5) 구두솔이 달리고자 하는 방향의 반대 방향으로 구두솔 털이 약간
눕혀지도록 압력을 가하여 누른다.

6) 스위치를 켜면 부르르~진동하며 돌아다니며 장애물을 만나도 방
향을 돌면서 돌아다닌다.

활동 결과 보기

물체가 진동하면 움직일 수 있다.

구두솔 자동차 정면 사진   구두솔 자동차 측면 사진

과학원리 알기

진동은 일종의 에너지이며 파동 에너지라고 한다. 물체가 에너지를 얻으면 위치가 변하기도 하고 속도가 변하기도 한다. 구두솔도 진동에 너지로 인해 위치와 속도를 얻어 움직이게 된다.

생활 속에서 찾아보기

1) 가구에 박힌 나사들이 어느 날 느슨하게 풀어진 것.
2) 강아지풀이 손등의 진동으로 움직이는 것.

참고 자료

어릴 적에 강아지풀을 오른손으로 살짝 감싸 쥐고서 손등을 왼손으로 오른손 등을 살살 때려서 진동을 주면 강아지풀이 살아있는 벌레처럼 서서히 주먹에서 빠져나오는 것을 볼 수 있다. 여기서 강아지풀의 털이 기울어진 방향과 구두솔의 솔이 기울어진 방향과 진행 방향은 원리적으로 같다.

손등에 진동을 주면 손안에 있는 강아지풀의 풀이 구부려졌다 펴졌다 하면서 앞으로 진행하게 된다. 결국, 구두솔 자동차도 모터 축에 편심(무게중심이 한쪽으로 치우친) 된 프로펠러(필름 통 뚜껑)를 끼워서 회전시키면 프로펠러의 무게중심이 원심력 때문에 심한 진동을 하게 되는데 이때, 이 진동으로 인해 구두솔의 솔이 구부려졌다 펴졌다 하는 운동으로 바뀌면서 앞으로 계속 진행하게 되는 것이다.

강아지풀의 놀이

수업 소감

이 수업을 할 때는 학교 주위에 강아지풀이 있다면 꺾어서 수업 시작과 더불어 강아지풀의 놀이를 시범으로 보이면 학생들이 신기해한다. 위 사진처럼 강아지풀을 살포시 잡고 다른 손으로 손 등을 두드리면 어떨 때는 강아지풀이 잡은 손에서 나오기도 하고 들어가기도 한다. 그것은 강아지풀의 풀의 방향이 어느 방향 쪽으로 기울어져 있는가에 달려 있다. 구두솔도 처음 구입했을 때는 한쪽으로 치우쳐 있지 않다. 특정한 방향으로 움직이도록 하기 위해서는 구두솔의 솔의 방향이 한쪽으로 기울어져 있도록 모터의 진동 때문에 원하는 방향으로 구두솔이 진행하게 된다.

창의성 명언 11

위대한 사상가가 위대한 까닭은 그들이 그때까지 나온 책이나 전설과는 상관없는 자신의 생각을 말했지, 자기보다 먼저 살았던 사람들이나 현재 자신과 함께 살고 있는 다른 사람들의 생각을 말한 것이 아니라는 점에 있다. _에머슨

3

바닥에 낙하시켜
연주하는 실로폰

이 활동을 하면

금속 막대를 허리 높이에서 자유낙하를 시켜 딱딱한 바닥에 떨어뜨리면 금속 막대 길이에 따라 음의 높이가 다른 소리가 나는 것을 이용하여 여러 사람이 협력 활동으로 곡을 연주한다. 일종의 떨어뜨리는 실로폰이다. 이 활동을 하면 곡을 연주하는 재미와 금속 막대의 길이에 의해서 소리의 높낮이가 달라짐을 알 수 있는 학습을 할 수 있다.

무엇을 배운가요?

1. 금속관을 진동시키면 길이에 따라 소리의 높낮이가 달라지는 것을 알아볼 수 있다.

2. 협력 활동을 통하여 과학 활동에서 협력의 중요성을 깨달을 수 있다.

활동 핵심어

소리의 발생, 음계, 관의 길이, 진동수, 음의 높이

무엇이 필요한가요?

금속관이나 금속 막대를 철물점에서 구입하여 쇠톱으로 음계에 맞는 길이로 자르면 좋은데, 교사와 학생이 자르기가 쉽지 않다. 구입시 원하는 크기로 자르는 비용까지 지불한다고 하면 깔끔하게 만들 수 있다. 금속 제품을 자르고 나서는 거친 곳은 사포로 다듬어야 사용시 상처를 입지 않는다.

활동상의 유의점

1) 금속 막대를 제작에 목적이 있지 않고 제작된 금속관을 가지고 음악 연주 활동을 하면서 과학적 원리를 배우는 데 있다.

2) 가능한 구경이 큰 관이 부드러운 맑은 소리가 발생하며 너무 가늘면 날카로운 소리가 난다.

3) 한 학생(음계)당 금속관을 3개 정도 준비하는 것이 좋으며 너무 높은 데서 낙하시켜서 다시 주어 연주하는 데 시간이 걸리지 않도록 한다.

활동 순서는 이렇게요!

1) 자른 관에는 유성펜으로 작게 '도레미파솔라시도'의 음계를 표시해 둔다.

2) 막대를 '도레미파솔라시도'의 음계 순으로 하나씩 떨어뜨려 보면 소리의 높낮이가 맞는지 쉽게 확인할 수 있다.

3) 여덟 사람이 둥그렇게 서서 아주 쉬운 곡부터 곡을 연주한다.

4) 음이 자주 나오는 사람은 다른 사람이 연주할 때 재빨리 허리를 구부려서 금속 막대를 주워 다음 연주에 사용할 수 있도록 한다.

5) 팀별로 연주 경연을 시키면 동기유발이 되어 재미있는 놀이 학습이 된다.

6) 음악에 기초가 없는 학생은 악보를 보면서 연주에 참여토록 한다.

활동 결과 보기

자유낙하 실로폰　　　　　　학생들의 실제 연주

과학 원리 알기

자연 장음계	진동수의 비	막대의 길이의 비	막대의 길이(cm)
도	1000	1000	20
레	1122	944	18.88
미	1260	891	17.82
파	1335	865	17.30
솔	1502	816	16.32
라	1682	771	15.42
시	1888	728	14.56
도	2000	707	14.14

생활 속에서 찾아보기

1) 실제 실로폰이 막대 크기에 따라 음의 높이가 변함

2) 팬 플롯이 부는 관의 길이에 따라 음의 높낮이 변함

3) 기타 줄의 길이에 따라 음의 높낮이가 변함

학습 정리

관의 길이가 길수록 낮은 소리 즉, 진동수가 작아진다.

즉 진동수 제곱에 반비례한다.

참고자료

실로폰은 "Xylon : 나무"와 "Phone : 소리"라는 그리스 어원에서 파생되었다. 음높이는 실로폰 막대의 길이를 짧게 함으로써 높아지고, 길게 함으로써 저음이 나게 된다. 실로폰은 그리 길게 공명이 되지 않고 짧다. 높은음에서는 깨어지는 듯한 소리가 나는 반면 낮은음은 더 풍성하고 충분한 공명을 갖는다.

수업 소감

학생들은 대부분 어릴 때 두드리는 실로폰을 연주해본 경험이 있다.

길이가 긴 금속 막대를 나무 막대로 두드릴 때는 저음이 나고 길이가 짧

은 금속 막대는 고음 소리가 났다. 이 수업은 금속 막대를 무릎 높이에서 자유 낙하시켜 시멘트 바닥과 같은 단단한 지면에 부딪혀 소리가 나는 음악 놀이이다. 한 명부터 일곱 명까지 참여하여 한 곡을 연주할 수 있다. 특히, 한 옥타브 금속 막대 세트를 여러 개 만들면 한 사람이 같은 음이 나오더라도 재빨리 다시 엎드려 집지 않아도 되므로 여유가 있는 음악 놀이를 할 수 있다.

4

백척간두에서 떨어지고 싶지 않아요

이 활동을 하면

어린 학생들이 가지고 노는 완구 중에는 손끝에서 아슬아슬 부리로 균형을 잡은 새 모양의 완구가 있다. 참으로 신기하게 생각된다. 또한 나무 끝에 앉아 있는 잠자리는 몸이 아래쪽으로 쏠려 있는데도 편하게 앉아 있다. 어떤 과학적 원리가 들어 있을까?

무엇을 배운가요?

1) 실험을 통하여 물체의 무게중심을 찾는 공부를 할 수 있다.

2) 식사 테이블에서 숟가락과 포크로 손쉽게 과학 마술을 보일 수 있다.

활동 핵심어

무게중심, 외줄 타기 광대, 과학 마술

무엇이 필요한가요?

포크, 숟가락, 성냥개비, 유리컵

활동상의 유의점

1) 포크의 이빨 사이로 숟가락을 연결할 때 손을 다치지 않도록 주의한다.

2) 연결된 물체들의 무게중심이 받침점 밖으로 나가지 않도록 주의한다.

활동 순서는 이렇게요!

1) 숟가락의 앞부분을 포크의 이빨 사이에 끼워 연결한다.

2) 이쑤시개를 포크의 이빨 사이에 끼운다.

  (포크와 숟가락을 단단히 끼우고 성냥개비로 균형을 잘 잡아야
  한다.)

3) 포크와 숟가락을 낀 성냥개비를 컵 한쪽 위에 올려놓고 균형을 잡
  는다.

활동 결과 보기

포크와 숟가락의 무게중심은 컵 안쪽에 있어서 포크와 숟가락은 밖으로 떨어지지 않게 된다.

호기심 표현하기

1) 포크와 숟가락이 컵 밖으로 나와 있는데도 떨어지지 않는 이유는 무엇일까?

2) 포크와 숟가락의 무게중심은 어디에 있을까?

과학 원리 알기

우리가 흔히 사용하는 30cm 자와 같이 매질이 균일한 물체의 경우 자를 양손의 검지 위에 올려놓고 두 손을 가운데로 천천히 모아보자. 두 손이 같은 위치에 모여도 자가 균형을 유지할 때, 손가락이 있는 지점 이 바로 자의 무게중심이 되는 것이다.

이 점을 실로 묶어 매달면 자는 오른쪽이나 왼쪽 어느 쪽으로도 치우 치지 않고 매달려 있게 될 것이다. 이처럼 무게중심은 전체 무게가 무게 중심에 집중된 것처럼 행동하기 때문에 물체의 중심에 무게중심이 있 다. 또 자유롭게 매달린 물체의 무게중심은 매어진 점 바로 아래에 있게 되는 것이다.

생활 속에서 찾아보기

광대의 외줄 타기, 잠자리가 나뭇가지 위에 앉기

학습 정리

1) 학생들이 무게중심을 잘 이해하여 다른 과학적 현상에 관해서도 설명할 수 있도록 한다.

2) 다양한 재료를 가지고 무게중심 원리로 멋진 과학 마술을 할 수 있도록 지도한다.

참고 자료

영화 〈왕의 남자〉에서 하나뿐인 밧줄에 의지하여 긴 나무 장대를 들고 아슬아슬 외줄 타기를 하는 광대와 하나의 밧줄에 자전거까지 타고 가는 곡예사를 봤을 것이다. 분명히 신기한 마술임에는 틀림이 없다. 그러나 마술의 기본은 눈속임이 아닌 과학의 원리다. 발이 밟고 있는 밧줄은 받침점이 되고, 들고 있는 긴 장대는 무게중심을 낮추기 위한 것이다. 무게중심이 받침점보다 아래에 있을 때 안정된 균형을 이루는 과학적 원리를 이용한 마술이다. 포크와 숟가락의 재롱 또한 무게중심을 잘 맞추기만 하면 쉽게 할 수 있는 아주 재미있는 놀이다.

수업 소감

　본문 사진에서 포크와 숟가락이 모두 컵 밖으로 나와 있는데 무너지지 않고 정지해 있는 것을 학생들에게 보여주면 모두 신기해하고 왜 그러지? 하며 궁금해한다. 과학적 원리를 배우고 이렇게 설치하는 것을 배운 학생은 앞으로 자기 집의 식탁이나 집 밖 식당에서 음식이 나오기 전에 식탁에 놓여있는 포크와 숟가락으로 가족이나 친구에게 이 과학 마술을 보여주게 된다면 이것을 본 사람은 정말 놀라워할 것이다. 나는 마술사다! 라고 하며 잠시 우쭐해도 좋다!

5

창의성이 빙빙!
homopolar
전동기

이 활동을 하면

이 전동기는 패러데이라는 과학자가 처음 만들었다는 homopolar motor이다. 일반적인 전동기와는 달리 아주 쉽고 간단하게 만들 수 있다는 장점이 있다. 또한 회전자를 돌리는 힘인 전자기력과 회전 방향이 무엇에 따라 바뀌는지 확인할 수 있으며 만드는 사람의 개성을 따라서 회전하는 구리 선의 모양은 다양하게 만들 수 있어 개인의 창의성을 나타내는 데 재미있고 유익한 활동이 된다.

무엇을 배운가요?

1. homopolar 전동기를 직접 제작하며 전동기의 원리를 말할 수 있다.

2. 전동기의 회전자를 구리 선으로 자기만의 멋진 개성이 돋보이는 형태로 만들 수 있다.

3. 자기장 내에 있는 도선에 전류가 흐르면 도선이 힘을 받으며 플레밍의 왼손법칙에 의해 힘을 받음을 확인할 수 있다.

활동 핵심어

전동기, 자기장, 전류, 전자기력, 플레밍의 왼손법칙

무엇이 필요한가요?

구리 선 2개 (두께 1.2 mm, 길이 30cm 정도), 전지(AA) 1.5 V 네오디뮴 자석 1개 (전지 지름과 같은 15mm, 두께 5mm)

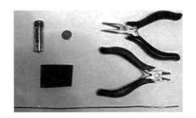

활동상의 유의점

1) 구리 선은 피복이 없는 것이 좋으며 에나멜로 감싸진 구리 선은 사포로 문질러 사용한다.

2) 구리 선에는 순간적으로 많은 전류가 흘러 뜨거워지므로 건전지를 만질 때 주의를 하며 작동시간을 길게 하지 않는다.

활동 순서는 이렇게요!

| 그림3 초보용 | 그림4 중급용 | 그림5 고급용 |

1) 처음에는 그림 12처럼 매우 간단한 모양의 하트 회전자를 만들어 원리를 익힌다.

2) 그림3의 작품을 쉽게 잘 만든 학생에게는 그림4, 그림5처럼 더 심미적이고 정교한 회전자를 만들 수 있도록 또 하나의 구리 선을 제공한다.

3) 특히. 건전지의 (+), (-)극에 접촉하는 부분은 전류가 흐르도록 사포로 에나멜을 벗긴다.

4) 그림처럼 건전지 (-)극이 위를 향하게 하면 구리 선이 돌면서 옆으로 미끄러지는 것을 예방할 수 있어 좋다.

5) 건전지 (+)극 아래에 있는 네오디움 자석과 회전하는 구리 선의 아랫부분이 스치면서 전기적으로 접촉이 잘되도록 높이와 거리를 잘 조절한다.

6) 회전자가 회전할 때 쉽게 바닥에 떨어지지 않도록 아래 그림4, 그림5처럼 구리 선이 건전지를 감싸듯이 만들면 회전하면서 떨어지지 않는다.

활동 결과 보기

1. 학생들이 만드는 간이 전동기 중에서 homopolar 전동기는 가장 쉽게 전동기의 원리를 배울 수 있으며 개인의 창의력을 발휘할 수 있는 작품이다.

2. homopolar 전동기는 초등학생부터 고등학생까지 간단한 형태로부터 정교하고 복잡한 형태까지 능력에 맞게 제작할 수 있다.

과학 원리 알기

전자기력과 플레밍의 왼손법칙

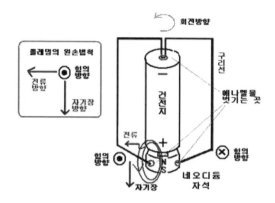

그림 9 homopolar 전동기에서의 힘의 방향

수업 소감

　우리 생활에 전동기(모터)가 들어가는 전기 제품에는 선풍기, 믹서기, 세탁기, 면도기, 안마기, 커피 그라인더 등이다. 이러한 전동기의 작동 원리는 매우 복잡하게 보이지만 호모폴라 전동기 제작을 통해 자기장 속에서 전류가 흐르는 도선이 받는 전자기력을 이야기하면 학생들

은 보다 쉽게 이해할 수 있게 된다. 힘의 방향도 플레밍의 왼손법칙으로 힘의 방향을 제대로 찾을 수 있다. 유튜브를 보면 다양한 형태의 호모폴라 전동기가 작동하는 모습을 볼 수 있다. 여러분의 호모폴라 전동기는 어떤 모습일까?

6

씨앗은 왜
회전하며 떨어질까?

이 활동을 하면

이 세상의 모든 생명은 동물이든 식물이든 죽는 것을 싫어하고 좋은 후손을 남기기 위해 엄청난 노력을 한다. 식물은 씨를 잘 퍼뜨리기 위해 날개를 달고 바람을 이용하기도 하고 잔가시나 끈적이는 액으로 움직이는 동물에 붙어가기도 한다. 산새들에게 먹혀서 이동하기 위해 향기로운 과육을 만들기도 하고 스스로 껍질을 터뜨려 튀어 나가기도 한다. 저마다의 방식으로 씨앗은 미지의 여행을 한다. 여기서는 씨앗이 바람을 이용하여 비행하는 방법 중에서 색종이로 만들 수 있는 외 날개 비행, 팔자 비행, 바람개비 비행 씨앗 모형을 만들고 비행 원리를 배운다.

식물이 종자를 퍼트리기 위한 비행 종류		
1. 외 날개 비행		
2. 회전 비행		
3. 바람개비 비행		
4. 소용돌이 비행		
5. 다단계 비행		

무엇을 배운가요?

1. 식물의 씨앗은 땅에 떨어질 때 회전하여 떨어지는 이유를 안다.
2. 식물 씨앗 비행모형 3가지를 색종이로 만들어 비행하는 원리를 배운다.

무엇이 필요한가요?

색종이, 작고 가벼운 색채 클립, 여러 식물 종자 비행 영상

활동상의 유의점

1. 씨앗 비행모형을 만드는 기능적인 것뿐만 아니라 식물들이 씨앗을 멀리 퍼뜨리는 이유를 반드시 알도록 한다.
2. 색종이에 끼우는 클립은 가능한 작고 가벼운 클립을 사용한다.
3. 가능한 회전을 잘하고 멀리 날아가기 위해서 색종이 크기나 클립의 위치를 변경하면서 날려본다.

활동 순서는 이렇게요!

색종이와 클립을 이용하여 3개의 씨앗 모형을 만들어 비행하도록 날려본다.

1) 외 날개 비행

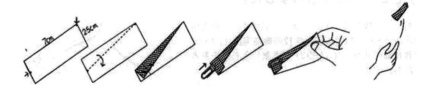

① 색종이를 가로 7cm × 세로 2.5cm 정도 자른다.

② 세로의 중앙 점과 반대쪽 세로의 한 끝점을 기준으로 그림처럼 접는다.

③ 다음 그림처럼 아랫부분에서 가로로 적당히 접는 다음, 클립을 끼우고 공중으로 날려보면서 회전하는 모양을 관찰한다.

④ 이 비행은 클립의 무게와 색종이 크기와 관련이 있으며, 잘 날지 않으면 클립을 반 정도만 끼운다. 그래도 잘 날지 않으면 가벼운 클립으로 교체한다.

2) 회전 비행

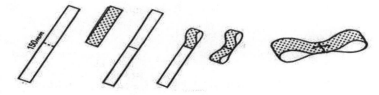

① 색종이를 가로 15cm × 세로 1.5cm 정도 자른다.

② 그림처럼 접는다.

③ 스텝 풀러나 풀로 한가운데를 고정한다.

④ 씨앗 모형을 손바닥 위에 올려놓고 높은 곳에서 가볍게 떨어뜨린다.

⑤ 회전이 잘되지 않으면 양쪽 둥근 부분을 더 둥글게 만든다.

3) 바람개비 비행

① 색종이를 가로 16cm × 세로 1.3cm 정도 자른다.

② 약간 비스듬하게 접는 다음 작은 클립으로 그림처럼 끼운다.

③ 색종이 양쪽을 두 손가락으로 문질러 바깥쪽으로 약간 휘어지도록 한다.

④ 클립이 있는 아래를 잡고 위로 던져 회전하면서 떨어지도록 한다.

⑤ 클립이 밑으로 하여 회전을 하면서 떨어진다.

학습 정리

1. 식물의 씨앗은 회전하면 위로 향하는 힘이 생겨 공중에 오래 머물러 있어 바람에 의해 멀리 날아갈 수 있다.

2. 씨앗이 멀리 퍼지면 천재지변에 의한 그 식물의 멸종을 피할 수 있고 엄마 나무와 영양공급에 있어서 경쟁을 피할 수 있다.

3. 색종이로 씨앗 모형을 만들 때 씨앗들이 좌우 불균형을 이루게 되어있어 떨어질 때 회전하게 되어있다.

과학 원리 알기

씨앗 날개 위에서 발생 소용돌이 포착 - (미국-네덜란드 연구팀)

단풍나무 씨앗은 땅으로 떨어질 땐 씨앗 날개는 마치 헬리콥터 날개처럼 회전하는데, 이때 날개 위쪽에 씨앗을 위로 뜨게 하는 소용돌이가 발생한다.

소용돌이는 날개 위쪽의 공기 압력을 낮춘다. 이러면 토네이도가 회전하면서 아래쪽 공기를 빨아들이는 것처럼 씨앗 날개도 위로 빨려간다. 덕분에 씨앗 날개가 공중에 머무는 시간이 늘어난다. 이때 바람이라도 불면 더 먼 곳으로 날아갈 수 있다.

연구진은 실제 씨앗 날개에서도 소용돌이를 확인했다. 연기로 가득 찬 통 안에서 씨앗 날개가 돌자 날개 위쪽의 연기가 소용돌이쳤다. 분석 결과 날개가 있는 씨앗은 일반 씨앗보다 공중에 뜨는 힘이 두 배나 되는 것으로 나타났다. 렌팅크 교수는 씨앗 날개의 소용돌이는 공중에 더 오래 머물게 하는 낙하산이나 행성 탐사용 초소용 헬리콥터 비행체 개발에 적용될 수 있다고 밝혔다. (http://blog.naver.com/ohhojjang)

생활 속에서 찾아보기

1) 바람을 이용하여 비행하는 식물들의 씨앗

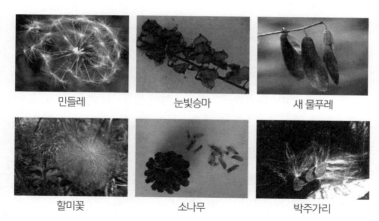

| 민들레 | 눈빛승마 | 새 물푸레 |
| 할미꽃 | 소나무 | 박주가리 |

2) 씨앗을 퍼트리는 방법

가) 바람으로 씨앗을 퍼트리는 식물

- 단풍나무, 플라타너스, 억새, 버드나무

나) 물 위에 떠서 퍼지는 씨앗

- 연꽃, 수련, 야자나무

다) 꼬투리가 터져서 퍼지는 것

– 팥, 봉숭아, 괭이밥, 참깨, 제비꽃, 완두콩

라) 동물에게 먹혀서 퍼지는 씨앗

– 딸기, 토마토, 참외, 수박, 포도, 머루

마) 동물의 몸에 붙어서 씨가 퍼지는 열매 – 도둑놈의 갈고리

바) 그냥 떨어져서 퍼지는 씨의 종류 – 잣, 호도, 도토리, 밤

참고 자료

씨앗 모형을 스케치한 그림 4장은 필자가 2005년 일본 동경을 방문하여 국립과학박물관 자연교육원에서 판매한 것을 구입하여 그림으로 인용한 것임.

수업 소감

앞에서 소개한 씨앗 비행 5가지 종류에서 색종이와 클립만 가지고 만들 수 있는 씨앗 비행 모형은 외날개 비행, 팔자 비행, 바람개비 비행 3가지이다. 이 3가지 비행 모형으로 학생들과 1시간에 걸쳐 재미있는 수업을 할 수 있다. 클립은 가능한 한 가볍고 작은 색깔 클립을 구매하면 좋다. 학생들은 한 종류이든 여러 종류이든 여러 개를 만들어 동시에 공중으로 던지면 여러 씨앗 모형이 동시에 비행하는 모습을 보여준다. 필자가 지도한 학생들은 학교 축제 때 팔자 비행을 한 주먹씩 만들어 축제 무대에서 꽃가루 대신 날려 멋진 모습을 연출하였다. 나머지 2개 씨앗 비행 모형인 소용돌이 비행, 다단계 비행은 만들기가 쉽지 않은데, 다단계 비행은 스티로폼을 얇게 자를 수 있는 장치가 있어야 하므로 실험 세트를 사서 학생들에게 보여주면 좋다. 이런 씨앗 비행 모형은 유튜브를

찾아보면 진짜 식물 씨앗이 비행하는 장면과 왜 씨앗이 비행하는 진화론적인 내용까지 시청할 수 있다.

https://www.youtube.com/watch?v=ypLTbk6ddvI&ab_channel=%EC%95%88%EB%8B%A8%ED%85%8C

창의성 명언 12

세상에는 세 종류의 사람이 있다.

첫째는, 무엇을 창조하는 소수의 사람이요, 둘째는 무엇이 창조되는지를 구경하는 수많은 사람이요, 셋째는, 무엇이 창조되는지를 모르는 대다수의 사람이다. _니콜라스 뮤레이 버틀러, 철학자

7

비눗방울과
소금쟁이는
한 핏줄!

이 활동을 하면

비눗방울은 왜 항상 구형일까? 풀잎에 맺힌 이슬들은 어떻게 해서 알알이 구형의 모습일까? 그리고 냇가에서 볼 수 있는 소금쟁이는 왜 물에 빠지지 않고 기적처럼 물 위를 자유롭게 떠다닐 수 있을까? 서로 별개라고 생각되는 위의 세 가지 현상들은 모두 표면장력이라는 하나의 원리로 설명할 수 있는 현상들이다.

비눗방울

풀잎 이슬

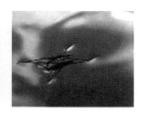
소금쟁이

무엇을 배운가요?

1. 비눗방울이 항상 구형되는 것과 소금쟁이가 물 위에 뜨는 것이 같은 원리임을 안다.

2. 여러 가지 뜨개를 이용하여 비누막을 만들 때 모습들을 표면장력으로 설명할 수 있다.

활동 핵심어

표면장력, 표면 활성, 점성도, 최소 표면적

활동상의 유의점

1. 건조한 날이나 기온이 높은 날은 비눗방울의 수분 증발이 빨라서 잘 만들어지지 않는다. 보통 한낮보다는 아침과 저녁이 좋고, 맑은 날보다는 습기가 많은 날이 잘 만들어진다.

2. 바람이 부는 곳은 비눗방울이 잘 만들어지지 않으므로 실내에서 하는 것이 적당하다. 실내에서는 비누 용액 때문에 넘어지기 쉬우므로 신문지를 많이 깔아 놓고 하는 것이 좋다.

3. 비누 용액은 몸에 이로운 성분이 아니므로 입으로 불다가 닿는 일도 있으므로 이때는 입을 깨끗한 물로 씻어내야 한다.

무엇이 필요한가요?

비커(1,000mL 2개, 500mL 2개), 큰 수조 2개, 빨대 30개, 종이컵 30개, 굵은 철사, 펜치, 견본용 비눗방울 뜨개 세트, 글리세린(500mL 1병), 세무론 1L, 주방용 세제 2L, 물(증류수) 2.5L

글리세린 　　　 주방 세제 　　　 세무론 　　　 증류수 　　　 비눗

활동 순서는 이렇게요!

1. 비누 용액 만들어 비눗방울 만들기

　잘 터지지 않는 비눗방울을 만들기 위해서는 물과 세제 이외에도 글리세린과 세무론 등을 첨가하고 적당한 비율로 비누 용액을 만들어야 한다.

　① 글리세린 : 주방용 세제:세무론:물=2:4:4:5의 부피 비율로 혼합한다.

　② 물은 증류수나 차고 깨끗한 물을 사용한다.

　③ 글리세린은 수분의 증발을 막아 비눗방울을 오랫동안 유지해 주는 역할을 한다.

　④ 세무론은 세제의 끈기를 높여주므로 비눗방울이 터지지 않고 잘 만들어지게 한다.

　⑤ 위의 재료들을 잘 섞는다. (너무 많이 섞어서 비누 거품이 생기면 스펀지로 거품을 다 걷어낸다. 비누 거품은 비눗방울을 터뜨리는 성질이 있기 때문이다.)

2. 뜨개를 이용하여 비누막 만들고 관찰하기

　① 그림 17의 여러 가지 비누막 뜨개들은 세트로 과학 상사에 시판하고 있다. 철사로 한 번에 연결할 수 있는 복잡한 뜨개들은 학생들이 쉽

게 만들 수 없으므로, 한 줄로 만들기 쉬운 뜨개들은 철사나, 철사로 만들어진 옷걸이를 재활용하여 만들어 사용한다.

② 뜨개 만들기를 할 때 전체 학생들이 한 종류의 뜨개를 만들지 말고 모임별로 뜨개 종류를 달리하여 만들기를 하면 짧은 시간에 여러 종류 뜨개들은 만들 수 있어 효과적이다.

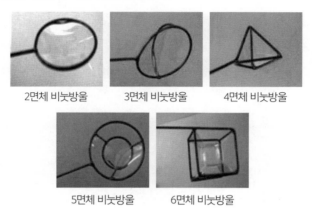

2면체 비눗방울　　3면체 비눗방울　　4면체 비눗방울

5면체 비눗방울　　6면체 비눗방울

학습 정리

비눗방울이 구형되는 것이나 5가지 종류의 비눗물 뜨개에 비누막이 생기는 모습들은 모두 표면장력에 의해서 표면적이 최소가 되는 방향으로 생기는 것을 알 수 있다.

과학 원리 알기

표면장력과 최소 표면적

비누막은 표면장력(surface tension)에 의해서 면적이 줄어들려고 하는 성질이 있다. 비누막 안에 들어 있는 기체는 부피가 커지려고 하고 비누막은 가장 작은 표면적을 가지려는 물리적 특성에 따라 기체가 가진 부피를 허용하는 최소 표면적을 갖는 기하학적 형태인 동그란 구체를 형성하게 되는 것이다. 구가 찌그러진다든가 6면체 또는 4면체를 이룬다면, 완전한 구체일 때 보다 표면적이 커지게 되어 비누막이 더 수축할 여지가 있게 되고 완전히 수축하면 완전한 구체가 된다.

참고로 큰 물방울과 작은 물방울이 만나면 순식간에 하나로 합쳐져 하나의 큰 물방울이 된다. 물방울이나 비눗방울에서는 그 내압과 맞서는 표면장력 때문에 큰 물방울에서는 작은 힘으로도 구형을 쉽게 흐트릴 수가 있지만, 작은 물방울에서는 내압과 표면장력이 맞서는 힘이 크므로 여간해서 구형 형태를 깨기 어렵고 또 깨지더라도 신속히 구형으로 복원되므로 풀잎 위의 이슬을 설명할 수 있다.

표면장력과 계면활성제

계면, 즉 극성분자들과 무극성 분자들이 함께 있을 때 서로 섞이지 않고 경계면을 이루는 걸 말한다. 이때 계면활성제(한 분자 내에 극성 부분과 무극성 부분을 동시에 가지는 물질)를 넣어주면 극성분자와 무극성 분자가 섞이게 된다. 물과 기름에 비눗물을 넣으면 섞이는 것처럼 여기서 비누가 계면활성제다.

물과 공기의 경계면에는 표면장력이 있다.

여기서 표면장력이란 액체의 자유표면에서 표면을 작게 하려고 작용하는 장력을 말한다. 계면활성제를 액체에 녹이면, 그 액체의 표면장력을 감소시키는 작용이 있다. 비누를 물에 녹일 때가 그 대표적 예이며, 이런 종류의 물질을 표면활성물질(계면활성제)이라고 한다. 에탄올, 세제들도 표면활성물질이다. 따라서 물에 넣으면 물의 표면장력을 약하게 한다.

생활 속에서 찾아보기

소금쟁이와 표면장력

소금쟁이가 물 위쪽에 올라가면 물 표면을 누르고 결과적으로 물의 표면적은 증가한다. 이때 물은 표면적을 줄이기 위해 소금쟁이와 접촉된 부분을 사방으로 잡아당겨 하늘 방향으로 힘이 생기게 하여 소금쟁이는 다리에 잔털이 많이 나 있다. 이 힘이 중력보다 더 커서 물 위를 떠 있는 것이 가능하다.

소금쟁이

탄산음료

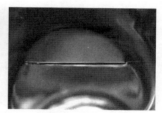
물 위에 뜬 바늘

사이다 기포는 왜 둥글까?

탄산음료 속의 물 분자는 이산화탄소 기체를 중심으로 멀리 떨어진 것과 가까이에 있는 것과의 사이에 힘의 차이가 생기게 된다. 이산화탄소 기체에 가까이 있는 물 분자는 기체와의 작용을 최소화하려는 경향을 띠게 된다. 따라서 구형의 기포를 생성한다. 이산화탄소 기체의 모양을 구형으로 만들면 기체를 둘러싸는 물 분자와의 표면적이 최소화된다. 이렇게 되면 이산화탄소 기체 방울을 둘러싸는 물 분자의 수는 최소화될 수 있다. (출처 : 배준우)

물 위에 바늘 띄우기

바늘도 물 분자끼리 잡아당기는 표면장력 때문에 물에 뜨게 된다.

수조에 물을 붓고 바늘을 올릴만한 크기의 화장지를 물에 띄운다. 바늘을 화장지 위에 올려놓고 화장지가 물에 젖으면 살살 가라앉힌다. 바늘만 계속 물에 떠 있다.

학습 정리

1. 공중으로 날아간 비눗방울이 둥글게 되는 이유가 무엇일까요?

2. 표면장력이란 무엇일까요?

3. 물에서 표면장력의 역할은 어떤 기능을 할까요?

4. 여러 면체 뜨개에서 항상 똑같은 비누막이 생기는 이유는 무엇일까요?

수업 소감

비눗방울 놀이는 어릴 때부터 즐겁게 하는 놀이다. 하지만 입으로 부는 비눗방울이 구현되는 현상을 당연하게 받아들이고 왜 그런가 하는 질문을 하지 않았다. 이제는 그 이유를 알아야 한다. 액체에 표면장력이 있고 표면장력은 액체 표면적을 적게 하려는 자연의 속성에 기인함을 배워야 한다. 소금쟁이가 물에 빠지지 않고 표면에서 활동하는 것도 표면장력 때문이다. 위 실험에서 뜨개 종류가 이면체부터 육면체까지 다양한데 이 뜨개를 비눗물에 넣기 전에 학생들에게 뜨개에 어떤 막이 생

길 것인가 질문을 하고 생각하게 한 후, 답변을 듣고 실제 실험을 하게
되면 학생들은 뜨개에 나타난 막의 형성을 보고 놀라워한다. 예상 밖의
막의 모습이 생기기 때문이다. 그러나 표면장력의 원리로 뜨개에 나타
난 막을 설명하면 학생들은 충분히 이해한다.

창의성 명언 12

부모가 자녀를 창의성 있게 바라보면 자녀는 창의성 있는 아이로
성장합니다. 자녀의 새로운 생각을 인정해주며 인지적인 뒷받침을
제공해주는 부모로 인해 자녀의 창의성이 꽃이 피게 됩니다.

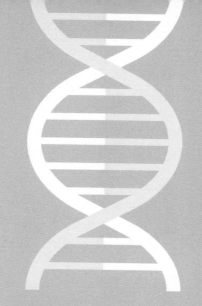

Chapter VII

아는 만큼
세상이 보인다

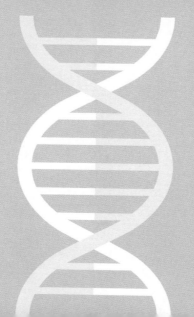

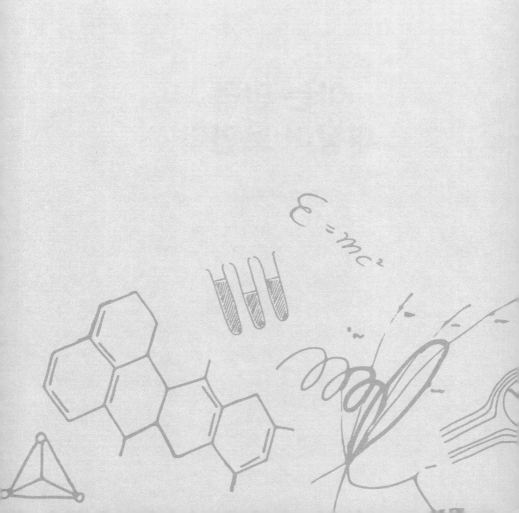

1

4차 산업혁명
의미, 기술

4차 산업 혁명의 의미

가. 2016년 다보스 포럼에서 클라우드 슈밥 의장이 처음으로 사용.

나. AI(인공지능), IoT(사물인터넷), VR(가상현실), 로봇 기술, 드론, 자율주행차 등이 주도하는 차세대 산업혁명.

다. 전문가들은 4차 산업혁명의 주요 키워드는 초연결, 초지능, 초공감이라고 말함.

시대의 변화

가. 제1차 산업혁명 (16세기~) : 증기기관 기반의 기계화 혁명.

나. 제2차 산업혁명 (19세기~20세기) : 전기에너지 기반의 대량생산 혁명.

다. 제3차 산업혁명 (20세기 후반) : 컴퓨터와 인터넷 기반의 지식정
보 혁명.

라. 제4차 산업혁명 (21세기 초반~) : 지능과 정보의 결합.

4차 산업혁명 관련 기술

▶인공지능(AI)은 인식 판단, 추론, 문제해결, 학습 기능 등 인간 두뇌
와 같이 컴퓨터 스스로 추론 학습 판단하는 시스템이다.

▶사물인터넷(IoT)은 책상, 자동차, 가방 등 생활 속 각종 사물을 유무
선 네트워크로 연결해 정보를 공유하는 환경이다.

▶가상현실(VR)은 컴퓨터로 만들어 높은 가상의 세계에서 사람이 실
제와 같은 체험을 할 수 있도록 하는 최첨단 기술이다.

▶드론(Drone)은 조종사 없이 무선전파의 유도에 의해서 비행 및 조
종이 가능한 비행기나 헬리콥터 모양의 군사용 무인항공기(UAV)
의 총칭이다.

▶자율주행차는 스스로 주행 환경을 인지하여 위험을 판단하고 주행
경로를 선택하면서 운전자의 주행 조작을 최소화하는 자동차이다.

▶블록체인(Blockchain)은 누구나 열람할 수 있는 장부에 거래 내역
을 투명하게 기록하고 수많은 컴퓨터에 이를 복제해 저장하는 분산
형 데이터 저장 기술이다.

▶빅데이터(Big Date)는 인터넷에 존재하는 다양한 대규모 데이터를
구축하고 컴퓨터, 기계, 객체가 발생시키는 데이터를 실시간으로
수집하고 분석하는 것이다.

특징으로 Volume(양), Velocity(속도), Variety(다양함), Value(가치),
Complexity(복합성)을 가진다.

▶클라우드는 ICT 자원을 물리적으로 설치하지 않고 네트워크에 접속해 그때그때 이용하는 서비스이다.

▶스마트팜은 농림 · 축산 · 수산업에 정보통신기술(ICT)을 접목한 지능형 농업 시스템이다.

▶3D 프린터는 2D 프린터가 활자나 그림을 인쇄하듯이 입력한 도면을 바탕으로 3차원의 입체적인 공간에 인쇄하는 장치

[출처 : 특허청 발명진흥회 지식재산인증시험 발행 수험자료]

논문 작성
실제

Ⅰ. 논문 제목

논문의 얼굴이며 논문의 내용을 정확하게 나타냄.

· 기조 낱말(keyword)을 3~4개 선정하고 선정된 기조 낱말들을 포함하여 논문의 제목을 작성, 막연한 표현 또는 과장된 표현은 금물.

· 간결해야 한다. 무의미한 어구 사용 안 된다.

· 눈에 잘 띄고 독자의 구미를 당기게 하는 것이 좋다.

· 제목이 부득이 길어지는 경우 –강제로 줄이지 말고 부제 활용.

· 흔히 사용하는 방법은 해당 논문 실험에서 사용하는 변인으로 제목을 만드는 것.

예) 커피 찌꺼기(조작변인)의 미세먼지 흡착(종속 변인)에 대한 탐구.

Ⅱ. 요약

· 독자에게 그 논문이 무엇이며 무엇에 대하여 쓴 것인지를 밝히고 또 그 연구를 수행하기 위하여 사용된 방법, 데이터, 실험 장치 등을 정확하게 밝힌다.

· 개요는 간단명료하게 보통 200자 이내로 하나의 연속된 문단 내에서 쓴다.

Ⅲ. 본문

1. 서론(연구 목적 및 필요성) - 자신의 연구가 가치가 있음을 보여주는 것 중요

서론에는 자신의 연구에 대한 독창성과 필요성이 다각적인 선행 연구 논문이나 문헌 분석 결과 등을 바탕으로 논리적이고 체계적으로 제시되어야 한다.

2. 이론적 배경

· 어떠한 연구도 무에서 출발하는 연구는 없다.

· 자신의 연구 기초를 제공하고 연구 문제나 연구 목적, 가설 설정의 근거가 됨.

· 연구 방법의 단순한 반복을 피하게 함은 물론 연구의 결론을 예상.

· 널리 알려진 일반적인 이론은 간략히, 특수한 이론적 근거는 상세히 소개.

· 선행연구가 어떠한 목적으로 시행되었고 어떠한 방법으로 어떠한 결과를 얻었는지를 진술.

· 선행연구가 갖는 결과의 특징이나 한계점을 논할 수 있음.

3. 연구 방법

- 연구 방법 및 절차를 제시.
- 문헌적 연구인지 가설 검증적 연구인지 분명하게 밝힘.
- 연구 기간, 연구 절차, 연구 대상, 연구 설계, 자료의 처리 방법을 밝히며 특히, 연구에서 사용되는 각 변인이 무엇인지를 상세히 진술한다.
- 실험연구의 경우 논문에 실린 결과는 재현성이 있어야 한다.

  제삼자가 실험하여도 재현성이 있는 결과를 얻을 수 있도록 안내되어야 한다.

4. 연구 결과

- 연구 결과의 진술은 앞장의 연구 내용이나 연구 가설 혹은 연구 문제의 진술과 같은 순서와 내용으로 진술해 나감을 원칙으로 한다.
- 표와 그림 등을 삽입할 때 표와 그림은 글을 보충하면서도 독립적인 기능을 하고 있다. 표에 있는 모든 것을 글로 보충할 필요는 없고 핵심적인 것을 위주로 글을 서술한다.
- 표기법에서 수치의 결과를 사용할 때 필요한 경우를 제외하고는 대체로 소수 둘째 자리까지 표기하면 충분하다.

5. 결론 및 제언

- 연구의 결과를 요약하고 그러한 결과로부터 얻을 수 있는 결론과 후속 연구에 대한 제언의 장이며 결론은 결과나 요약이 아니고 결과의 반복도 아니다.
- 결론은 본문에서 자료 및 논거를 제시하고 필요한 논증을 함으로써 도달하게 된 창의적인 결과를 의미한다.
- 결론이란 연구자가 행한 연구와 그 결과에 비추어 내릴 수 있는 결론을 말하거나 이러한 연구 결과로 비추어 객관적인 판단의 근거가 됨

을 말해주는 것이다. 따라서 연구의 결과에 대한 해석과 평가를 하는 장이 바로 결론이다.

- 제언이란 연구의 결과를 결정적이고 절대적으로 옳은 것으로 받아들여 이에 근거하여 어떤 행동을 취하고자 하는 논문 독자에게 다시 한번 고려해야 할 사항을 알려준다.
- 제언은 순수한 의미의 제언으로서 미처 연구하지 못한 부분에 대해 언급하며 연구와 관련된 후속적 조치, 문제해결을 위한 후속, 보완적인 방안 등을 나타내는 것도 바람직하다.

IV. 참고문헌

- 보통 독자는 논문을 쓸 때, 일차적으로 제목을 확인하고 요약과 결론을 읽고 난 다음 참고문헌 목록을 살펴본다.
- 개인 저작권이 강화되면서 인용을 밝히지 않는 경우 표절 시비가 생길 수 있으므로 반드시 인용 문헌은 참고문헌에 밝혀야 한다. 보통의 논문에서는 10~20편 정도의 논문을 인용한다.
- 학회지마다 참고문헌을 작성하는 방법은 다르며, 해당 학회지의 지침에 따라 작성하면 된다.

(이 자료는 전남과학고 연구논문 쓰기 발행 책자를 참고함.)

> **창의성 명언 13**
> 실수를 저지른 적이 없는 사람은 새로운 것을 시도해 본 적이 없는 사람이다. _아인슈타인

3

지식재산과
발명

1. 21세기는 무한 경쟁 시대

▶세계는 지금 총소리 없는 3차 전쟁 중 – 특허등록 경쟁의 전쟁.

▶신제품 아이디어 필요 – 새로운 제품을 만들기 위해 아이디어 경쟁.

▶국가 경쟁력 확보 – 새로운 발명품을 생산하고 판매하여 경제력을
확보.

2. 21세기가 요구되는 인재

백 명의 박사보다는 10명의 천재가, 10명의 천재보다는 1명의 발명가
를 더 요구.

3. 지식재산의 발굴

지식과 기술이 경제의 핵심 원천이 되는 오늘날 지식재산을 적절히

보호하고 전략적으로 활용하는 일은 지식재산을 소유하고 제품과 서비스에 적용하여 경제적 수익을 창출하는 기업의 경쟁력을 좌우함은 물론 한 나라의 국가 경쟁력을 결정하는 핵심 요소이기도 하다.

4. 발명과 특허

아인슈타인의 에너지 법칙인 $E=mc^2$ 공식이 특허의 대상이 될 수 있는가? 아니면 이 법칙을 이용해 만든 원자력 발전기는 특허의 대상이 될 수 있는가? 전자는 하나의 사상(관찰할 수 있는 사물과 현상) 자연의 법칙에 지나지 않으며, 기술적 사상이 구체화한 응용물이 아니기 때문에 특허의 대상이 될 수 없으며, 후자는 그 대상이 될 수 있다. 특허의 대상이 되기 위해서는 인간의 지적 창조 행위 또는 그 결과가 '발명'에 해당하여야 하며, '발명'으로 인정되는 것 중 특허법이 요구하고 있는 일정한 요건, 즉 산업상 이용 가능성, 신규성, 진보성의 요건을 충족해야 한다. (인용 : 특허청 발명진흥회 발행 책자)

5. 발명의 유형

가. 특허

1) 이 세상에 없었던 것을 새로 만들거나 생각하는 것. → 발명.

2) 국가가 발명품을 법으로 보호하는 것. → 산업재산권.

3) 특허는 최초로 만든 물건이나 방법을 보호하는 산업재산권 중 하나다.

나. 실용신안

이미 발명된 것을 바꾸어서 더욱 편리하고 쓸모가 있게 만든 것.

다. 디자인

1) 미적 감각을 기본으로 하는 발명.

2) 물품의 모양, 형상, 색채를 권리로 인정하는 것.

  예) 전화기 모양을 바꾸거나 색깔을 바꿈.

라. 상표

다른 사람의 상품과 구분하기 위해 사용되는 기호, 문자, 도형이나 이들을 결합한 것.

4

학교 관련
저작권법

최근 필자는 지식재산 능력 시험에 도전하여 높지 않은 인증을 받았다. 지식재산의 중요성이 예전보다 더 강조되고 있고 교사가 학습자료를 준비하고 제작 과정에서 저작권에 대해서 정확히 모르면 자신도 모르게 위반할 수가 있어, 공부해두면 여러모로 유용하겠다고 생각하였기 때문이었다. 현직 변리사도 1급을 받기 어렵다는 시험이고 자신이 단기간 준비하여 높은 등급은 받지 못했지만, 지식재산에 관한 조금의 상식을 갖게 되어 만족하였다.

코로나 사태로 인한 원격수업으로 교육기관의 저작권 관련하여 고충이 매우 크다.

교사들은 "내가 저작권에 걸리면 어쩌지? 초상권 침해 및 저작물 유출 등으로 소송당하지 않을까! 저작권 사냥꾼이 순진한 교사들을 노린다는데." 하며 걱정한다.

2020년 8월 교육부가 실시한 초중등 교원 22만 명 대상 '원격수업 때 가장 부담되는 것'에 대한 설문조사 결과 '초 중등 교사 41.4%가 저작권 부담 선택' 하였다고 한다.

지금은 일 년이 지나 훨씬 비율이 더 높을 거라 예상된다. 학교 교육과 관련된 지식재산 및 저작권에 대하여 정리했다.

1. 저작권과 산업재산권의 차이

저작권은 저작물을 창작한 자에게 법률이 이정하는 권리이다. 특허권이나 실용신안권, 디자인권 등과 같은 산업재산권이 발명, 고안 등의 기술적 사상 또는 산업디자인의 창작에 대하여 인정되는 권리라면, 저작권은 문예, 학술저작물, 미술품, 음악 등과 같이 문학, 예술, 학술, 예술의 범주에 속하는 창작물에 대하여 인정되는 권리이다. 이러한 점에서 산업재산권이 '물질문화의 발전'에 이바지하는 창작에 대하여 부여되는 권리라면 저작권은 '정신문화의 발전'에 이바지하는 창작에 대하여 부여되는 권리라고 설명한다.

2. 저작권법은 아이디어나 이론 사상 및 감정은 보호 대상이 아니다.

저작권을 제대로 이해하기 위해서는 아이디어와 표현을 구별할 수 있어야 하는데, '저작권법이 보호하는 것은 사상이나 감정을 문자·음·색 등에 의하여 구체적으로 외부에 표현한 창작적인 표현 형식이고, 그 표현된 내용, 즉 아이디어나 이론 등의 사상 및 감정 그 자체는 설사 그것이 창작성이 있다 하더라도 저작권법에서 정하는 저작권의 보호 대상이 되지 않는다. 예컨대 발명은 기술적 사상, 즉 아이디어인데 그것을 특허명세서로 작성한 것과 논문으로 작성한 것은 별개의 표현이므로 각각 저작물로 보호될 수 있다.

3. 저작물의 종류

저작물의 종류에는 9종류의 저작물을 규정하고 있는데 어문저작물, 음악저작물, 연극저작물, 미술저작물, 건축저작물, 사진저작물, 영상저작물, 도형저작물, 컴퓨터 프로그램 저작물이다.

이것은 대표적인 저작물을 예시한 것으로 이에 해당하지 않는 창작물도 저작물이 될 수 있고 어떤 저작물을 예시된 저작물 둘 이상에 해당할 수도 있다.

4. 저작인격권과 저작재산권

저작권은 저작자가 자기의 저작물에 대하여 가지는 인격적 이익의 보호를 목적으로 하는 저작인격권과 저작물의 경제적 가치를 보호하기 위한 저작재산권으로 구성된다.

저작인격권의 종류에는 공표권, 성명표시권, 동일성 유지권이 있는데, 저작권법은 "저작자의 명예를 훼손하는 방법으로 저작물을 이용하는 행위는 저작인격권의 침해로 본다."라고 규정한다. (제124조 제2항) 이 규정은 저작자의 창작 의도에 어긋나는 저작물을 이용하여 그의 창작 의도를 왜곡하거나 저작물로 표현된 예술적 가치를 훼손하는 것을 방지하기 위한 것이다.

5. 저작자와 저작권자

저작자는 저작물을 창작한 자이고, 저작권자는 저작물에 대하여 저작권을 가진 자이므로 양자는 다른 개념이다. 저작권은 저작물을 창작한 때에 자동으로 발생하여 저작자에게 귀속되므로 처음에는 저작자가 저작권자로 되지만, 저작권 중에서 저작재산권은 이전이 가능하므로 나중에는 저작자와 저작권자가 같지 않은 경우가 생길 수 있다.

6. 저작재산권의 제한 : 사람들이 이용할 수 있다는 뜻

(1) 재판 절차 등에서의 복제(제23조)

(2) 정치적 연설 등의 이용(제24조)

(3) 공공저작물의 자유 이용(제24조의2)

국가 또는 지방자치단체가 업무상 작성하여 공표한 저작물이나 계약에 따라 저작재산권 전부를 보유한 저작물은 허락 없이 이용할 수 있다.

(4) 학교 교육 목적 등에의 이용(제25조)

고등학교 및 이에 준하는 학교 이하의 학교의 교육 목적상 필요한 교과용 도서에는 공표된 저작물을 게재할 수 있다. 또한, 소정의 학교, 교육기관, 교육지원기관은 그 수업 또는 지원 목적상 필요하다고 인정되는 경우에는 공표된 저작물의 일부분을 복제·배표·공연·전시 또는 공중 송신할 수 있다.(부득이한 경우에는 전부를 이용할 수도 있음). 다만, 교과용도서에 저작물을 게재하거나 수업 또는 지원목적상 공표된 저작물을 이용하는 경우에는 문화체육관광부장관이 정하여 고시하는 기준에 따른 보상금을 해당 저작재산권자에게 지급하여야 한다.

(5) 시사보도를 위한 이용(제26조)

(6) 시사적인 기사 및 논설의 복제 등(제27조)

(7) 공표된 저작물의 이용(제28조)

공표된 저작물은 보도·비평·교육·연구 등을 위하여는 정당한 범위

안에서 공정한 관행에 합치되게 이를 인용할 수 있다.

(8) 영리를 목적으로 하지 아니하는 공연·방송(제29조)

영리를 목적으로 하지 아니하고 청중이나 관중 또는 제3자로부터 어떤 명목으로든지 반대 급부를 받지 아니하는 경우에는 공표된 저작물을 공연 또는 방송할 수 있다.

(9) 사적이 용을 위한 복제(제30조)

공표된 저작물을 영리를 목적으로 하지 아니하고 개인적으로 이용하거나 가정 및 이에 준하는 한정된 범위 안에서 이용하는 경우에는 그 이용자는 이를 복제할 수 있다.

(10) 도서관 등에서의 복제 등(제31조)

(11) 시험문제로서의 복제(제32조)

학교의 입학시험 그 밖에 학식 및 기능에 관한 시험 또는 검정을 위하여 필요한 경우에는 그 목적을 위하여 정당한 범위에서 비영리를 목적으로 공표된 저작물을 복제·배포할 수 있다.

(12) 시각장애인과 청각장애인 등을 위한 복제 등

(제33조, 제33조의 2)

(13) 방송사업자의 일시적 녹음·녹화(제34조)

(14) 미술저작물 등의 전시 또는 복제(제35조)

(15) 저작물의 이용 과정에서의 일시적 복제(제35조의 2)

(16) 저작물의 공정한 이용(제35조의 3)

7. 번역 등에 의한 이용과 출처의 명시

저작재산권이 제한되는 경우라도 저작물을 이용하는 자는 그 출처를 명시하여야 한다. 다만 시사 보도를 위한 이용, 영리를 목적으로 하지 아니하는 공연·방송·방송·사적 이용을 위한 복제, 도서관 등에서의 복제, 시험문제로서의 복제 등의 경우에는 성질상 출처 명시를 강제하는 것이 적절하지 않기 때문에 예의가 인정된다. 출처의 명시는 저작물의 이용 상황에 따라 합리적이라고 인정되는 방법으로 하여야 한다.

8. 질문을 통한 학교 교육 관련 저작권 문제와 답

Q 원격수업에서 학생을 위해 교과서 PDF를 온라인 학습장에 올려도 되나요?

A 교과서 전체를 올리는 것은 안 되며 10% 범위 이내만 가능함.

Q 그럼 수업할 때마다 10%씩 나누어 올려도 되나요?

A 아니요. 누적으로 10%를 초과할 수 없음.

Q 원격수업에서 음원 파일을 온라인 학습장에 올려도 되나요?

A 음원 전체 분량의 20% 이내, 최대 5분까지만 가능함.

Q 단편 과학실험 동영상을 복제, 온라인 학습장에 올려도 될까요?

A 영상 전체 분량의 20% 이내, 최대 15분까지만 가능함.

창의성 명언 14

문제는 어떻게 새롭고 혁신적인 생각을 하느냐가 아니라 어떻게 오래된 생각을 비워내느냐에 하는 것이다. 모든 사람의 머릿속은 케케묵은 가구로 가득한 건물과 같다. 한쪽 구석을 비워낸다면 창의성이 즉시 그 자리를 메울 것이다. _디 훅, 비자카드 창립자

5

과학연구대회
목적을
생각한다

학생들이 발명대회 및 과학전람회 등과 같은 과학연구대회에 참가
하는 것은 목적은 사람마다 다르겠지만 필자가 아래와 같이 생각한다.

첫 번째는 자신이 공부하면서 관심이 생겼던 것에 탐구나 연구를 통
해 지적 호기심을 충족시키는 것이다. 학생 중에는 이런 학생들이 종종
있다. 궁금해서 못 견디어 자기 생각을 구체화하는 직성이 풀리는 성격
의 소유자! 이런 학생들이 성장해서 에디슨, 아인슈타인, 빌 게이츠 등
과 같이 인류에게 공헌해온 것이 아닐까?

두 번째는 상을 한번 받아 보겠다는 생각일 것이다. 상을 받는 것을
좋아하지 않는 사람이 있을까? 자기가 노력해서 자기의 역량을 남에게
보이고 상도 받겠다는 것은 너무도 자연스럽고 인간의 기본적인 욕구
이다. 올림픽이나 국제 기능 올림픽이 그러하지 않은가?

세 번째는 연구 활동 과정에서 경험하고 배운 것이 학생들의 성장

과정에서 중요한 역량을 길러준다는 한다는 것이다. 이 책의 서두에서 연구 활동과 지도 과정에서 학생들이 배운 경험과 역량이 4차 산업혁명 시대에 필요한 핵심역량과 너무도 일치한다고 말했다.

네 번째는 연구 활동을 지도했던 학생들에게 공통적인 상황이다. 짧은 기간에 성장하는 발표력을 포함하는 의사소통 능력일 것이다. 과학전람회는 전문가 심사위원님들 앞에서 자신의 몇 개월의 연구 활동의 내용을 요약해서 발표하고 질문에 답변한다. 대회날 발표를 위해 학교에서 혼자 또는 남이 보는 공공장소에서 발표 연습을 수없이 하게 된다. 그러므로 대회 후에는 학생의 의사소통 능력이 크게 향상된다.

해마다 연말 근처에 가면 세계의 노벨상 수상 소식이 전해지는데 그럴 때마다 우리나라는 자괴감에 빠진다. 학교 선생님이 채선생님! "우리가 일본 못지않게 선진국이 된 것 같은데, 지금 일본은 과학 노벨상이 이미 20개가 넘는다고 들었는데 우리는 왜 이래요?"라고 묻는다. 그러면 "제 잘못이 큽니다."라고 넘긴다. 과학교사가 봐도 우리나라가 계속 하나도 못 받는 것이 기이하다.

교육부는 학교 밖 연구대회가 사교육을 부추기는 요인이 된다고 하여 학교생활기록부에 입상 실적이나 연구활동 내용을 기록하지 못하도록 하였다. 그래서 학생들이 연구대회에 관한 관심이 적어지고 있다. 학생들이 4차 산업혁명 시대에 필요한 국가적 인재를 기를 수 있는 값비싼 경험인데 놓치고 있다는 생각이 들며 부정적인 면보다 몇 배 더 많은 긍정적인 면을 못 보고 있다. 교육은 백년대계로 길게 보아야 한다. 노벨상은 100미터 경기 같은 50분 단위 분절 수업을 연속해서 나오는 것이 아니라, 마라톤과 같은 연구 활동을 호기심과 창의성이 넘치는 어린 나이에 시작해야 나온다. 노벨상 시즌마다 우리나라도 노벨상을 받을 수 있도록 여건을 만들겠다는 당국의 이야기는 해마다 반복된다.

과학연구에 재능있는 학생들이 중고등학교 때는 입시에 도움이 안 돼 관심을 끄고 있다가 나중 연구원이 되어 그때 가서 연구를 시작하면 노벨상감의 연구가 나올 수 있을까? 노벨상이 올림픽 경기처럼 그날의 컨디션이 좋으면 받을 수 있는 상인가? 구더기 무서워 장 못 담그고 소금을 물에 타서 먹는 격이 아닌지… 지금의 상황이 너무 안타깝다. 학교들은 창의적 인재 육성에 중요한 연구 활동에는 별로 큰 관심을 보이지 않고 온통 생활기록부 디자인으로 교육력을 소비하는 것 같다. 생활기록부 디자인으로 학교의 명운을 건다. 개인적으로 생활기록부 디자인으로 정말 세계가 우러러보는 노벨상 인재가 배출되는가? 묻고 싶다. 지금 상황이 노벨상을 받을 수 있는 인재 육성 여건과 반대로 가고 있다고 느껴진다. 아! 노벨과학상! 언제 오니?

5

과학노벨상을
바라보는 단상

해마다 연말이 다가오면 노벨상 계절이 다가온다. 노벨상이 분야별로 발표되면 우리나라의 여러 기관과 매체에서는 일제히 우리나라 과학교육과 연구 여건에 대하여 비판의 이야기를 쏟아내곤 한다. 올해에도 저는 우리나라가 과학 노벨상 수상 국가가 되기를 간절히 기원하였다. 우리는 거의 일본을 따라잡았고 어떤 분야는 앞서 있다고 흔히 말한다. 그러나 저는 개인적으로 따라잡고 앞서는 것도 많이 있지만 너무나 격차가 커서 따면 잡으려면 시간과 노력이 매우 필요한 분야도 많다고 생각한다. 특히 과학·기술 및 과학 노벨상 분야이다. 어떤 사람은 현재 25개(2021년)의 일본의 과학 노벨상은 일본의 과학기술 능력에 비해 적게 받는 편이라고 평가한다.

일본은 이미 1901년, 즉 노벨상이 시상되던 첫해부터 노벨상 후보로 추천된 일본인 과학자는 존재했다. 노벨상이라는 새로운 잣대가 탄생하던 시절부터 이미 일본 과학자들은 국제적인 무대에서 활약했다. 로마가 하루아침에 이루어진 것이 아니라고 하듯이, 일본의 과학 연구 전통도 하루아침에 이루어진 것이 아니다. 즉, 일본은 20세기에 과학자를 위한 연구환경이 구축되었으며 그 결실을 21세기에 맺고 있다는 것이다. 하지만 우리나라가 기초과학에 연구지원을 시작한 것은 30년도 채 되지 않았다.

우리나라는 한류 문화를 포함한 여러 분야에서 세계인의 관심을 받는 선진국 대열에 진입했다고 대통령도 말씀하였다. 그러나 과학학문의 권위를 보여주는 과학 노벨상이 하나도 없다. 너무도 안타깝다. 그런데 우리나라는 노벨상 시즌만 되면 여러 언론에서 특집을 내며 관심을 갖지만 시간이 조금 지나면 언급한 언론은 없다. 올림픽 준비하듯 근본부터 준비하는 대책이 보이지 않는 것 같다. 어쩌면 꼭 학교 다닐 때 당일치기로 시험공부 하듯 일시적으로 개인이 역량을 집중하면 받을 수 있다고 생각하는 데 아닌가 생각된다. 지금 노벨상을 받을 수 있는 업적이 나오는 시점과 수상자가 되는 기간은 엄청 길어졌다. 옛날에슨 5년 이내도 있었지만 지금은 그러하지 못하다. 즉 수상자의 창의적 아이디어가 많은 사람에게 인용되고 검증받는 데는 긴 시간이 필요하다. 지금 노벨상 수상자의 평균연령은 70살이 넘는다고 한다.

과학 노벨상을 그 분야의 높이 솟은 산봉우리로 생각한다면 산봉우리가 솟기 위해서는 그저 에펠탑처럼 땅바닥에서 솟아 나올 수 없다. 거대한 산맥이 형성되고 나서 산맥 중에서 눈에 띄는 산봉우리가 나오기 마련이다. 그러한 산맥도 단기간에 이루어지는 것이 아니라 기초과학에 대한 끊임없는 믿음과 투자, 지금의 이익이 아닌 미래의 투자로써 과학정책을 가져야 쌓이고 쌓여 산맥이 형성될 것이다. 필자가 사는 광주의 무등산으로 비유하자면, 거대한 무등산(기초과학 인프라) 산맥이 형성되고 그 넓은 평평한 산맥 위에 천하 절경의 입석대와 서석대(노벨상 과학 업적)가 솟아오른 모습일 것이다. 어찌 높은 산맥이 없이 평지에서 멋진 입석대와 서석대가 솟아날 수 있는가 그런 모습은 그려지지 않는다.

노벨과학상을 배출하기 위해서는 앞으로도 많은 시간과 노력을 기울여야 하며 다른 분야도 마찬가지로 노벨 과학상도 기초가 튼튼해야 결과물이 나온다. 느린 황소 걸음으로 한 발, 한 발씩 각자 자기 분야에 매진하고, 그런 전문가들을 평가하는 사회 풍토가 필요하다.

또한 일본은 노벨문학상 수상자가 2명이다. 이것은 일본이 자연과학뿐만 아니라 인문학에도 엄청난 관심이 있다는 것이다. 건전하고 성숙한 사회는 쌍두마차의 바퀴처럼 자연과학과 인문학 모두 발전해야 한다. 지금은 STEAM 시대이다. 우리의 뛰어난 젊은이들이 모두 의학·법학 계통으로만 몰려가는 세태가 너무 아쉽다. 우리나라에 노벨과학상이 나올 때 본인도 연예인처럼 재미있는 퍼포먼스를 학생들에게 하고 싶다. 뭐로 할까? 고민하고 싶다.

7

올해의
과학교사상과
일본 학술시찰

2012년 올해의 과학교사상 수상 후, 두산 그룹의 해외 연수 후원으로 일본 해외학술 시찰을 다녀왔다. 그런데 기업이 교사들을 후원하는 이유가 무엇일까 무척 궁금하였다. 그 궁금증은 얼마 지나지 않아 해소되었다. 현수막에 '선생님의 노력으로 대한민국 과학이 자라납니다.'라고 적혀 있었다. 담당자 설명으로 "기업이 우수 과학교사를 잘 지원해주어야 그 과학 교사로부터 학생들이 제대로 과학교육을 받을 수 있으며 이 학생들이 훌륭한 과학인재로 성장하여 대한민국이 과학기술이 강국으로 발전할 수 있다."라는 확고한 신념과 철학이 있어서 그렇다고 한다. 참으로 고마운 말씀이었다. 인상 깊었던 두 곳을 소개한다.

[시마즈 제작소 견학]
　과학교사 학술 시찰 일정 중에서 필자가 가장 관심이 있게 견학한

곳이 시마즈 제작소이다. 필자가 있었던 고등학교에 시마즈 제작소의 화학성분 분석기를 보유하여 활용하고 있었고, 일본의 에디슨이라는 시마즈 겐조 주니어라는 창업자와 2001년 여기 시마즈 제작소에서 다나카 고이치라는 연구원이 노벨화학상을 수상하였기 때문이었다.

다나카 고이치는 노벨화학상을 수상한 이유에 대해 이렇게 설명한다. "시마즈 제작소는 실험하다가 비롯되는 실패에 대해서는 묻지 않았다. 실험의 실패는 연구비의 낭비와 직결되지만 3~5년 후 활용할 수 있는 신기술이라면 어떤 것이라도 연구해도 좋습니다." 정말 우리나라의 연구지원 풍토와 비교해 볼 일이다.

창업 기념 자료관을 견학하면서 시마즈 겐조 주니어의 발명 능력에 놀라움을 금치 못했다. 초등학교만 나와 오직 아버지의 영향만 받고서 이렇게 엄청난 과학발명을 할 수 있는지 놀라지 않을 수 없었다. 1900년경이면 뢴트겐이 1895년 X레이 발견한 지 5년밖에 되지 않는 시기인데 전시된 X선 촬영 발명품을 보니 제작의 섬세함이나 기술, 사진 선명도가 무척 뛰어났다. 이외에도 현미경과 같은 다양한 과학발명품들이 전시되어 있었는데 미국의 에디슨과 비교해도 될 만한 천부적인 재주와 노력이라고 생각되었다.

[오사카 시립과학관 견학]

한 국가의 박물관 수가 국력을 대변한다고 한다. 많은 선진국이 많은 박물관과 과학관을 만들어 자국의 국민에게 지적 문화적인 서비스를 제공한다. 이번 학술 시찰에서도 일본 도시마다 과학관을 시민들이 견학하여 과학지식 습득 및 과학에 대한 즐거움을 만끽할 수 있도록 운영되는 것을 볼 수 있었고 과학관마다 자기만의 특색적인 모습을 볼 수 있었다.

또한, 퇴직 과학교사들이 자원봉사 형태로 관람객에게 재미있게 시연하는 것을 보고 일본 과학의 저력이 여기에서부터 나오지 않는가 생각되었다. 퇴직하면 자신의 전공을 잊고 살며 어떠한 세미나를 개최해도 참가하지 않는 우리나라 퇴직 교사들과 비교되었다. 우리나라도 자원봉사를 할 수 있을 텐데 평생의 전공지식과 노하우를 썩히고 있는 현실이 아쉽다.

일본의 과학관은 전시품들이 사용 빈도가 높아 손때가 묻었지만, 처음부터 견고하고 세심하게 만들기에 쉽게 고장이 나지 않는다. 이용하는 학생들의 견학 태도도 남을 배려하는 습관이 몸에 길들여 있어 전시품의 고장률이 적다고 한다. 과학관에서 우리가 일본 노벨물리학상 작품 설명의 도움을 청하자 전문가가 달려와 매우 높은 수준의 노벨상 관련 지식을 개략적으로 친절하게 설명해주는 태도에 큰 감명을 받았다.

8

국제청소년
과학캠프(ISEC)
참가 경험

2010 국제청소년과학캠프(ISEC)를 서울대학교에서 국내·외 130명의 학생과 과학교사를 선발하여 여름방학 동안 2주간 실시하였다. 이행사는 학생들의 큰 관심을 불러일으켰는데 국제 과학캠프 참가로 얻게 되는 경험의 무게감이 크다는 점과 서울대 공과대학에서 행사가 진행된다는 점이 관심의 이유인 것 같았다. 우리 학교에서는 여러 학생이

브라질 학생들과 함께

참가 희망을 하였고 나 역시 국제 행사 경험을 얻고 싶어서 교사 선발에 지원했는데 학생과 교사 모두 서울에서 영어 인터뷰 시험을 보고서 학교에서는 학생 1명과 필자가 선발되어 참가하게 되었다.

14개 국가에서 온 학생들의 활동 과정을 보면서 글로벌 시대의 젊은 세대들을 이해하는 계기가 되었다. 학생들은 만난 지 1시간도 되지 않아 긴 시간 알고 지낸 것처럼 외국 학생과 하이 파이브 하며 그들만의 하나가 된 세상을 공유하였다.

서울대 공과대학교에서 마련한 14개의 lab 과정은 첨단공학의 교육 내용뿐만 아니라 가르치는 대학원생 강사들의 지적 언어적 수준도 높아 매우 만족스러웠다. 또한 창의성 주제로 청중의 마음을 사로잡은 조벽 교수님을 비롯한 여러 국내외 강사님의 강의 내용도 첨단과학 소개와 세상 변화를 읽게 해주었다

교사 세미나 프로그램에서 한국 교사도 한 분 정도는 대표로 발표해 주었으면 좋겠다는 관계자의 요청으로 원하는 것은 아니었지만 유일한 한국 남교사인 필자가 현장 연구 내용을 발표하게 되었다. 학교 수업에서 학생들에게 보여주었을 때 반응이 좋았던 필자가 제작한 시범실험장치 2가지를 소재로 삼아 현장연구 사례로 발표하였는데 영어 회화 실력이 매우 부족한 사람이 미국, 이스라엘, 싱가포르와 같이 영어 사용 국가 교사들 앞에서 영어로 발표하니 인생에서 가장 떨렸고 엄청나게 후회하였다. 나중에 기념으로 찍은 발표 동영상을 보니 필자가 구사했던 한국어식 영어로 얼굴이 붉어지고 웃음이 절로 났다.

참가 학생 중에서 지금까지도 인상적으로 기억에 남는 나는 학생이 한 명이 있는데 싱가포르 과학고 남학생이다. 처음 이 학생이 다른 학생과 일본어로 이야기하고 있기에 인사를 나눌 겸 일본 학생이냐고 물었

더니 웃으면서 옆에 학생에게 중국어로 말을 건네는 것이었다. 그러더니 잠시 뒤에 보니 영어로 다른 학생과 대화를 하는 것이었다. '정말 천재라는 이런 학생보고 하는구나!'라는 생각이 들었다. 이 학생은 나중에 행사 마지막 날 합동 강의실에 모둠별 발표를 하였는데 이 학생은 같은 모둠의 한국 학생들을 대표하여 큰 무대에서 정말 미국 대학교수 같은 영어 실력으로 무대를 휘저으며 '연잎 효과'에 관한 탐구 결과를 발표하였다. 10여 년이 지난 지금에도 그 학생의 영어 발표 영상을 보곤 하는데 여전히 감탄이 나온다. 학생들이 글로벌 인재가 되기 위해서는 외국인과의 의사소통이 가능해야 하며 학교에서 학생들에게 이 영상을 종종 보여주며 영어 공부의 중요성을 강조한다.

9

과학 꿈나무들과
함께 한
생활과학교실

필자는 2005년에서 2012년까지 7년 전부터 풀뿌리 과학문화 대중화 활동에도 관심을 가져 토요일과 방학을 이용한 과학 꿈나무를 지도하였습니다. 학교에서 과학실험 장치를 새롭게 만들거나 small size 장치로 만들기, 휴대용으로 만들기, 간단한 재료로 만들기, 기능 업그레이드하기 등의 방식으로 많은 실험 도구를 만들었는데 이러한 교육자료를 바탕으로 필자가 근무했던 여수시에서 초등학생 대상의 생활과학 교실의 강사를 하였다.

생활과학교실 수업

여기에 참여하게 된 배경은 생활과학교실이 풀뿌리 과학 대중화에 앞장서는 일이고 특히, 각 동사무소 주민자치센터와 소외계층 자녀들이 있는 삼혜원 보육원 어린이들에게 신나는 과학체험 활동의 기회를 제공하는 취지라 공감하여 동참하게 되었다. 필자가 가르치는 과학 꿈나무 중에서 나중에 우리나라의 과학 노벨상 주인공이 나올 수 있도록 싹을 키워주는 역할을 한다면 얼마나 큰 보람인가 생각하기도 했다.

좀 더 좋은 프로그램을 만들기 위해 자료 수집을 위해 시야를 외국으로도 넓히기도 하였다. 교과연구회 활동을 통해 전국의 교과연구회와 교류하면서 해마다 여름방학이면 일본 동경에서 청소년 과학축전이 열리고 여기에 한국의 과학 교사들이 참여하여 부스도 운영하기도 하고 관람하는 교사들이 많다는 사실을 알게 되었다. 그래서 교과연구회 회원들과 방학을 이용하여 두 번 참여했다. 동경 청소년 과학축전은 3일 정도 열리는데 100여 개가 훨씬 넘는 다양한 과학체험 부스가 어린 학생들을 위해 운영되었다. 여기서 느낀 것은 체험 부스를 운영하는 강사들이 모두 젊지만은 않고 퇴직한 원로 교사들이 많다는 사실이었다. 교사들이 퇴직하시고도 자신들이 가지고 있는 교육 경험을 어린 학생들을 위해 재능기부를 이런 행사에서 많이 하신다는 것이다. 이런 배경과 의식이 일본이 노벨과학상이 지금 25개가 넘는 이유가 아닌가 생각되었다.

7년 동안 생활과학교실 강사로 있으면서 후반부에는 80여 개 과학 주제가 담긴 여덟 권의 과학체험 활동 자료집을 개발, 보급하였고 전국의 생활과학교실의 강사들에게 개발 프로그램 시범 강의도 하였다. 2008~2009 한국과학창의재단이 주최한 '생활과학교실 프로그램 인증제'에서 개발 체험활동 프로그램으로 2년에 걸쳐 7개를 출품(책 수록)

했는데 모두 선정되어 상금도 받았다. 지금도 각 동사무소를 순회하면서 체험활동을 같이 했던 많은 초등학생의 해맑고 천진난만한 순수한 모습들이 지금도 눈에 선하다. 이 학생들 중에서 미래의 우리나라 과학 노벨상 수상자가 나오길 꿈꾼다.

고려대 교육대학원
교육신문사와
인터뷰

발명과 과학시범실험도구 제작 동기

☞ 2003년쯤 대학원 다닐 때 한국교원대학교에서 열리는 한국과학 교육학회 세미나에 참가하게 되었습니다. 학회에는 외국 교사들도 참가하였는데 일본 퇴직 교사들이 운영하는 부스를 참관하게 되었습니다. 그때 일본 퇴직 교사들이 보여준 실험 장치 시연은 저에게 교사로서 큰 충격을 주었습니다. 제가 물리 수업에서 이론적으로만 가르쳤던 분야를 일상생활의 값싼 소품으로 실험 기구를 제작하여 이론을 실험으로 유머와 더불어 재미있게 보여주었던 것이었습니다. 아하! 물리실험이 비싼 장치로만 되는 것이 아니라 이렇게도 할 수 있구나! 하고 느끼게 해주었고 저도 일본의 퇴직 교사들처럼 스스로 실험 기구를 제작하여 재미있는 물리 수업을 해야겠다고 다짐하게 되었습니다. 물리교과연구회 활동을 통하여 하나둘 만든 장치들이 학교 수업에 이용되고

이제는 학생들의 반응이 좋아져 가르치는 기쁨이 배가 되었습니다. 몇 년 동안 만든 것이 100여 가지가 넘게 되고 보관 상자에 넣어 지금까지 모든 학교 수업에 잘 활용하고 있습니다.

물리 과목에 대한 선생님만의 수업 노하우

☞ 그 뒤로 저는 학교 학생들의 발명 및 과학작품 지도에 열성을 쏟았습니다. 근무하는 학교마다 발명반을 만들어 발명의식을 고취하고 학생의 발명 아이디어를 업그레이드해 주는 발명 상담을 하며 많은 학생이 발명대회에서 우수한 성적을 거두게 하였습니다. 또한 전국과학전람회에서 5년 연속 특상지도를 포함한 여러 과학대회에서 뛰어난 학생 지도 실적을 거두었습니다. 연구 활동 지도에서 도출된 많은 연구 아이디어는 저의 물리 교과 지도에 접목되어 풍부한 학습지도 자료가 되었습니다. 스토리텔링 기법을 더하여 학생 창의력 지도에 도움을 주었습니다. 학생들이 어렵다고 외면하는 물리 수업이 아니라 학생들이 기다리는 물리 수업! 어떤 학생들은 수업 시작 종소리보다 먼저 찾아와서 제가 진열해 놓은 여러 실험 장치들을 시연하고 만져봅니다.

전국과학전람회 5년 연속 특상 지도 및 일화 소개

☞ 과학연구 활동에서 가장 중요한 것은 연구주제 선정이며 연구주제는 창의성이 생명이라고 생각합니다. 선행연구가 있는 연구 활동은 아무리 완성도가 높아도 복제품에 불과하여 표절이라는 오해도 불러일으킵니다. 몇 년 전 '강풍에 의한 나무배 낙과 방지 연구' 주제로 학생들의 과학전람회 출품 지도를 하였습니다. 3월부터 연구하게 되었는데 배나무는 5~6월에 꽃이 피고 그 이후에 조그맣게 열매가 열리기 시작

하므로 배 낙과 연구를 직접적으로 할 수 없었습니다. 그래서 배 모형으로 연구를 시작하였고 야구공을 배 모형으로 만들고 태풍은 바람을 일으키는 풍동장치로 만들어 어떻게 하면 배가 덜 떨어지도록 할까, 하는 연구였습니다. 실제 배나무 두 그루를 임대하여 낙과 방지 연구 시설물을 설치하고 태풍이 오기만을 기다렸는데 태풍에 오지 않아 대조군과 실험군을 비교할 수 있는 실전적인 연구 결과를 얻을 수 없었습니다. '어휴! 태풍이 안 불어 대상을 놓치는구나!' 그러나 실험실 모형 연구만으로도 학생들의 창의성이 인정되어 전국과학전람회에서 특상을 받았습니다. 그 학생들은 모두 유명한 연구중심대학에서 연구 활동을 하며 자신 있게 생활하고 있습니다.

창의력 향상 지도 방법

☞ 언젠가 빛의 전반사 현상을 수업 시간에 빛의 매질인 아크릴 막대로 생동감있게 보여주기 위해 막대를 곡선으로 휘는 방법을 생각하였습니다. 아크릴 막대를 토치램프로 가열하면 싶게 휘어지겠지 하고 시도했는데, 시도할 때마다 겉은 두꺼비 피부처럼 오톨도톨하게 타버리고 아크릴 내부에는 충분히 열이 전달되지 않아 전혀 구부릴 수 없었습니다. 시간이 지나 휴일에 집에서 TV를 보다가 아내가 국수를 솥에서 건져내고 있는 모습을 우연히 보는 순간, 제 입에서 유레카가 외쳐졌습니다. "여보! 잠깐만! 그 국수 끓인 물 버리지 마! 저는 소파에서 벌떡 일어나 아크릴 막대를 가져와 뜨거운 국수 물에 넣고 10여 분을 끓였습니다. 뜨거운 아크릴 막대를 수건으로 감싸고 꺼낸 후, 식탁 모서리에 절반을 대고 장갑 낀 손으로 힘을 가해 누르니 이전까지 절대 구부릴 수

없었던 아크릴 막대가 서서히 원하는 모양으로 휘어지는 것이었습니다. 이렇게 잘 해결되지 않은 문제는 계속 추진하는 것을 내려놓고 잠시 물러나 머리를 식힐 때, 창의성이 나타나지 않을까 생각합니다.

과학교사로서 학생들에게 조언

☞ 저는 고등학교 때 집안이 어려워 기계공고 전기과를 다녀서 일주일에 이틀을 전기실습하였습니다. 그때는 그 전기실습이 내 인생에서 크게 도움이 될 그거로 생각하지 않았는데 제가 동료 물리 교사들에게 '마에스트로'라는 별명을 받은 것과 학생들에게 발명 선생님으로 불리는 것도 곰곰이 생각해보면 고등학교 실습 경험이 밑받침되지 않았나 생각이 듭니다. 그래서 제가 학생들에게 조언하고 싶은 것은 모든 경험을 중시하라고 말하고 싶습니다. 요즘 융합적인 인간과 사고를 중시하고 있습니다. 융합은 한 쪽의 지식으로는 도달하지 못합니다. 깊은 지식과 넓은 지식은 상호 보완 관계입니다. 발명을 하는 사람은 발명 DNA가 몸속에 있어 하는 것이 아니고 주위의 사물을 좀 더 다양한 방법으로 개선하려는 생각을 가지고 실천을 한다면 누구나 필요한 곳에서 발명을 할 수 있을 것입니다.